普通高校"十三五"规划教材

全国高等学校
法学系列教材
基|础|与|应|用

Intellectual
Property Law

知识产权法要论

第二版

金春阳 著

清华大学出版社
北京

内 容 简 介

本书以简洁明快的文笔、易于理解的章节构成,完备而细致地论述了知识产权法的要点。本书理论观点的核心是知识产权法学具有政策性强、实用性高、国际性广的特点,应当顺应经济发展的需要,积极调整知识产权的创造机制、利用机制和保护机制,促进经济社会健康发展。基于此观点,本书对著作权法、专利法及商标法等法律展开了多维度、近距离的透析,将法条解释与判例研究相结合、比较研究与本土研究相结合。读者在往返于理论与实践之间的同时可以自然而然地感触知识产权法学的脉络。

图书在版编目(CIP)数据

知识产权法要论／金春阳著. —2版. —北京:清华大学出版社,2018
(全国高等学校法学系列教材. 基础与应用)
ISBN 978-7-302-48681-7

Ⅰ.①知…　Ⅱ.①金…　Ⅲ.①知识产权法－中国－高等学校－教材　Ⅳ.①D923.4

中国版本图书馆CIP数据核字(2017)第270954号

责任编辑:袁　帅
封面设计:汉风唐韵
责任校对:宋玉莲
责任印制:李红英

出版发行:清华大学出版社
网　　址:http://www.tup.com.cn, http://www.wqbook.com
地　　址:北京清华大学学研大厦A座　　**邮　　编**:100084
社 总 机:010-62770175　　**邮　　购**:010-62786544
投稿与读者服务:010-62776969, c-service@tup.tsinghua.edu.cn
质量反馈:010-62772015, zhiliang@tup.tsinghua.edu.cn

印 装 者:三河市少明印务有限公司
经　　销:全国新华书店
开　　本:170mm×240mm　　**印　　张**:15　　**字　　数**:300千字
版　　次:2010年10月第1版　2018年1月第2版　　**印次**:2018年1月第1次印刷
定　　价:45.00元

产品编号:077468-01

作 者 简 介

金春阳，男，1975 年出生于江西省丰城市，密歇根大学安娜堡分校比较法硕士、同志社大学法学硕士和法学博士，曾经担任松下公司全球总部知识产权法律顾问、同志社大学法学院讲师、西安交通大学法学院副教授、北海道大学法学研究科研究员等职务，2014 年 12 月至今担任西安交通大学法学院教授。在国内外核心期刊发表学术论文多篇，其中两篇被《新华文摘》全文转载；出版个人专著四部，其中日文专著一部；获得省级与其他科研教学奖励七项。

全称简称对照表

《中华人民共和国著作权法》——《著作权法》；

《中华人民共和国商标法》——《商标法》；

《中华人民共和国专利法》——《专利法》；

《中华人民共和国反不正当竞争法》——《反不正当竞争法》；

《中华人民共和国刑法》——《刑法》；

《中华人民共和国烟草专卖法》——《烟草专卖法》；

《中华人民共和国著作权法实施条例》——《著作权法实施条例》；

《中华人民共和国商标法实施条例》——《商标法实施条例》；

《中华人民共和国专利法实施细则》——《专利法实施细则》；

《中华人民共和国计算机软件保护条例》——《软件条例》；

《中华人民共和国信息网络传播权保护条例》——《信网条例》；

《中华人民共和国烟草专卖法实施条例》——《烟草专卖法实施条例》；

《中华人民共和国合同法》——《合同法》；

《中华人民共和国侵权责任法》——《侵权责任法》；

《集成电路布图设计保护条例》——《布图条例》；

《最高人民法院关于对诉前停止侵犯专利权行为适用法律问题的若干规定》(法释〔2001〕20 号)——《最高法诉前专利规定》；

《最高人民法院关于审理专利纠纷案件适用法律问题的若干规定》(法释〔2001〕21 号)——《最高法专利纠纷规定》；

《最高人民法院关于审理涉及计算机网络域名民事纠纷案件适用法律若干

问题的解释》(法释〔2001〕24 号)——《最高法域名解释》;

《最高人民法院关于民事诉讼证据的若干规定》(法释〔2001〕33 号)——《最高法民诉证据若干规定》;

《最高人民法院关于对诉前停止侵犯注册商标专用权行为和保全证据适用法律问题的解释》(法释〔2002〕2 号)——《最高法诉前商标解释》;

《最高人民法院关于审理著作权民事纠纷案件适用法律若干问题的解释》(法释〔2002〕31 号)——《最高法著作权解释》;

《最高人民法院关于审理侵害信息网络传播权民事纠纷案件适用法律若干问题的规定》(法释〔2012〕20 号)——《最高法信息网络规定》;

《最高人民法院关于审理商标民事纠纷案件适用法律若干问题的解释》(法释〔2002〕32 号)——《最高法商标解释》;

《最高人民法院关于审理不正当竞争民事案件应用法律若干问题的解释》(法释〔2007〕2 号)——《最高法不正当竞争解释》;

《最高人民法院关于审理注册商标、企业名称与在先权利冲突的民事纠纷案件若干问题的规定》(法释〔2008〕3 号)——《最高法权利冲突规定》;

《最高人民法院关于审理涉及驰名商标保护的民事纠纷案件应用法律若干问题的解释》(法释〔2009〕3 号)——《最高法驰名商标解释》;

《最高人民法院关于审理侵犯专利权纠纷案件应用法律若干问题的解释》(法释〔2009〕21 号)——《最高法专利纠纷解释》;

《最高人民法院、最高人民检察院关于办理侵犯知识产权刑事案件具体应用法律若干问题的解释》(法释〔2004〕19 号)——《最高法最高检知识产权刑事解释》;

《最高人民法院、最高人民检察院关于办理侵犯知识产权刑事案件具体应用法律若干问题的解释(二)》(法释〔2007〕6 号)——《最高法最高检知识产权刑事解释(二)》;

《最高人民法院、最高人民检察院、公安部关于办理侵犯知识产权刑事案件适用法律若干问题的意见》(法发〔2011〕3 号)——《最高法最高检公安部知识产权刑事意见》。

（第二版）前言

中国转变经济增长方式、加快经济转型、大力发展创新性知识经济，离不开对核心技术和先进文化成果的创造、保护和利用，离不开对自主知识产权的掌握。毫不夸张地讲，中国经济的发展不仅需要人才、技术和资金，更需要激励人才利用技术和资金不断进行创新的机制。从法律上讲，这种机制就是以知识产权法学为核心形成的创新激励制度。

知识产权法学作为一门实用性很强的学科，理所当然地要求教学和实务紧密结合，法条解释和判例研究紧密结合，让学生通过全方位、多维度、近距离的学习与接触，切身感受知识产权法学的脉搏。同时，知识产权法学作为一门国际性很强的学科，当然也要求教师在教学中留意国外相关法律的发展动向，从而品读出我国知识产权法未来的发展趋势。基于知识产权法学的上述特征，本书在遵循教科书体例的同时，透过对法条的论述引导学生读懂判例；透过凝缩、精炼后的判例学会法条内容，在理论与实践之间往返，接受知识产权法学的思想，领悟知识产权法学的真谛。

本书在研究型、务实型、国际型结合上进行了一些尝试。主要体现在以下三个方面。一是突出判例在法学研究中不可替代的作用，有目的、有秩序、有重点地诠释大量的中国案例，通过对案例的分析，展现知识产权的创造机制、保护机制和利用机制中出现的问题。在对案例的研究中，摆脱传统的笼统介绍模式，将每个案例凝缩、精炼，从而使案例的亮点最大限度地照亮研究的重点和难点。二是自始至终坚持一切论述都从法条出发，一切结论和建议都回归法条的宗旨，将法治贯彻于有形。本书中的每一段论述都力图做到在条文上站得住脚。对于条文中不明确的地方,通过对条文的细致解释,赋予其时代意义;对于条文的缺失部分,行政法规、部门规章与法律衔接不充分的部分,深入分析其原因,结合基础理论和司法实践,提出自己的修法建议。三是自始至终坚持一切论述都从中国现行法律出发,一切比较研究都为完善中国现行法律服务的宗旨,以中国法的论述为主、外国法的借鉴为辅。实践永无止境,法治也永无止境,只有建立在中国实践基础上的法律制度,才富有时代的生命力与说服力,只有依托本土研究的比较研究,才具有亲和力与感召力。

关于知识产权法学的真谛,仁者见仁,智者见智。本书展现给读者的是一幅立体的画卷。从中得到的领悟会因人而异,也会各有千秋。知识产权法不是指一部特定的法律,中国的现行法律中并无《知识产权法》,它是著作权法、专利法、商标法、反不正当竞争法(商业秘密、企业名称、知名商品的保护条款)等相关法律的总称。这些法律创设了著作权、专利权、商标权等权利,并且就这些权利的归属、对象、效力等作了相应的规定。例如,著作权一般由创作作品的公民享有,但法人作品的著作权由法人享有,电影作品的著作权由制片者享有;申请专利的权利一般由发明创造人享有,但就职务发明创造申请专利的权利由单位享有;申请商标的权利一般由在先使用并使该商标具有一定影响力的人享有,而能够就地理标志获得商标权的只有团体、协会或者其他组织,自然人无权问津。这些规则说明《知识产权法》具有很强的政策性导向,无论是创设这些规则的目的,还是对其运用进行勾画的背后,均可品读出立法时的经济状况、产业政策、文化潮流、商业需求甚至国际形势。

《知识产权法》富有时代性,顺应时代潮流,越来越多的信息成为《知识产权法》保护的对象。实用艺术品、电脑书法、计算机软件、地理标志、客户信息等先后成为著作权法、商标法以及反不正当竞争法的保护对象。《知识产权法》外延的扩展制约着统一的《知识产权法》体系的形成。例如,着眼于《知识产权法》的保护对象及功能的不同,将其分为《创新保护法》与《标志保护法》有一定的合理性。《创新保护法》包括专利法、著作权法以及反不正当竞争法中保护技术秘密的条款,保护对象具有一定共性,都是创造性活动的成果(发明、实用新型、外观设计、作品、技术信息)。《标志保护法》包括商标法和反不正当竞争法中保护知名商品及企业名称的条款,保护对象的共性是具有识别功能或宣传广告功能的标志(商标、装潢、包装、企业名称、字号)。但是随着客户名单、联系电话等客户信息作为商业秘密成为受《知识产权法》保护的对象,无论是《创新保护法》还是

《标志保护法》，都难以说明客户信息受保护的理由。客户信息之所以受到保护，理由在于保护客户信息收集者为收集信息进行的投资。保护投资是否属于《创新保护法》和《标志保护法》的目的所在，还需更多的理论支撑。

《知识产权法》外延的扩展还制约着人们就保护对象的本质特征形成统一的理解，《知识产权法》富有的政策性导向增加了人们捕捉知识产权本质特征的难度。人们或许可以用"信息"一词来概括发明、作品、商标等知识产权的权利对象，并由此得出"无形性"这样一个知识产权共有的特征。但是"无形性"只能说明权利对象的状态，并不能给人们更多的启示。对于《知识产权法》的研究者来说，统一的《知识产权法》体系乃至统一的知识产权本质特征无疑是值得继续追寻的彼岸。但是对于中国的《知识产权法》学而言，还有其他更多的事情急需去做。作为一门政策性强、实用性高、国际性广的学科，知识产权法学有着快于其他学科的发展脉搏。人们应当顺应经济发展的需要，积极调整知识产权的创造机制、利用机制和保护机制，促进经济健康发展。着眼于《知识产权法》在经济发展中承担和发挥的功能，运用各种研究方法，兼顾公平与效率，对著作权法、专利法及商标法等法律做出全新的诠释，这是本书的使命所在。

本书出版以来先后获得西安交通大学第十三届优秀教材奖一等奖和陕西普通高校优秀教材奖二等奖，第二版在保留原版基本框架的基础上，根据法律的修改和重要知识产权案例的发展调整了书中相应内容，感谢清华大学出版社一直以来给予的支持，感谢各位读者选择本书。

金春阳
2017 年 7 月 5 日
眺望着远方雨后的南山

目 录

第一章　著作权法

第一节　权利的归属

引言

著作权由谁享有，谁就有权对具体的作品主张权利。原则上著作权由创作作品的公民享有。如果作品属于合作作品、职务作品、法人作品、委托作品、报告/讲话、自传体作品或者电影作品，谁享有著作权，法律有特殊规定。职务作品与法人作品之间存在重叠领域，需要认真梳理二者之间的关系。谁享有著作权，谁就是著作权人。本节所说的著作权人，是指原始享有著作权的主体，通过合同、继承等方式取得著作权的主体不在此列。

关键词

作者　合作作品　职务作品　法人作品　委托作品　报告/讲话　自传体作品　电影作品

一、作者

作者是指创作作品的中国公民（《著作权法》11 条 2 款）。如果作品不属于合作作品等特殊作品之一，作者拥有包括人身权和财产权在内的所有著作权（《著作权法》11 条 1 款、10 条 1 款）。创作是指直接产生文学、艺术和科学作品的智力活动，为他人创作进行组织工作，提供咨询意见、物质条件，或者进行其他辅助工作，不视为创作（《著作权法实施条例》3 条）。从事这些工作的人不是《著作权法》所称的作者。

著作权自作品创作完成之日起产生（《著作权法实施条例》6 条），这在法律上包含两层意思。一是作者不需要履行任何手续便可自动享有著作权，既不需要向任何行政机关申请或者备案,也不需要将作品发表(《著作权法》2 条 1 款)。二是由不同作者就同一题材创作的作品,作品的表达系独立完成并且有创作性的,作者各自享有独立的著作权(《最高法著作权解释》15 条)。

由于著作权无须任何手续自动产生,某项作品是由谁创作的往往难以确定。有鉴于此,《中华人民共和国著作权法》(简称《著作权法》)规定,如无相反证明,在作品上署名的公民为作者(《著作权法》11 条 4 款)。对于作品上没有署名或者作者身份不明的作品,作品原件的所有人有权行使除署名权以外的著作权,作者身份确定后,由作者或者继承人行使著作权(《著作权法实施条例》13 条)。

二、著作权人

著作权人包括作者和其他依照《著作权法》享有著作权的公民、法人或者其他组织(《著作权法》9 条)。作品的著作权原则上由作者享有,但关于合作作品、职务作品、法人作品、委托作品、报告/讲话、自传体作品和电影作品的著作权归属,《著作权法》有特别规定。这里的公民可以理解为中国公民,对于外国人、无国籍的人,《著作权法》有相应的规定。外国人在中国的权益,需要经过以下三个步骤才能确定。

第一,外国人的作品是否首先在中国境内出版。出版是指作品的复制和发行(《著作权法》58 条)。如果作品首先在中国境内出版,可享有著作权(《著作权法》2 条 3 款)。也就是说,在中国首先出版的事实可以赋予外国人以类似中国公民的地位,从而直接享有著作权。既然外国人要在中国境内首先出版才能享有中国著作权,外国人要想在中国起诉他人侵犯著作权,就要等作品首次在中国出版后才能起诉(《著作权法实施条例》7 条)。外国人的作品在中国境外首先出版后 30 日内在中国境内出版的,视为作品同时在中国境内出版(《著作权法实施条例》8 条)。

第二,如果外国人的作品没有首先在中国境内出版,则要看其所属国或者经常居住地国是否与中国签订了协议或者参加了共同的国际条约。如果这种协议或者国际条约存在,外国人依据协议或者国际条约享有的著作权受中国《著作权法》保护(《著作权法》2 条 2 款)。

第三,如果外国人的作品不属于上述情形的任何一种,则要看作品是否首次在中国参加的国际条约的成员国出版,或者在成员国或者非成员国同时出版。如果作品的首次出版属于其中任何一种情形,则作品受中国《著作权法》保护

(《著作权法》2 条 4 款)。

因此,我国《著作权法》对于外国人作品享受我国《著作权法》保护是比较宽容的,外国人的作品基本上能够在中国受到保护。由于大多数国家参加了各种类别的国际条约,享受不到中国《著作权法》保护的作品屈指可数。只有外国人的作品首次出版或者同时出版的国家中没有包括中国参加的国际条约的成员国,才享受不到中国《著作权法》的保护。

三、合作作品

某项作品的创作成功有时凝结了多人的智慧。两人以上合作起来创作的作品称为合作作品,当事人称为合作作者(《著作权法》13 条 1 款)。合作作者必须是自然人,法人或者其他组织不能成为合作作者。

合作与创作是判断某项作品是否构成合作作品的两个要件。关于创作,我们前面已经有过界定,没有参加创作的人不能成为合作作者。合作是指当事人均意识到他们是在创作同一项作品,当事人任何一方没有这种意识的,作品就不是合作作品。例如,某部经典法学专著的作者去世后,其弟子对此专著进行增补的行为不构成合作,增补后的专著不属于合作作品。与合作作品易混淆的作品有两种。一种是集合作品,如由多名法学家各自撰写的论文组成的书籍。另一种是改编作品,如通过改编、翻译、注释、整理已有作品产生的作品。

合作作品包括两种类型。一种是可以分割使用的合作作品,例如小说与插图,歌词与乐曲。小说作者与插图作者、歌词作者与乐曲作者对各自创作的部分单独享有著作权,但行使著作权时不得侵犯合作作品整体的著作权(《著作权法》13 条 2 款)。另一种是不可以分割使用的合作作品。合作作者共同享有著作权,在行使时要协商一致;不能协商一致又无正当理由的,任何一方不得阻止他方行使除转让以外的其他权利,但是所得收益应当合理分配给所有合作作者(《著作权法实施条例》9 条)。

合作作者对作品享有的权益不仅随作品的类型不同而变化,还会随其他作者的逝去而变化。合作作者之一死亡后,其对合作作品享有的财产权无人继承又无人受遗赠的,由其他合作作者享有(《著作权法实施条例》14 条)。

四、职务作品

法人或者其他组织不能成为合作作者,但在现实中法人或者其他组织在作品的诞生中常常扮演着重要角色,很多作品是公民为完成法人或者其他组织的工作任务而创作的,这些作品就是职务作品(《著作权法》16 条 1 款)。工作任务是指公民在法人或者其他组织中应当履行的职责(《著作权法实施条例》11 条 1 款)。职务作品的作者到底是公民本人还是法人或者其他组织,《著作权法》第 16 条虽没有直接规定,但该条款在划分署名权等权利的归属时,将作者与法人或者其他组织进行了区分,表明该条款所说的作者肯定不是法人或者其他组织,而只能是公民本人。

作为职务作品的作者,公民享有署名权,署名权以外的权利归属分两种情形。一是归法人或者其他组织享有,公民无权享有,也无权要求法人或者其他组织给予奖励。这种情形仅限于下列两种职务作品:①主要是利用法人或者其他组织的物质技术条件创作的,并由法人或者其他组织承担责任的工程设计图、产品设计图、地图、计算机软件等职务作品;②法律、行政法规规定或者合同约定著作权由法人或者其他组织享有的职务作品(《著作权法》16 条 2 款)。物质技术条件是指法人或者其他组织为公民完成创作专门提供的资金、设备或者资料(《著作权法实施条例》11 条 2 款)。二是署名权以外的权利同样归公民享有。这种情形适用于除上述两种职务作品以外的所有职务作品。对于这些职务作品,公民享有全部的著作权,但行使权利时受到一定限制。例如法人或者其他组织有权在业务范围内优先使用职务作品;职务作品完成两年内,未经单位同意,公民不得许可第三人以与法人或者其他组织使用的相同方式使用该作品(《著作权法》16 条 1 款)。如果得到法人或者其他组织的同意,公民可以许可第三人以相同方式使用作品,因此所获报酬由公民与法人或者其他组织按约定的比例分配。职务作品完成两年的期限,自公民向法人或者其他组织交付作品之日起计算(《著作权法实施条例》12 条)。

纵观上述两种情形不难发现,法人或者其他组织可以通过合同约定将职务作品的所有著作权(署名权除外)都收入囊中。《著作权法》第 16 条第 1 款表面上规定了职务作品的著作权归公民享有,实际上公民享有的只不过是一个名头(署名权)。本书认为,无论是将职务作品的著作权划归公民享有,还是划归法人享有,只要勾画得清楚就行。现行《著作权法》第 16 条的内容虽然不完美,但却可以加以改进,为职务作品的归属和利用创造一个良好的法律环境。

【相关案例】

涉案作品《阿凡提的故事》系 1980 年前后由曲建方在上海美术电影制片厂工作期间创作,此后 30 年的时间里,曲建方一直通过投稿发表、许可他人拍摄动画片或者用作产品宣传等方式使用涉案作品，并于1996年取得著作权登记证书。上海美术电影制片厂认为涉案作品由其组织人力创作并提供经费，最终造型亦由其确定，故涉案作品属于职务作品，而由曲建方绘制、电子出版社出版的《阿凡提经典漫画》和《阿凡提故事精选》两册图书中，擅自使用其享有著作权的人物形象用于营利，侵犯了其合法权益，故提起诉讼，请求法院判令被告停止侵权、赔偿损失。

上海市徐汇区人民法院一审认为，在本案涉讼前，上海美术电影制片厂和曲建方均存在行使涉案作品著作权的行为，双方彼此知悉且没有异议。双方长期以来以实际行为达成“涉案作品双方均有权支配”的默契，故认定涉案角色造型美术作品的著作财产权由双方共同享有。上海知识产权法院二审认为，根据本案情况，如果将著作财产权归属于一方享有显然会导致利益失衡，并有违公平原则。从诚实信用原则出发，确认由双方共同享有著作财产权，维持一审判决。[①]

五、法人作品

法人作品的出现给职务作品的归属和利用平添了许多麻烦。法人作品是指由法人或者其他组织主持、代表法人或者其他组织意志创作，并由法人或者其他组织承担责任的作品。法人或者其他组织被视为作者，享有著作权(《著作权法》11条3款)。

这条看似简单明了的规定和界定职务作品的《著作权法》第16条之间存在着冲突。职务作品是公民为完成法人或者其他组织工作任务而创作的作品，同一个作品有时候既可以归入职务作品也可以归入法人作品，例如，在软件公司主持下，员工在工作时间利用软件公司的物质技术条件完成的计算机软件。出现这种情况其实很正常，法人作品是从法人或者其他组织的角度出发审视作品的结果，而职务作品是从公民的角度出发审视作品的结果。两者说的往往是同一个作品。

对于同一个作品，《著作权法》却给予了不同的对待。计算机软件如果被归入法人作品，著作权(包括署名权)由软件公司(作者)享有；如果被归入职务作品，署名权由公民(作者)享有，其他权利由软件公司享有。这是一种存在矛盾的安排。到底谁是作者，到底谁享有何种权利，这些问题如果悬而不决，法律的可预见性将大打折扣，甚至影响到作品的创作和利用，有悖于《著作权法》第1条倡

---

① 上海知识产权法院民事判决书(2015)沪知民终字第200号。

导的鼓励作品创作和传播的立法目的。

六、委托作品

职务作品是指公民为完成法人或者其他组织的工作任务创作的作品,在工作任务以外的任务中完成的作品不是职务作品,例如,公民受自然人、法人或者其他组织委托创作的作品,这种作品不是职务作品,而是委托作品。

《著作权法》没有明确规定委托作品的作者是谁。依据《著作权法》第 11 条第 2 款确定的“创作作品的公民是作者”这一基本原则,委托作品的作者应当是创作作品的受托人。委托作品著作权的归属由委托人和受托人通过合同约定,合同未作明确约定或者没有订立合同的,著作权属于受托人(《著作权法》17 条)。

判断作品是职务作品还是委托作品,关键在于区分公民执行的是工作任务还是委托任务。工作任务是指公民在法人或者其他组织中应当履行的职责(《著作权法实施条例》11 条 1 款),就此粗线条的规定,我们可以究其脉络,进行以下解释:工作任务是指公民作为法人或者其他组织中的一员应承担的任务,独立于法人或者其他组织之外的人承担的不是工作任务。如此一来,工作任务与委托任务的区别可以理性地理解为完成作品的人是依附于法人或者其他组织还是独立于其外。深究下去,对于这个问题可以从以下几个方面进行考量:①完成作品的人在创作作品时是否要服从法人或者其他组织的指挥和监督;②法人或者其他组织给予完成作品人的报酬针对的是他完成作品过程中付出的劳动还是他完成的作品本身;③完成作品的人是每天按时上下班还是每天可以自己决定作息时间;④报酬的金额和支付方式是否有别于其他一般的雇员。如果完成作品的人不需要服从法人或者其他组织的指挥和监督,按照自行决定的工作时间开展创作活动,获得高于一般雇员的报酬,那么他很可能是独立于法人或者其他组织之外的人,他创作的作品很可能属于委托作品而非职务作品。

如果某个作品属于委托作品,且当事人没有明确约定作品的归属,那么著作权就属于受托人,委托人在约定的使用范围内享有使用作品的权利,没有约定使用范围的,委托人可以在委托创作的特定目的范围内免费使用作品(《最高法著作权解释》12 条)。

七、职务作品与法人作品的关系

《著作权法》在界定合作作品、职务作品和委托作品的作者时,遵循的基本原则是完成创作的人是作者。这与“创作作品的公民是作者”这一原则相符。《著作权法》在界定法人作品的作者时,对该原则做出了修改,将没有进行创作活动的法人或者其他组织视为作者。如前所述,法人作品和职务作品两个概念的内涵不可避免地会有重叠。本书认为应当将《著作权法》第 11 条第 3 款删除,将法人作品概念本身从《著作权法》中剔除。这样的话,《著作权法》中只存在职务作品一个概念,法人作品不复存在,冲突也就无从谈起。这种解决方案具有以下两个优点。

一是随着《著作权法》第 11 条第 3 款的删除,法人或者其他组织不再被视为作者,"创作作品的公民是作者"这一基本原则将得到彻底贯彻,《著作权法》的逻辑性也将随之得到强化。与此相应,《著作权法》第 11 条第 4 款也就没有必要将在作品上署名的法人或者其他组织推定为作者了。

二是这种解决方案不仅易于操作,而且《著作权法》第 16 条规定的职务作品概念经过一定调整,能够实现立法者想要依据法人作品概念达到的立法目的。参与立法者认为,《著作权法》规定法人作品的初衷在于"有的作品是在法人或者其他组织的主持下创作的,体现了法人或者其他组织的意志,并不是执笔者个人意志,并由该法人或者组织承担作品的责任,如某机关的年终工作总结报告等"。[①] 类似年终工作总结报告的作品基本上是利用法人或者其他组织的物质技术条件创作完成的,属于《著作权法》第 16 条第 2 款第 1 项规制的范围,依该条文,完成作品的人是作者,仅享有署名权,其他权利均由法人或者其他组织享有。如果年终总结报告被定性为法人作品,依据现在的《著作权法》第 11 条第 3 款,法人或者其他组织是作者,拥有包括署名权在内的所有权利,完成作品的人不拥有任何权利。随着法人作品概念的消失,法人或者其他组织失去的仅仅是一项署名权,其他权利依然掌握在法人或者其他组织手中,将法人作品概念从《著作权法》中剔除的影响其实是非常小的。

如果立法者认为法人或者其他组织应当享有包括署名权在内的所有著作权,只需对《著作权法》第 16 条第 2 款稍稍修改,将现行条文改为"有下列情形之一的职务作品,著作权由法人或者其他组织享有,法人或者其他组织可以给予作者奖励",便可达到目的。修改后,对于类似年终总结报告的作品,法人或者其他组织享有包括署名权在内的所有著作权。

八、报告、讲话、自传体作品

对于这些作品的著作权的归属,司法解释有特别规定。由他人执笔,本人审

---

① 胡康生. 中华人民共和国著作权法释义. 北京:法律出版社,2002.

阅定稿并以本人名义发表的报告、讲话等作品,著作权归报告人或者讲话人享有,著作权人“可以”支付执笔人适当的报酬(《最高法著作权解释》13 条)。也就是说,执笔人无权要求著作权人支付报酬。当事人合意以特定人物经历为题材完成的自传体作品,当事人对著作权权属有约定的,依其约定;没有约定的,著作权归特定人物享有,执笔人或整理人对作品完成付出劳动的,著作权人“可以”向其支付适当的报酬(《最高法著作权解释》14 条)。同样,执笔人或者整理人无权要求著作权人(特定人物)支付报酬。

纵观上述两种情形,我们可以发现,对于自传体作品著作权的归属,当事人没有约定的,著作权由特定人物享有,执笔人或者整理人不享有任何权利。对于报告和讲话,无论当事人是否有约定,执笔人均不享有任何权利。司法解释只对这些作品的著作权归属作了特别规定,没有对谁是作者进行特别规定。谁是这些作品的作者,还是要依据《著作权法》树立的基本原则来确定。我们可依据“创作作品的公民是作者”这一基本原则,认定执笔人或者整理人是作者,即执笔人或者整理人是作者,但不享有任何权利。司法解释的规定自有一定的合理性,但是与《著作权法》第 11 条第 1 款之间可能存在冲突,该条款允许将著作权赋予作者以外的主体(如法人或者其他组织),但没有说司法解释也可以将著作权赋予作者以外的主体(如报告人、讲话人和特定人物)。

九、电影作品

《著作权法》对电影作品和以类似摄制电影的方法创作的作品(简称“电影作品”)的著作权归属作了特殊规定。“电影作品”是指摄制在一定介质上,由一系列有伴音或者无伴音的画面组成,并且借助适当装置放映或者以其他方式传播的作品(《著作权法实施条例》4 条 11 项)。可见,我们通常看的贺岁片、美国大片是电影作品,电视剧、纪录片也属于电影作品。

在讨论电影作品的著作权归属前,首先需要明确一点,那就是电影作品中的剧本、音乐等可以单独使用的作品的作者对于这些作品享有著作权,有权单独行使权利(《著作权法》15 条 2 款)。这些作品独立于电影作品,保护期限依据《著作权法》的一般规定。如果对这些作品享有著作权的是自然人,著作权的保护期依据《著作权法》第 21 条第 1 款确定;如果对这些作品享有著作权的是法人或者其他组织,著作权的保护期依据《著作权法》第 21 条第 2 款确定(《最高法著作权解释》10 条)。

(一) 电影作品的著作权归属和保护期

电影作品的著作权由制片者享有(《著作权法》15 条 1 款)。“制片者”不是在电影或者电视剧的片头看到的作为个人的制片人，而是电影制片厂、电视剧制作中心等法人或者其他组织。《著作权法》及相关法规中没有制片者的定义，本书认为，对于制片者可以这样定义：具有制作电影作品的意愿，作为电影作品的制作过程中发生的权利义务关系的归属主体，对电影作品制作过程中发生的经济上的收入和支出负责的法人或者其他组织。一部电影作品的制作往往需要大量的人员、资金的投入，需要制片者、编剧、导演、摄影师、作词家、作曲家的分工合作才能完成。如果电影作品的著作权归属不明晰，不仅不利于电影作品的创作，也不利于电影作品的传播。《著作权法》将电影作品的著作权赋予制片者，主要是为了使著作权的归属明晰化，促进电影作品的创作和传播。

（二）电影作品的作者及其权利

《著作权法》第 15 条第 1 款规定了电影作品的权利归属，但没有明确规定谁是电影作品的作者。本书认为，制片者享有电影作品的著作权不等于制片者就成为创作电影作品的作者之一。理由有二。第一，《著作权法》第 15 条第 1 款明确认可的电影作品的作者有编剧、导演、摄影、作词、作曲作者，制片者没有包括其中。第二，“创作作品的公民是作者”是《著作权法》树立的基本原则，目前对于该原则的修改只见于法人作品，并且是通过《著作权法》的明文规定修改的。没有《著作权法》的明文修改，所有作品的作者都应当遵循《著作权法》树立的这一基本原则。

电影作品在很多情况下建立在他人已有创作的基础上。电影作品的内容很多是根据小说、剧本改编而来的。电影作品人物的生活环境中流淌的音乐不仅有专为该电影作品创作的音乐，还有与该电影作品的创作无关的经典音乐（例如将《透过开满鲜花的月亮》作为约会场景的背景音乐）。小说和剧本的作者以及经典音乐的作者是否是电影作品的作者，《著作权法》中没有明文规定。本书认为，这些人不是电影作品的作者，理由就是虽然他们的作品成为电影作品创作的素材，但他们没有进行创作电影作品的活动，不符合“创作作品的公民是作者”这一基本原则。这些人虽不是电影作品的作者，但作为原作品的作者享有一定的权利，主要包括修改权和保护作品完整权。《著作权法实施条例》对此有特殊规定，即著作权人许可他人将其作品摄制成电影作品的，视为已同意对其作品进行必要的改动，但是这种改动不得歪曲篡改原作品（《著作权法实施条例》10 条）。

某人是否是电影作品的作者，遵循的是《著作权法》树立的“创作作品的公民是作者”这一原则。制片者和原作作者均非电影作品的作者。《著作权法》所称的创作，不包括进行辅助工作，副导演、摄影师助手等进行辅助工作的人同样不是电影作品的作者。由于电影作品的著作权由制片者享有，编剧、导演、摄影、作词、作曲作者等电影作品的作者享有的权利也就非常有限，仅限于署名权和按照与制片者签订的合同获得报酬的权利。

（三）电影作品与职务作品的关系

电影制片厂、电视剧制作中心等电影作品制作者的旗下一般都会有一些导演、编剧、摄影师等作为职员为其制作电影。这些人为完成制作者的工作任务创作的作品是职务作品，也就使电影作品具有职务作品的色彩。站在职务作品的角度看电影作品，我们发现这些职务作品属于"法律规定著作权由法人或者其他组织享有的职务作品"（《著作权法》16 条 2 款 2 项）。这里的"法律"是指《著作权法》第 15 条第 1 款。

十、著作权的继受

公民的著作财产权在公民死亡后依照继承法的规定转移。法人或其他组织的著作财产在组织变更、终止后，由承受其权利义务的法人或者其他组织享有；没有承受其权利义务的法人或者其他组织的，由国家享有（《著作权法》19 条）。

【思考题】

1. 如何确定作品的著作权人？
2. 试论合作作品、职务作品、法人作品、委托作品、电影作品的著作权归属。
3. 试论职务作品与法人作品的关系。
4. 试论电影作品的作者与著作权人的关系。

第二节　权利的对象

引言

《著作权法》保护的对象是作品，是就题材进行的富有创造性的表达，题材本身不受保护。判断特定的表达是否具备创造性，应当结合题材，对表达方式的可选范围进行分析。相对于科学领域的题材而言，文学、艺术领域的题材提供给人们的创作空间较宽,可供选择的表达方式较多,由此而产生的表达容易具备创造性。对于一些特殊作品,《著作权法》给予了特殊保护,作品的类别对作品能够享受的保护有一定影响,电影作品、实用美术作品、汇编作品、改编作品的特殊性,是它们受到瞩目的原因。作品原件所有权的转移,不视为作品著作权的转移(《著作权法》18 条)。

关键词

作品的构成要件　题材的表达　创造性　表达方式的可选范围　作品的类别

一、作品

作品是指文学、艺术和科学领域内具有独创性并能以某种有形形式复制的智力成果(《著作权法实施条例》2 条)。作品的构成要件有:①必须是智力成果,大自然的鬼斧神工造就的自然景观(如云南石林、黄山奇松等)不是作品;②必须具有独创性;③必须属于文学、艺术和科学领域;④必须能以某种有形形式复制。这四个要件中,①和②尤其重要,也比较复杂,需要我们单独进行探讨。另外两个要件虽各有其重要性,但不是很复杂。

享受《著作权法》保护的作品必须能以某种有形形式复制,个人闷在心里的内心感受,外界无法得知,也就难以给予保护。只有将这种内心感受表达出来,才能成为复制的对象,通过纸张、录音录像等形式进行有形的复制,从而成为《著作权法》保护的对象。即兴演说、授课、法庭辩论等以口头语言形式表现的作品,虽然在表达的时候是通过声音这种无形的介质,但是能够通过录音媒体(磁带、DVD 光盘等)复制,属于《著作权法》保护的作品。

传统的作品主要包括小说、诗歌、歌曲等人们内心情感的依托,承载文学、艺术领域的信息。作品的定义包括科学领域的智力成果,具体由自然科学、社会科学和工程技术三个领域构成(《著作权法》3 条),从立法上认可技术方案、实用设计等科技信息可以享受《著作权法》的保护。在工业革命中飞速累积的技术方案、实用设计等科技信息本来是通过《专利法》进行保护,《著作权法》主要保护文学、艺术领域的信息,这是《知识产权法》固有的结构。然而,随着计算机软件和数据库先后成为《著作权法》保护的对象,《著作权法》驾驭的信息在不断扩张,科技信息的一部分已经成为其保护的对象。《著作权法》的扩张引发了人们对《著作权法》外延的种种议论,对于技术方案、实用设计等科技信息,《著作权法》应该如何保护、保护到哪种程度,已经成为人们争论的焦点。

二、题材、思想与表达

(一)概要

《著作权法实施条例》第2条用“智力成果”来界定作品的外延。本书认为,这既不明确也不科学。智力成果是一个广泛的概念,可以把几乎所有的人类智慧活动的结晶都包括进去,成为《著作权法》保护的对象。这显然不利于人们对智力成果的合理利用,也不利于智力成果的传播。

我国的司法实践没有把所有智力成果都纳入著作权保护的范围,而是将其限定于特定的表达。对于相同的题材,不同的作者可以从不同的角度将其感受、感触、感想以不同的方式表达出来。例如,观看北京奥运会开幕式后,任何人都可以就北京奥运会开幕式这一题材自由地进行表达,抒发内心的感受。《著作权法》保护的是这些表达,而不是表达的题材,不是北京奥运会开幕式本身。由于题材本身不受《著作权法》保护,任何人都不用担心他人写了一篇关于北京奥运会开幕式的文章,自己就不能写这方面的文章。只要表达不雷同,任何人都可以就同一题材自由地进行创作。

只保护表达,不保护表达的题材,这个本应在《著作权法》中确立的原则在我国的《著作权法》中却缺失了。虽然司法解释对此做出了一定的补充,但没有从正面确立这个原则。司法解释认为“由不同作者就同一题材创作的作品,作品的表达系独立完成并且有创作性的,应当认定作者各自享有独立著作权”(《最高法著作权解释》15条)。任何人在参观万里长城的时候,都可以从不同的角度、不同的距离,以不同的背景、不同的拍摄技术,创作一幅展现长城雄姿的摄影作品,只要各自的作品是独立完成并有创作性,任何人都对自己的摄影作品享有著作权。这是“只保护表达,不保护表达的题材”这个原则在具体适用时展现给人们的一个典型的例子。但是,这个原则的适用范围远远超出这个例子所勾画的范围。例如,司法解释将能够享有著作权的主体限于“不同的作者”,但是依据“只保护表达,不保护表达的题材”这个原则,相同的人理所当然地可以就长城创作多幅摄影作品,并对每幅作品享有著作权。因此,司法解释只是从一个侧面阐述“只保护表达,不保护表达的题材”原则具体适用的结果之一,并没有为我们确立这个原则本身。

本书认为,要想在《著作权法》中确立“只保护表达,不保护表达的题材”原则其实并不难，只需对作品的定义作一些修改。例如，将现在的《著作权法实施条例》第 2 条规定的作品的定义修改为“《著作权法》所称作品是指文学、艺术和科学领域内就题材进行的具有独创性的能够以某种有形形式复制的表达”，并将该条款从实施条例升格至《著作权法》。

（二）题材与思想

强调题材不受保护，其效果在于将属于公有领域的要素排除出著作权保护的范围，为后人的创作活动预留充分的空间，防止著作权控制的范围过宽而限制后人的创作活动。表达与题材之分，归根结底源于《知识产权法》的政策性。将著作权保护的领域称为表达，将著作权不予保护的领域称为题材，凸显《知识产权法》的政策性。“表达与题材”是一对概念，作为《著作权法》学的工具，具有一定现实意义。著作权纠纷中争论的焦点，不外乎法律应给予著作权多大范围的保护。“表达与题材”这一概念工具，可以用来提高人们解决实际问题时所需的逻辑性。

类似的一对概念工具是“表达与思想”。其所依存的理论框架是：作品是就思想进行的表达。其所遵循的原则是：思想不受著作权保护。无论是“题材”还是“思想”，指的都是不受著作权保护的范围，对应的概念都是表达。既然所指相同，为什么会出现两个概念呢？其原因在于作品类别的多样性。从前后语境来看，对于有的作品，将不受《著作权法》保护的范围称为“题材”比较贴切，而对于有的作品而言，将不受《著作权法》保护的范围称为“思想”易于理解。例如，下面介绍的案例 1 涉及的作品为“用圆形表示人的头部，以直线表示其他部位方法创作的小人形象”。法院认为该形象已经进入公有领域，任何人均可以此为基础创作其他小人形象。在这种情况下，将小人形象称为题材比较合适，将其称为思想，就有些别扭了。又如，下面介绍的案例 2 涉及的作品为都市言情小说，对于小说的构思，法院认为属于思想，不受著作权保护。将构思称为思想，顺理成章，如果将构思称为题材，就不贴切了。

【相关案例】

案例 1

原告创作的小人形象是：头部为黑色圆球体，没有面孔；身体的躯干、四肢和足部均由黑色线条构成；小人的头和身体呈相连状。被告使用的小人形象是：头部为黑色圆球体，没有面孔；身体的躯干、四肢和足部均由黑色线条构成；小人的头和身体呈分离状;小人的四肢呈拉长状。关于被告是否侵犯了原告的著作权,北京市高级人民法院判决认为,由于用圆形表示人的头部,以直线表示其他部位方法创作的小人形象已经进入公有领域,任何人均可以以此为基础创作小人形象。[①]

案例 2

在许多情况下,表达的部分和题材的部分是难以截然分开的。例如,在写作都市言情小说时,作者首先要进行构思,确定主题,考虑人物活动与故事展开的布局;其次要塑造人物,构筑人物关系,描写故事情节,在整个小说中体现作者特有的语言风格。其中,哪些受《著作权法》保护,哪些不受《著作权法》保护,需要具体问题具体分析。一起来看一个案例。

原告创作的小说《圈里圈外》于 2002 年 8 月在网上发表,于 2003 年 2 月出版。被告的小说《梦里花落知多少》于 2003 年 11 月出版。两书均以女主人公与现男友及前男友的感情经历为主线,描写了三人各自的感情生活。原告主张《梦里花落知多少》剽窃了《圈里圈外》中的构思、语言风格、人物特征、人物关系及故事情节。北京市第一中级人民法院判决如下。第一,作品的构思通常不考虑作品的细节问题,因此具有高度的概括性。正因为它是对作品整体高度概括的、一般性的描述,属于作品的思想,而不是作品的表达,不能受《著作权法》的保护。第二,作品的语言风格不属于作品的表达形式,不应由某个作者垄断,否则会阻碍文化的发展。第三,如果作品对人物特征的描写是一般性的、不能突出人物的特征,就不足以使该人物特征本身成为《著作权法》保护的表达形式。例如,《圈里圈外》中的女主人公是职业编剧,与前男友分手后仍是十分要好的朋友,后与现男友恋爱、同居,在前男友出车祸死亡后,自认为对前男友的死负有个人责任,出于愧疚心理,离开北京,选择出国。《圈里圈外》对女主人公特征的描写是粗线条的、简略的,形象比较模糊,不足以使该人物特征本身成为受《著作权法》保护的表达形式。第四,人物关系的描写是小说展现人物冲突推动事件发展的主要因素,属于《著作权法》保护的表达。《梦里花落知多少》剽窃了《圈里圈外》中的主要人物关系。例如,《圈里圈外》中女主人公的前男友遭车祸去世后,现男友向女主人公求婚,女主人公不答应,离开北京出国。《梦里花落知多少》中女主人公的现男友遭车祸去世后,前男友表示爱女主人公,女主人公不答应,离开北京去

---

① 北京市高级人民法院知识产权庭. 知识产权经典判例 4. 北京:知识产权出版社,2009:398.

深圳。第五，故事情节是小说中具有内在因果联系的人物活动及其形成的事件的进展过程，属于作品的表达。具有独创性的故事情节应当受《著作权法》的保护。例如，《圈里圈外》中的男主人公因车祸住院，女主人公探望，两人开玩笑，女主人公推了男主人公脑袋一下，造成男主人公再次昏迷。相应的《梦里花落知多少》中的情节非常相似，只是结果不同，其结果是导致男主人公死亡。[①]

三、独创性

（一）独创性的意义

既然作品必须是具有独创性的表达，独创性和表达一样就成为作品的重要构成要件之一。独创性中的“独”包括两种情形。第一种情形是在不借鉴其他表达的前提下独立完成的表达。第二种情形是在借鉴其他表达的基础上完成的表达。例如，将他人的小说改编成电影、将他人的英文著作翻译成中文而形成的电影作品和翻译作品中的具备创造性的表达，同样能够受《著作权法》的保护。对于这样的改编作品，《著作权法》第12条明文规定将其纳入《著作权法》的保护范围。即使改编作品的作者在进行创作时没有取得原作者的同意，对于这些在侵犯原作者著作权的基础上形成的电影作品和翻译作品，《著作权法》同样给予保护。换而言之，某项表达是否能够享受《著作权法》保护与该表达是否侵犯他人著作权是两个不同的、相互独立的问题。

独创性中的“创”是指某项表达必须具有创造性才能享受《著作权法》的保护。《著作权法》只要求作品必须具有创造性，没有要求作品必须具有高度的创造性。因此，幼儿园的孩童用他们纯洁的心灵感受世界，用他们稚嫩的双手将其描绘成图画，往往能够触动大人有些麻痹的神经，给人们带来一种清新的感受。这样的图画即使创造性的程度不高，但只要具有创造性就能够成为作品受《著作权法》保护。

（二）创造性与表达方式的可选范围

既然作品是指对题材进行的具有创造性的表达，某个作品是否具备创造性取决于某个具体的表达是否具备创造性。要想知道某个具体的表达是否具备创造性，离不开对表达的题材的分析。

对于文学及艺术领域的题材，例如人的悲欢离合、缘聚缘散，人们可以通过多种多样的方式进行表达。为了表达对遥居远方的亲友的思念，我们可以说“但

① 北京市高级人民法院知识产权庭. 知识产权经典判例4. 北京：知识产权出版社，2009：262.

愿人长久,千里共婵娟”,也可以用“海上生明月,天涯共此时”来寄托相思之情。两者写作的题材都是相思之情,抒发相思之情时所借的景都是明月,但却运用不同的表达方式,勾画出截然不同的意境。人们陶醉于诗人描绘的优美境界,从中感悟诗人心中涌动的思念之情。又如,杜甫的“无边落木萧萧下,不尽长江滚滚来”和李白的“孤帆远影碧空尽,唯见长江天际流”都是千古绝唱。两者写作的题材都是人与自然互动中的感悟,传达诗人的感悟时所借的景中都有长江,但两者的表达方式完全不同,给后人留下的感动也各有千秋。前者沧桑,后者清远。相思、沧桑、清远等文学、艺术领域的题材与风格,造就了璀璨的唐诗宋词。正因为诗人、词人在传达自己的思想和情感时可以选择的表达方式比较多,在对多种表达方式进行选择后从内心溢出的表达必然会凸显个性,具备创造性。

与此相反,对于科学领域的题材,例如实用艺术品、技术方案、实用设计及运动规则等,人们可以选择的表达方式将会非常少,在表达中凸显个性的空间也就非常窄,往往难以具备创造性。例如,椅子要想具备椅子的功能就必须具备一定的构成部件(腿、靠背、扶手),这些部件会大大限制人们在制作椅子时的创作自由度,制作者透过椅子传达其思想和感情时可以选择的表达方式也就会受到约束,制作者的表达往往难以具备创造性。又如,在足球运动中,“己方球员在己方禁区内将对方球员绊倒的,由对方罚点球”是一条运动规则,人们在叙述该运动规则时可以选择的表达方式非常少,表达方式往往会雷同,具体的表达也就难以具备创造性。

通过对题材的分析,我们发现表达方式的可选范围往往随着题材的不同而变化,文学、艺术领域的题材给人们预留了宽广的创作空间,作者可以从中选择不同于他人的表达方式,而科学领域的题材给人们预留的创作空间往往非常狭窄,人们的表达方式往往会雷同。因此,在判断某项具体的表达是否具备创造性时,应当注重对题材进行分析,根据题材的不同做出相应的判断。

【相关案例】

原告自2000年4月至2001年9月先后完成5部计算机网络动画片,在全部动画片中都使用了“火柴棍小人”形象。该形象是:头部为黑色圆球体,没有面孔;身体的躯干、四肢和足部均由黑色线条构成;小人的头和身体呈相连状。在“火柴棍小人”形象出现之前,已出现类似的人物形象。例如,柯南道尔于19世纪末创作的《福尔摩斯探案集》中有“跳舞的小人”形象。对于原告的小人形象是否具备独创性,北京市高级人民法院判决如下。

> 独创性是构成作品的必要条件,它是指一部作品是经作者独立创作产生的,包含有作者的选择、判断,具有作者个人特有的东西,我国《著作权法》并不要求作品必须具有较高的独创性。根据现有的证据,在"火柴棍小人"形象出现之前,即已出现以圆球表示头部,以线条表示躯干和四肢的创作人物形象的方法和人物形象,但是从"火柴棍小人"的创作过程及其表达形式看,该形象确实包含有原告的选择、判断,具有他本人的个性,原告力图通过该形象表达他的思想,因此,"火柴棍小人"形象具有独创性,符合作品的构成条件,应受《著作权法》的保护。①

显然,北京市高级人民法院重视的是原告1年半的创作过程,认为原告在此创作过程中对使用什么形象来表达思想进行了选择和判断,从而体现了其个性。"火柴棍小人"形象是原告对表达方式进行选择、判断并体现其个性的产物,具备独创性。

四、作品的类别及不受保护的对象

《著作权法》第3条列出了作品的类别,这仅是对作品的列举,某个作品即使不属于其中的任何一种,只要它属于就题材进行的具备独创性的表达,就能获得《著作权法》的保护。即使如此,由于《著作权法》对某些作品(电影作品、计算机软件等)给予了特殊保护,某个作品是否属于某类作品有时候决定着作品能够享受到的保护的程度。此时,《著作权法》第3条列举的各种类别的作品究竟覆盖哪些范围就变得非常重要了。

《著作权法》是这样界定作品的范围的:①文字作品是指小说、诗词、散文、论文等以文字形式表现的作品;②口述作品是指即兴的演说、授课、法庭辩论等以口头语言形式表现的作品;③音乐作品是指歌曲、交响乐等能够演唱或者演奏的带词或者不带词的作品;④戏剧作品是指话剧歌剧、地方戏等供舞台演出的作品;⑤曲艺作品是指相声、快书、大鼓、评书等以说唱为主要形式表演的作品;⑥舞蹈作品是指通过连续的动作、姿势、表情等表现思想情感的作品;⑦杂技艺术作品是指杂技、魔术、马戏等通过形体动作和技巧表现的作品;⑧美术作品是指绘画、书法、雕塑等以线条、色彩或者其他方式构成的有审美意义的平面或者立体的造型艺术作品;⑨摄影作品是指借助器械在感光材料或者其他介质上记

---

① 北京市高级人民法院知识产权庭. 知识产权经典判例4. 北京:知识产权出版社,2009:397.

录客观物体形象的艺术作品;⑩图形作品是指为施工、生产绘制的工程设计图、产品设计图以及反映地理现象、说明事物原理或者结构的地图、示意图等作品;⑪模型作品是指为展示、试验或者观测等用途,根据物体的形状和结构,按照一定比例制成的立体作品(《著作权法》3 条、《著作权法实施条例》4 条)。

《著作权法》通过对作品的定义和作品的类别,勾画了受法律保护的信息的范围。在这些信息中,不乏法律、法规、国家机关的决议、决定、命令和其他具有立法、行政、司法性质的文件及其官方正式译文,例如,历年司法考试的试题、利用政府财政资金创作完成的调研报告书。对于这些信息,《著作权法》出于立法政策考虑,将其排除出《著作权法》适用的范围。其他被排除出去的还有通过报纸、期刊、广播电台、电视台等媒体报道的单纯事实消息(时事新闻)以及历法、通用数表、通用表格和公式(《著作权法》5 条、《著作权法实施条例》5 条)。需要注意的是,虽然《著作权法》不适用于时事新闻,但司法解释认为,传播报道他人采编的时事新闻,应当注明出处(《最高法著作权解释》16 条)。

五、特殊作品

(一) 实用艺术品

电脑书法、商品外包装等实用艺术品能否享受《著作权法》的保护是一个广为关注的话题。国家版权局在一个案件中对被投诉人的“泡椒牛肉”字体是否侵犯投诉人的电脑书法著作权发表意见认为,投诉人的电脑书法尽管是基于某种电脑字体产生,尽管可能艺术性不高,尽管可能完全借助电脑产生,但仍应看作具有独创性并能以某种形式复制的智力成果,他人不能擅自进行复制,特别是复制用于同类商品的包装上。[①]

法院对具备一定条件的商品包装也给予了著作权保护。例如,北京市第二中级人民法院判决认为,“着紧身衣的女性上半身人体形状”和“着海魂衫的男性上半身人体形状”的两种香水瓶以其优美的立体造型作为实用艺术作品应受《著作权法》保护。[②]

如果某项实用艺术品能够作为具备独创性的表达享受《著作权法》保护,该艺术品能否同时作为外观设计享受《专利法》的保护呢。在对这个问题做出回答前,一起来看一下这个问题产生的原因。《著作权法》保护的是文学、艺术和科学

---

① 法律出版社法规中心. 中华人民共和国知识产权法律法规全书(含司法解释). 北京:法律出版社,2010:92.

② 北京市高级人民法院知识产权庭. 知识产权经典判例 4. 北京:知识产权出版社,2009:409.

领域的表达,《专利法》保护的外观设计是指对产品的形状、图案或者其结合以及色彩与形状、图案的结合所做出的富有美感并适于工业应用的新设计(《专利法》2条4款)。对于实用品,《著作权法》和《专利法》之间不可避免地会存在交叉重叠领域。因为,《著作权法》将科学领域纳入保护范围,其中包括工业应用领域,同时《专利法》保护的"富有美感的新设计"以人的视觉感受为判定标准,而人的视觉感受到的美感往往是《著作权法》保护的表达的一种。我国现行的《著作权法》和《专利法》均没有规定实用艺术品只能在两种保护中选择一种,而是默认了两种保护并存。

(二) 美术作品

美术作品是指绘画、书法、雕塑等以线条、色彩或者其他方式构成的有审美意义的平面或者立体的造型艺术作品。美术作品的构成要件中没有对材料的要求,作者在以线条、色彩或者其他方式创作作品时,可以自由选用纸张、木材、石料等材料进行创作。美术作品既包括山水画、油画、雕塑等独一无二的作品,也包括版画等可以大量复制的作品。美术工艺品能否成为作品享受《著作权法》的保护是一个值得探讨的问题。

【相关案例】

在判断立体造型是否构成美术作品时,应当区分实用功能决定的造型成分和纯粹的艺术表达成分,即在剔除实用功能决定而无法分离的造型成分之后,再判断其中独立的艺术表达是否具有独创性。如果不做这样的区分,势必导致著作权的保护延及实用功能,违背《著作权法》的基本原理。"歼十飞机(单座)"既是作战武器,同时,对一般社会公众而言,其造型也确实具有美感。但是,对于飞机尤其是战斗机的研发,性能参数的优化是设计者追求的主要目标。在研发设计过程中,科研人员需要进行风洞试验等不同的科学测试,并根据测试结果不断改进飞机造型,以最大限度地优化飞机性能。因此,一般而言,飞机研发设计所产生的特殊飞机造型,主要是由飞机的性能即实用功能决定的,该造型成分与飞机的功能融为一体,物理上、观念上均无法分离,不构成美术作品。[①]

(三) 模型作品

模型作品是指为展示、试验或者观测等用途,根据物体的形状和结构,按照

---

① 北京市高级人民法院民事判决书(2014)高民(知)终字第3451号。

一定比例制成的立体作品。因此,模型作品通常是对已有物体的精确复制,其独创性体现在精确复制的程度上。

【相关案例】

模型作品是根据物体的一定比例放大或缩小而成。为了实现展示、试验或者观测等目的,模型与原物的近似程度越高或者越满足实际需要,其独创性越高。对模型作品的界定,应当从《著作权法实施条例》的相关规定及其目的出发,依法做出合理的解释,不能脱离现有法律规定。本案中,根据央视国际的报道,成都飞机设计研究所完成的"歼十飞机(单座)"模型于 2007 年 1 月 5 日已公开发布。虽然该模型是"歼十飞机(单座)"造型的等比例缩小,但已如上述,根据《著作权法实施条例》的相关规定,该模型的独创性恰恰体现于此,其已构成模型作品,应当受《著作权法》的保护。因此,一审法院关于"歼十飞机(单座)"模型系对"歼十飞机(单座)"的等比例缩小和精确复制,因而无论模型产生时间早晚其均不具有独创性的认定有误,本院予以纠正。[①]

(四) 电影作品与录像制品

电影作品是指摄制在一定介质上,由一系列有伴音或者无伴音的画面组成,并且借助适当装置放映或者以其他方式传播的作品(《著作权法实施条例》4 条 11 项)。作为电影作品的构成要件之一,《著作权法》要求作品被摄制在录像带、DVD 等介质上,没有固定在一定介质上的电视台的现场直播不属于电影作品的范畴。

电影作品以外的,任何有伴音或无伴音的连续相关形象、图像的录制品均属于录像制品(《著作权法实施条例》5 条 3 项)。录像制品是将已有作品进行一些必要的技术加工而产生的,例如机械录制的他人的现场表演、教学讲座。录像制品不包括由电影作品制成的录像带,这种由胶带变为磁带的载体转化是对电影作品的复制,而不能认为是录像制品。[②]

电影作品与录像制品的区别主要在于权利人享有的权利范围。电影作品的权利人享有放映权,录像制品的权利人不享有放映权。KTV 应客户的点播放映的 MTV,如果属于电影作品,则权利人有权禁止 KTV 经营者放映,如果仅仅属

---

① 北京市高级人民法院民事判决书(2014)高民(知)终字第 3451 号。

② 法律出版社法规中心. 知识产权法律法规全书(含司法解释). 北京:法律出版社,2010:93.

于录像制品，权利人无权要求 KTV 经营者停止放映。因此，如何定性 MTV 常常成为诉讼中的焦点。

【相关案例】

北京市第一中级人民法院的一个判决对如何区分电影作品和录像制品作了下列有益的探索。MTV 的性质归属不能一概而论，对于通过编排、导演、拍摄、录音、剪辑、合成等创造性劳动，将音乐贯穿于摄制而成的一系列画面中，固定在一定介质上并能够借助适当装置放映的 MTV，因为不同主体为同一位表演者演唱的同一首歌曲摄制的 MTV 的表现形式会有很大差异，而这种差异正是《著作权法》所要求保护的具有独创性的表达，所以此类 MTV 属于电影作品，作者享有放映权。对于仅对现场表演进行机械录制所形成的 MTV，无论录制者本身有何不同，其为同一位表演者演唱的同一首歌曲录制的 MTV 之间则十分类似，即使存在差异，也是表演者的不同次表演所致，录制者对此并未付出创作性劳动，所以此类 MTV 本身不具有独创性，不是作品，而是录像制品，仅受到《著作权法》给予录像制品的保护，而录像制作者对制品不享有放映权。在此案的二审中，北京市高级人民法院判决认为，凝聚了导演、摄影、录音、剪辑、合成等创作人员的独创性劳动的音乐电视，属于《著作权法》规定的以类似摄制电影的方法创作的作品。[①]

（五）汇编作品

汇编作品是指汇编若干作品、作品的片段或者不构成作品的数据或者其他材料，对内容的选择或者编排体现独创性的作品（《著作权法》14 条）。汇编作品的内容不仅包括作品或者作品的片段（如一篇篇独立的学术论文），还包括不构成作品的数据或者其他材料。汇编作品的著作权由汇编人享有，但行使著作权时不得侵犯原作品的著作权（《著作权法》14 条），即原作品的著作权不会因为汇编人对汇编作品享有著作权而受到任何影响。

【相关案例】

案例 1

以英语语法和历年高考试题为素材编写而成的《高三一轮复习指导与测试》

---

① 北京市高级人民法院知识产权庭. 知识产权经典判例 4. 北京：知识产权出版社，2009：315.

从书的英语分册是否属于汇编作品,北京市高级人民法院判决如下。

英语语法和历年高考试题虽然属于公有领域的材料,但是经过汇编人具有独创性的选编、汇集和编排之后成为新的汇编作品,应当受到我国《著作权法》的保护。原告的作品是关于英语语法与训练的教学辅助图书,内容上包括语法、惯用习语、词语辨析的讲解和测试题目等,整体上采用了图表讲解配合真题练习的体例,为此作者付出了创造性的劳动,作品体现了独创性。对于英语语法、惯用习语、词语辨析的讲解则采用图表的方式,对语法的分类、体例结构的编排以及例示的选择和测试题目的编选同样体现了独创性。所以原告作品属于汇编作品,应当受《著作权法》的保护。①

案例 2

原告在 1991 年采集并收录于《食物成分表(全国代表值)》的有关数据的基础上,选取了 1 506 种食物的营养成分数据,进行了重新分类和编码,制作完成了《中国营养成分 2002》一书,书中有《食物一般营养成分》表。虽然食物营养成分数据本身并不受《著作权法》保护,但《食物一般营养成分》表在对数据的选择和食物品种的分类、顺序编排方面具有独创性,属于汇编作品。②

(六) 改编作品

改编作品是指改编、翻译、注释、整理(简称为改编)已有作品而产生的作品,著作权由改编、翻译、注释、整理人(简称为改编人)享有,但改编人在行使著作权时不得侵犯原作品的著作权(《著作权法》12 条)。也就是说,原作品的著作权不会因为改编人对改编作品享有另外的著作权而受到任何影响。只要改编人的改编行为产生新的作品,即可享有著作权,不管其行为是否事先获得原作品的著作权人的许可。改编人未经原作品的著作权人许可进行的改编无疑属于侵犯其改编权的行为,但侵权的事实不会阻碍改编人对改编作品享有著作权。

即使改编人对改编作品享有的著作权独立于原作品之外,但是他人在使用改编作品之前还是要同时取得原作品的著作权人和改编人的同意。使用改编作品进行演出,应当取得改编作品和原作品著作权人许可并支付报酬(《著作权法》37 条 2 款)。录音录像制作者使用改编作品,应当取得改编作品和原作品著作权人许可并支付报酬(《著作权法》40 条 2 款)。

---

① 北京市高级人民法院知识产权庭. 知识产权经典判例 4. 北京:知识产权出版社,2009:249.

② 北京市高级人民法院知识产权庭. 知识产权经典判例 4. 北京:知识产权出版社,2009:379.

改编人拥有的著作权针对的是改编行为产生的新的作品，也就是具备独创性的表达，因此不具备独创性的部分不构成改编作品，而只是改编人对原作品的复制。对于改编作品和原作品实质上相同的部分，改编人不享有任何的权利。另一方面，原作者对于改编作品中能够感知的原作品的表达可以主张权利，而无权对其他不能感知原作的表达的部分主张权利。

【思考题】

1. 试论作品的构成要件。
2. 试论题材与题材的表达。
3. 试论创造性与表达方式的可选范围。
4. 试论 MTV 的法律性质。

第三节　著作财产权的效力

引言

作品一旦诞生，人们使用作品的方式将是多种多样的。《著作权法》对作品的保护，正是根据作品的使用方式来设计的。著作权人享有的权利包括复制权、发行权、出租权、展览权、表演权、放映权、广播权、信息网络传播权、改编权等权利。这些权利被统称为著作财产权。

正确掌握著作财产权，需要做到以下三点。一是《著作权法》对于著作财产权中的每一种权利都进行了界定，在判定具体行为是否构成对复制权等权利的侵害时，应当严格依据《著作权法》的规定确定权利的射程范围。二是对于著作财产权控制范围以外的行为，著作权人可依据《著作权法》第 10 条第 1 款第 17 项规定的兜底条款，主张行为人侵犯其“享有的其他权利”。例如，向公众朗诵歌词的行为不属于上述任何一种权利控制的范围，我国的《著作权法》没有赋予著作权人以口述权，对于朗诵、讲授文字作品的行为，著作权人只有借助该兜底条款。三是著作财产权中的每一项权利都是相互独立的权利。小说作者许可出版社复制、发行后，出版社可以出版、销售小说，但是出版社无权将小说改编成电影,也无权将出版的小说在网络上公开。因为出版社只取得复制许可和发行许可,并没有取得改编许可和信息网络传播许可。

关键词

著作财产权　复制权　发行权　出租权　展览权　表演权　放映权　广播权　信息网络传播权　改编权　豁免行为　著作权侵害的判定标准　注意义务　不当得利返还

一、著作财产权的类型

(一) 复制权

复制权是指以印刷、复印、拓印、录音、录像、翻录、翻拍等方式将作品制作一份或者多份的权利(《著作权法》10 条 1 款 5 项)。既然复制权的范围包括将作品制作“一份”的权利,某个行为是否构成对复制权的侵害与行为人复制多少份就没有关系,仅复制了一份的人同样要承担民事责任。

复制权的权利人可以禁止被诉侵权人以印刷等方式再现作品的行为,但是无权禁止第三人向被诉侵权人提供复印机等复制设备。提供复印机等复制设备的行为本身不构成对复制权的侵害。在具体案件中,复制权侵害是否成立要看作品的本质特征是否直接或者经过一定中间过程被固定于平面的有形物体。

1. 本质特征

既然复制权是指将作品制作一份或者多份的权利,某个行为是否构成对复制权的侵害就要看该行为的后果是否形成与原作品实质上相同的复制品。如果被诉侵权物体现原作品的本质特征,即使行为人对于原作品的其他非本质部分进行加工或者增减,其行为同样构成对复制权的侵害。

判断被诉侵权物是否体现原作品的本质特征,应当特别注意原作品在被诉侵权物中出现的位置和状态。之所以要强调这一点,是因为《著作权法》对此缺乏明确规定。《著作权法》仅仅列举“印刷、复印、拓印、录音、录像、翻录、翻拍等方式”,没有对以这些方式制作的被诉侵权物的状态加以明确,也没有对原作品在被诉侵权物中的位置和状态进行界定。这些因素对正确判定某项被诉侵权物是否体现原作品的本质特征往往起着决定性的作用。

原作品在被诉侵权物中出现的位置和状态多种多样,比较典型的是原作品在被诉侵权物的背景中出现。例如,在照明灯具的产品说明书中,将山水国画或者书法作品作为表现灯具的照明效果的背景，这样的使用形式是否构成对复制权的侵害要具体案件具体分析。本书认为，如果被作为背景的作品的本质特征没有被再现，说明书就不构成对复制权的侵害。具体来说，如果照明灯具的背景以白色为主，书法作品在照明灯具的背景中所占地方不大，它给人的印象将会是一种装饰效果，即使它能烘托出典雅的氛围，人们也不会从中体会到书法作品所承载的人文精神，不会从中体会到书法作品的本质特征，这样的使用形式不构成对复制权的侵害。当然，如果照明灯具的整个背景都以山水国画为主，国画给人的印象则有可能不限于装饰效果，人们或许可以从中感知南国的山水情韵，体会到画家透过山水想要传达的情怀，此时，复制权很可能已经受到侵害。

作品在背景中出现，这样的情形在电影作品中最为常见。在影片主人公生活的环境中，绘画作品、书法作品等都有可能在背景中出现。这样的使用形式是否构成对复制权的侵害，仍然要看作品的本质特征有没有被再现，这是复制权侵害是否成立的判定标准。

2. 固定于平面的有形物体

既然复制权是指以印刷等方式将作品制作"一份或者多份"的权利，被诉侵权人的行为形成的复制品就应当是能够以"份"为单位来计算的有形物体，例如小说的复印本、CD 唱片的复制品等。对作品进行无形再现的行为，例如表演、放映等行为不属于复制行为。表演和放映分别属于表演权和放映权规制的范畴。

"一份或者多份"的寓意不仅在于复制品必须是有形物体，还在于复制品必须被固定于有形物体，只有被固定，人们才能以"份"为单位对其进行计算。随着复制技术的不断发展，人们固定信息的方式越来越多，印刷、录音、录像等方式是《著作权法》对固定信息的方式的有限列举而没有穷尽所有可能的方式。

通常情况下，作品蕴含的信息是被直接固定于有形物体，例如用复印机直接复印文字作品、用录像机直接录制舞蹈作品。有些情况下，作品蕴含的信息是经过一定的过程后才被固定于有形物体的。例如戏剧作品的剧本蕴含的信息，更多的是通过依据剧本表演的话剧、歌剧等中间过程表现出来，而后通过广播、信息网络传播等方式传达给广大观众。如果有人以录音或者录像的方式，将表演、广播或者信息网络传播中传达的剧本信息固定下来，该行为是否属于复制剧本的行为？本书认为，结合《著作权法》的条文来看，该行为确实属于以录音、录像方式将作品（剧本）制作一份或者多份的行为，构成对复制权的侵害。未经剧本作者的同意表演、广播或者信息网络传播剧本所蕴含的信息的行为属于对作品进行无形再现的行为,不构成对复制权的侵害(构成对表演权的侵害),但是将无形复制的信息固定于有形物体的行为则构成对复制权的侵害。

综上所述,本书认为,《著作权法》所说的复制是指将作品蕴含的信息直接或者经过一定的中间过程固定于有形物体,这就是条文中的"一份或者多份"所折射出的复制概念的内涵。仅仅这样理解条文中的"一份或者多份",对于正确把握复制权的射程范围来说还远远不够。由于《著作权法》关于复制权的条文过于简单,我们不得不对其深入解析,赋予其更多的含义。

"一份或者多份"不同于"一个或者多个",前者是平面概念,后者包含立体概念。本书认为,原则上《著作权法》说的复制是将作品蕴含的信息固定于平面的有形物体,而非立体的有形物体。这包括两种情形。一是将本来就是平面的作品固定于平面的有形物体,例如将一篇散文复印到 A4 纸上。二是将本来是立体的作品固定于平面的有形物体,例如对立体的艺术作品(雕塑等)进行临摹、绘画、摄影、录像。当然,如果艺术作品设置或者陈列在室外公共场所,人们在一定条件下可以不经著作权人许可进行临摹等行为(《著作权法》22 条 1 款 10 项)。对于一种新型挖掘机的设计图而言,著作权人的复制权只能禁止他人将设计图复印在纸张等平面上,而不能禁止他人依据设计图制造同样的新型挖掘机。当然,对于建筑作品的设计图而言,如果将复制权的射程范围限定于对设计图本身的复印,将达不到保护建筑作品的效果。因此,作为例外,应当允许著作权人以复制权受到侵害为理由,禁止他人依据设计图建造同样的建筑物。

综上所述,判断被诉侵权人的行为是否构成对复制权的侵害,关键要看行为是否属于将作品的本质特征直接或者经过一定中间过程固定于平面的有形物体,这是判定复制权侵害是否成立的标准。

【相关案例】

"熊大"动漫美术作品是为华强公司发行的三维喜剧动画片《熊出没》开发的角色形象,是以平面方式表达的艺术造型。经过华强公司授权,盟世奇公司生产的"熊大"毛绒玩具及被控侵权商品是以立体方式表达的造型。虽然由平面到立体的复制不属于《著作权法》第 10 条第 1 款第 5 项列举的 7 种复制方式,但是,该条款通过使用"等方式"的用语并没有穷尽复制的方式。判断某种行为是否构成对受保护作品的复制,关键在于判断新的载体中是否保留了原作品的基本表达,同时没有通过发展原作品的表达而形成新作品,如果最终表达载体再现了被保护作品或其具有独创性的特征并加以固定，且没有形成新的作品，就应当属于《著作权法》规定的复制。[①]

（二）表演权

表演权是指公开表演作品以及用各种方式公开播送作品的表演的权利（《著作权法》10条1款9项）。表演权赋予作者两种不同的权利。以流行歌曲作品为例，词曲作者享有的第一种权利是禁止歌手以现场演出等形式公开表演歌曲作品。词曲作者享有的第二种权利是禁止电视台等公开播送歌手的表演。公开播送不仅包括现场直播，还包括播放录有歌手演唱的CD唱片。公开是指他人有可能听到或者看到，并不需要一定有人听到或者看到。播放着流行歌曲CD唱片的咖啡厅即使没有一个顾客，咖啡厅的行为也构成对表演权的侵害。

通常，侵害表演权的是个人，即以现场演出等形式公开表演作品的个人。但是《著作权法》规定，演出单位和演出组织者应当为避免侵犯表演权采取一定的积极措施，即使用他人作品演出，表演者（演员、演出单位）应当取得著作权人许可并支付报酬；演出组织者组织演出，由该组织者取得著作权人许可并支付报酬（《著作权法》37条1款）。将演出单位也称为表演者有些牵强，本意是在于向演出单位施加一定的注意义务，避免侵权现象发生。

一场大型演唱会的举行，常常有众多的单位参与其中。判定谁是演出的组织者，显得尤为重要。在我国，举行演唱会需要得到相关部门的许可，需要大量资金的支持。因此，负责提供演唱会经费，负责办理文化主管部门的同意函的地方政府可以成为演出组织者，承担取得著作权人许可并支付报酬的义务。[②]

对于未经著作权人许可擅自演唱的歌手能否以演出组织者应承担责任为由不承担侵权责任，北京市朝阳区人民法院判决认为，《著作权法》虽然规定演出组织者组织演出的，可以由该组织者征得著作权人的许可并付酬，但是基本原则仍然是谁表演谁征得许可并付酬。法院因此判定，歌手未经词作者的同意擅自演唱《暗香》的行为构成对表演权的侵害。[③]

（三）放映权

放映权是指通过放映机、幻灯机等技术设备公开再现美术、摄影、电影作品

① 天津市高级人民法院民事判决书（2015）津高民三终字第0018号。

② 北京市高级人民法院知识产权庭．知识产权经典判例3．北京：知识产权出版社，2008：308．

③ 北京市高级人民法院知识产权庭．知识产权经典判例3．北京：知识产权出版社，2008：309．

等的权利(《著作权法》10条1款10项)。放映权规制的是公开再现作品的行为本身,无论被再现的作品的状态如何,只要作品被公开再现,就构成对放映权的侵害。权利人不但能禁止他人将固定在DVD光盘上的电影作品通过放映机投影到屏幕上,还能禁止他人将互联网上即时传输的电影作品通过笔记本电脑等设备投影到屏幕上。《著作权法》对再现作品的载体同样没有限制,与宽大的银屏一样,笔记本电脑和手机彩屏都可以成为再现作品的载体。

(四)展览权

展览权是指公开陈列美术作品、摄影作品的原件或者复制件的权利(《著作权法》10条1款8项)。展览权的客体仅限于美术作品和摄影作品,其他作品的权利人不享有展览权,不能禁止他人将作品的原件或者复制件公开陈列。书店将已经发表的小说摆放在书架上供顾客任意选购已经成为一种司空见惯的商业惯例。美术等作品原件所有权的转移,不视为作品著作权的转移,但美术作品原件的展览权由原件所有人享有(《著作权法》18条)。

对于美术作品和摄影作品,权利人不仅可以禁止他人公开陈列作品的原件,还可以禁止他人公开陈列作品的复制件。鉴于数码合成技术等的高度发达,复制件越来越精致,几乎可以假乱真,因此将复制件列入禁止陈列的范畴有一定的合理性。

(五)广播权

广播权赋予了权利人三种权利。一是以无线方式公开广播或者传播作品的权利。二是以有线传播或者转播的方式向公众传播"广播的作品"的权利。三是通过扩音器或者其他传送信号、声音、图像的类似工具向公众传播"广播的作品"的权利(《著作权法》10条1款11项)。这三项权利前后衔接,全程覆盖信息的传播路径。这条传播路径曾经是信息的传统传播路径。信息首先从权威电台、电视台或者通信卫星以无线方式发出,经由地方电台、电视台的转播后,通过扩音器等工具向公众传播。

1. 有线电视台的广播行为

随着时代的变迁,信息的传播路径发生了巨大变化。随着有线电视台的崛起,节目不再是单纯地转播位阶在上的电视台的节目,而是直接广播自己的节目,信息的传播路径呈现出多元化现象。然而,以有线方式公开广播作品,而非传播"广播的作品",这样的行为不属于广播权中的任何一种权利。即使有线电视台未经著作权人许可广播作品,也不构成对广播权的侵害。这明显是不合理的。在现行《著作权法》下，著作权人只有以《著作权法》第 10 条第 1 款第 17 项为依据，起诉有线电视台侵害其应当享有的其他权利。

2. 广播电台、电视台的广播行为

尽管广播的路径大相径庭，但广播的内容与从前却相差无几。声音和图像是广播所传递的主要信息。如果广播行为是由广播电台、电视台实施的，《著作权法》对此有下列三条特别规定。第一，电视台播放他人的录像制品，应当取得著作权人和录像制作者的许可并支付报酬（《著作权法》46 条）。电视台播放他人的电影作品，应当取得制片者许可并支付报酬（《著作权法》46 条）。第二，广播电台、电视台播放已经出版的录音制品，可以不经著作权人许可，但应当支付报酬。当事人另有约定的除外，具体办法由国务院规定（《著作权法》44 条）。第三，广播电台、电视台播放他人已发表的作品，可以不经著作权人许可，但应当支付报酬（《著作权法》43 条 2 款）。后两条被称为法定许可，由于法定许可的存在，同样一个未经许可播放流行歌曲 CD 专辑的行为，如果行为人是广播电台，则可以不经著作权人（歌曲作者）许可；如果行为人是咖啡厅、宾馆等场所，则必须取得著作权人（歌曲作者）的许可。

（六）信息网络传播权

随着互联网的日益普及，越来越多的作品在互联网上被传播和使用。网络侵权严重威胁作者的合法权益。《著作权法》赋予著作权人以信息网络传播权。同时，为了避免侵权现象的发生，《著作权法》又明文要求相关人员采取一定的积极措施。例如，得到表演者许可，通过信息网络向公众传播表演者的表演的，还应当取得著作权人的许可，并支付报酬（《著作权法》38 条 2 款）；得到录音录像制作者许可，通过信息网络向公众传播录音录像制品的，还应当取得著作权人的许可，并支付报酬（《著作权法》42 条 2 款）。

1. 侵权构成要件

信息网络传播权是指以有线或者无线方式向公众提供作品，使公众可以在其个人选定的时间和地点获得作品的权利（《著作权法》10 条 1 款 12 项）。因此，信息网络传播权的侵权构成要件形式上看有两个。第一，向公众提供作品。第二，使公众可以在其个人选定的时间和地点获得作品。通过以下分析，我们可以知道，这两个要件在实质上是同样的。要正确理解信息网络传播权的侵权构成要件，应当特别注意以下几个方面。

第一，“向公众提供作品”不是指将作品主动提供给他人，更不是指将作品通过网络广播,这是将信息网络传播行为与传统的广播行为区分开来的分水岭。"向公众提供作品"是指将作品置于可以应他人的要求(指令)通过网络传送的状态。只有这样理解条文的前半部分,该条文的后半部分在逻辑上才讲得通。这是因为,只有将作品置于可以应他人的要求通过网络传送的状态,他人才可以在其选定的时间和地点获得该作品。如果已经主动向他人提供了作品,他人就不需要选定时间和地点了。

第二,只要将作品置于可以应他人的要求通过网络传送的状态,无论是否有人通过网络获得该作品,都构成对信息网络传播权的侵害。理由就蕴含在条文之中。只要他人"可以"获得该作品,就满足了信息网络传播权侵害的构成要件,至于他人是否真的获得过,并不重要。只要将作品上传至信息存储空间供他人获得,无论具体方式是上传到网络服务器还是设置共享文件或者利用文件分享软件,均构成对信息网络传播权的侵害。

第三,他人是否可以"获得"作品,与他人是否可以将该作品下载至计算机硬盘中没有任何关系。任何作品都是"文学、艺术和科学领域内就题材进行的具有独创性的能够以某种有形形式复制的表达",而表达是无形的,人们不可能像获得有形物一样将无形的表达掌握在手中。电影作品即使被下载到计算机硬盘中,下载者拥有的只是一些特殊的电子信息,而非电影作品。作品无法获得而只能共享与欣赏。因此,一些网站仅提供在线欣赏、在线收听、在线阅读而不提供下载服务的行为,同样属于使公众可以"获得"作品的行为,构成对信息网络传播权的侵害。

综上所述,信息网络传播权的侵权构成要件在形式上看来虽然有两个,但在实质上,这两个要件是一样的。因为只要将作品置于可以应他人的要求通过网络传送的状态(向公众提供作品),网络技术本身往往决定了另外一个要件(使公众可以在其个人选定的时间和地点获得作品)自然而然地就会得到满足。依据我们的这个发现,继续来看正确掌握信息网络传播权的侵权行为需要注意的第四点及第五点。

第四,只有将作品置于可以应他人的要求通过网络传送的状态(信息网络传播行为)的人才是侵害信息网络传播权的主体,其他人充其量只是侵权的帮助者而非侵权的主体。例如,某大型网站对其他多个小网站中的涉嫌侵权的音乐作品设置链接的行为是否构成对信息网络传播权的侵害?答案是否定的。因为大型网站的所作所为虽然有悖于职业道德,但它没有将作品置于可以应他人的要求通过网络传送的状态，没有实施信息网络传播行为，将作品进行数字化后置于公开的信息存储空间的是那些小网站而非大网站。大网站做的只不过是让公众能够快速地找到想要听的音乐。如果这些音乐本来就不存在于公开的信息存储空间，那么公众即使利用大网站铺设的快速通道最终也只能是无功而返。

第五，在上述的第四点中，我们提到实施信息网络传播行为的人才是侵害信息网络传播权的主体。那么，实施信息网络传播行为的人到底是谁呢？将作品数字化后将其置于公共信息存储空间的人（直接行为人）当然难辞其咎，权利人当然可以起诉其侵害信息网络传播权。问题在于，侵权主体是否可以扩大至直接行为人以外的人。向直接行为人提供接入服务、缓存服务、信息存储空间服务以及搜索或者链接服务的人是否能够成为侵权主体？这些人通常被称为网络服务提供者。他们是否也是侵害信息网络传播权的主体，是一个值得讨论的问题。

【相关案例】

有些涉嫌侵权人会对网络上作品的使用范围、方式施加一定限制，如同时只能有3人阅读、只能以拷屏的方式下载或保存，应当如何评价这些限制措施？

北京市海淀区人民法院判决认为，这些限制并未从实质上降低作品被任意使用的风险，也未改变其未经著作权人许可而使用他人作品的行为性质。传统意义上的公益性图书馆，因为其物质条件的有限性及使用规则的可靠性导致对著作权影响的有限性，其投资来源的公共性导致公共利益与私人利益一定程度的一致性，具备对著作权进行限制的可能性。显然，被告书生公司无论在企业性质、经营方式、经营目的及对作者利益的影响上均与图书馆不同。故被告书生公司以其经营方式和限制措施作为否认侵权的理由，法院不予采信，但法院将把此作为侵权情节予以考虑。①

2. 网络服务提供者的赔偿责任的构造

参与《侵权责任法》立法的人认为，网络服务提供者不直接提供信息，一般而言，除符合《中华人民共和国侵权责任法》（以下简称《侵权责任法》）第36条第2款和第3款的规定，无须对网络用户提供的信息侵犯他人民事权益承担责任。②

① 北京市高级人民法院知识产权庭. 知识产权经典判例3. 北京：知识产权出版社，2008：276.

② 全国人大常委会法制工作委员会民法室. 中华人民共和国侵权责任法解读. 北京：中国法制出版社，2010：180.

也就是说,即使网络用户提供的信息侵犯了他人的信息网络传播权,网络服务提供者也无须承担责任。其理由是网络服务提供者没有直接提供信息,这与我们上面讲到的第四点是一致的。

虽然网络服务提供者不是信息网络传播权的直接侵权人,但在下列两种情况下却应当承担赔偿责任。第一,网络用户利用网络服务实施侵权行为的,著作权人有权通知网络服务提供者采取删除、屏蔽、断开链接等必要措施。网络服务提供者接到通知后未及时采取必要措施的,对损害的扩大部分与该网络用户承担连带责任(《侵权责任法》36 条 2 款)。网络服务提供者的赔偿范围仅限于损害的扩大部分,对于接到通知前已经造成的损害,由网络用户单独承担。网络服务提供者采取的措施是否"及时",应当根据权利人提交通知的形式,通知的准确程度,采取措施的难易程度,网络服务的性质,所涉作品、表演、录音录像制品的类型、知名度、数量等因素综合判断(《最高法信息网络规定》14 条)。

接下来看网络服务提供者应当承担赔偿责任的第二种情形。《侵权责任法》第 36 条第 3 款规定,网络服务提供者知道网络用户利用其网络服务侵害他人民事权益,未采取必要措施的,与该网络用户承担连带责任。参与立法的人认为,该条款和第 36 条第 2 款是并列关系,并非包含关系。如果著作权人能够举证证明网络服务提供者对侵权行为知道,可以不发出侵权通知,直接要求网络服务提供者承担第 3 款规定的侵权责任。如果著作权人认为其无法举证证明网络服务提供者具有过错,可以根据第 2 款发出侵权通知。[①] 网络服务提供者接到权利人以书信、传真、电子邮件等方式提交的通知,未及时采取删除、屏蔽、断开链接等必要措施的,法院应当认定其明知相关侵害信息网络传播权行为(《最高法信息网络规定》13 条)。

【相关案例】

判断被诉行为是否构成信息网络传播行为,应采用服务器标准,而非用户感知标准或实质性替代标准。依据服务器标准,如果被诉行为系将涉案内容置于向公众开放的服务器中的行为,则该行为系信息网络传播行为。本案中,上诉人向用户提供"快看影视"APP(指计算机或手机应用程序),虽然用户在该 APP 界

---

① 全国人大常委会法制工作委员会民法室. 中华人民共和国侵权责任法解读. 北京:中国法制出版社,2010:187.

面下即可以实现对涉案作品的在线观看，但由公证书可看出，其内容播放页面中显示了乐视网相应页面的地址，且点击该地址可进入乐视网页面。上述事实说明，将涉案内容置于网络中传播的是乐视网，而非上诉人，上诉人仅提供了指向乐视网中涉案内容的链接。

被上诉人并不否认该内容来源于乐视网，但其主张该链接系通过破坏乐视网技术措施的方式设置的链接。但即便链接服务提供者是通过破坏技术措施而实现的链接，该行为与链接行为仍为相互独立的两个行为，破坏技术措施行为的存在并不会对链接行为这一事实的认定产生影响。据此，在上诉人未实施将涉案作品置于向公众开放服务器中行为的情况下，其虽然实施了破坏技术措施的行为，但该行为仍不构成对涉案作品信息网络传播权的直接侵犯，一审法院做出的被诉行为侵犯被上诉人信息网络传播权的认定有误，本院予以纠正。[①]

（七）发行权

发行权是指以出售或者赠与方式向公众提供作品的原件或者复制件的权利（《著作权法》10 条 1 款 6 项）。为了避免侵害发行权的现象发生，《著作权法》明文要求相关人员履行一定的义务。例如，得到表演者的许可，发行录有表演者的录音录像制品的，还应当取得著作权人的许可并支付报酬（《著作权法》38 条 2 款）；得到录音录像制作者的许可，发行录音录像制品的，还应当取得著作权人的许可并支付报酬（《著作权法》42 条 2 款）。

为了履行自己应尽的义务，出版社及唱片制作公司等单位在将作品推向市场之前，应当与作者签订书面合同，约定作品的发行获利的分配比例。过度依赖口头约定，会使出版社及唱片制作公司在诉讼中处于不利地位。例如，被告组织原告在上海大剧院演出原告改编创作的钢琴伴唱《红灯记》，并向原告支付报酬的事实，能否表明原告许可被告对现场演出进行录音并复制、发行录音制品？北京市第二中级人民法院 2004 年 4 月 22 日判决认为，被告向原告支付报酬的事实说明，被告与原告就演出当日的表演曲目及演奏者的选择达成协议，不能表明原告许可被告对其现场演出进行录音及复制、发行录音制品。被告虽提出其与原告就演出现场版录音的发行权事宜已达成口头约定，但其未就此主张提供相应的证据予以证明，该主张不予采信。[②]

---

① 北京知识产权法院民事判决书（2016）京 73 民终 143 号。

② 北京市高级人民法院知识产权庭. 知识产权经典判例 3. 北京：知识产权出版社，2008：304.

(八) 出租权

出租权是指有偿许可他人临时使用电影作品和计算机软件的权利,计算机软件不是出租的主要标的的除外(《著作权法》10 条 1 款 7 项)。只有电影作品和计算机软件的权利人才拥有出租权,音乐作品、文字作品等作品的权利人不拥有出租权,不能禁止他人进行唱片出租、小说出租等营利性业务。即使是电影作品和计算机软件的权利人,也无权禁止他人开展无偿的出租业务。该条款的但书规定计算机软件不是出租的主要标的的,不属于出租权规制的范畴。法院应当以何种标准来判定某个软件是否是出租的主要标的,还有待在审判实务中积累相关的案例。

(九) 改编权

改编权是指改变作品,创作出具有独创性的新作品的权利(《著作权法》10 条 1 款 14 项)。改变作品的手段和方法多种多样,例如,将小说拍成电影、将英文小说翻译成中文、精选某作家的一部分短篇小说汇集成小说集等。虽然这些具体的改变作品的行为在《著作权法》里分别被称为摄制、翻译以及汇编,其实它们在实质上均属于改编行为。因此,《著作权法》所说的摄制权、翻译权及汇编权实质上均可以用同一项权利即改编权来理解。

《著作权法》中改编的定义过于简单,需要进一步明确其内涵。本书认为,改编是指在原作品的基础上,在保持原作品的表达上的本质特征不变的同时,通过修改、变更、增减具体的表达,创作出具有独创性的新表达,使得接触到新表达的人能够直接感知到原作品表达上本质特征的行为。

改编权针对的是在原作品表达的基础上创作完成的新表达。不经著作权人的许可,他人不得对原作品的表达进行修改、变更或者增减。如果说复制权禁止的是他人对特定表达进行再现的行为,那么改编权禁止的是他人对相似表达进行再现的行为。因此,包含复制权及改编权的著作权不仅禁止他人再现和原作品相同的表达,还禁止他人再现和原作品相似的表达。改编权的存在使著作权的保护范围不局限于具体的表达本身,还延及与之类似的表达。

【相关案例】

案例 1

陈枰版《推拿》系根据毕飞宇版《推拿》改编产生的作品。陈枰虽然对其创作的《推拿》作品享有著作权,但是这种改编作品的著作权人所享有的著作权是完整但不独立的权利。不独立的权利是基于改编作品是在原作品基础上的再创作,包含原作品的表达,因此,原作品著作权对改编作品的使用有控制权,改编作品的著作权依附于原作品的著作权,在行使时要受到原作品著作权的限制,故其权利是不独立的。虽然《著作权法》第15条第2款规定了电影作品和以类似摄制电影的方法创作作品中的剧本、音乐等可以单独使用的作品作者有权单独行使其著作权,但是单独行使著作权的前提是不违背《著作权法》对改编作品著作权行使的原则性规定。①

案例2

“四大名捕”系列小说中,“无情”“铁手”“追命”“冷血”及“诸葛先生”是贯穿始终的灵魂人物,涉案五个人物为温瑞安小说中独创性程度较高的组成部分,体现了独创性人物的重要表达。温瑞安对其小说所享有的著作权亦应体现为对其中独创性表达部分所享有的著作权。结合《大掌门》游戏对涉案五个人物的身份、武功、性格等信息的介绍,以及该游戏出现涉案五个人物的时间,可认定《大掌门》游戏中的“神捕无情”“神捕铁手”“神捕追命”“神捕冷血”及“诸葛先生”五个人物即为温瑞安“四大名捕”系列小说中的“无情”“铁手”“追命”“冷血”及“诸葛先生”五个人物。玩蟹公司开发经营的《大掌门》游戏,通过游戏界面信息、卡牌人物特征、文字介绍和人物关系,表现了温瑞安“四大名捕”系列小说人物“无情”“铁手”“追命”“冷血”及“诸葛先生”的形象,是以卡牌类网络游戏的方式表达温瑞安小说中的独创性武侠人物。故玩蟹公司的行为属于对温瑞安作品中独创性人物表达的改编,该行为未经温瑞安许可且用于游戏商业性运营活动,侵害了温瑞安对其作品所享有的改编权。②

二、权利的限制与保护期

《著作权法》赋予著作权人以著作权,是将复制、改编等行为都纳入著作权的射程范围,他人未经许可不得在该射程范围内实施这些行为。同样的道理,《著作权法》限制著作权是将本来属于著作权射程范围内的一部分复制、改编等行为排除出去,允许他人不经著作权人许可,可以实施这些行为。我们将这些行为称为豁免行为,对于作品的使用者而言,豁免行为拓展了使用、传播、创作作品的空间。

---

① 北京市第二中级人民法院民事判决书(2014)二中民终字第05328号。

② 北京市海淀区人民法院民事判决书(2015)海民(知)初字第32202号。

（一）个别豁免与合理使用

《著作权法》在界定复制权、发行权、汇编权等权利的时候,仅粗略勾画出各项权利的射程范围,没有对落入射程范围的具体行为进行分门别类。在落入著作权的射程范围内的行为中,有的只是出于个人学习目的而使用作品。如果这样的行为也构成对著作权的侵害,将不利于作品的创作和传播。因此,有必要对著作权施加一定限制,保障人们基于合理目的使用作品。此外,为了保障言论自由、司法公开、行政效率等公共利益,有时候新闻媒体、法院和国家机关也不得不使用他人的作品,出于维护公共利益的需要,也有必要对著作权施加一定限制。《著作权法》加以限制的不仅有著作财产权还包括著作人身权,并且适用于对出版者、表演者、录音录像制作者、广播电台和电视台的权利的限制(《著作权法》22条1款、2款)。

《著作权法》对著作权的限制,采用的是对某些行为进行个别豁免的方法,除了列举的12种行为之外,其他行为只要落入著作权的射程范围,仍然属于侵权行为。这就暴露出个别豁免模式的不足之处。随着信息通信技术的高速发展,社会环境在不断变化,个别豁免方式往往难以应对社会环境的快速变化。人们认同的对作品的使用行为,由于不属于任何一项豁免条款而被判定为侵权的危险随时可能发生。解决的方法有两种。一是在《著作权法》中增加兜底的合理使用条款,将满足一定条件的使用行为纳入合理使用的范畴,同时将所有合理使用行为视为不侵犯著作权。二是在个案中,通过对复制权、发行权等著作权的侵权构成要件的解释,或者运用权力滥用理论,将一些新出现的使用行为划入不侵犯著作权的范畴。

（二）豁免行为的构成要件

上述两种方法都可以解决个别豁免模式的不足之处,在决定究竟采用哪种方法之前,需要从以下几个方面深入理解现行的豁免行为,特别是其构成要件。

第一,豁免行为的行为人可以不经著作权人许可,不向其支付报酬,但是行为人应当指明作者的姓名和作品名称(《著作权法》22条1款)。无论行为人使用作品的方式如何,也无论作品以何种状态再现在公众面前,行为人都负有指明作品的姓名和作品名称的义务。行为人指明作品的姓名和作品名称是否会破坏其使用作品的整体效果,在所不问。鉴于《著作权法》的规定过于严格,《著作权法实施条例》对此进行了一些调整。如果当事人另有约定或者由于作品使用方式的特性,无法指明作者姓名和作品名称的,可以不指明(《著作权法实施条例》

19 条）。

第二，行为人实施豁免行为“不得侵犯著作权人依照本法享有的其他权利”（《著作权法》22 条 1 款）。例如，行为人可以为个人欣赏的目的，在家里，用家里的录音机将 CD 唱片中的音乐复制到磁带上。但是，行为人不得为了其他目的（销售、出租等目的）将载有音乐的磁带转让给他人（侵犯发行权），也不得将磁带向公众播放获取利益（侵犯表演权）。

第三，《著作权法》列举的 12 种豁免行为针对的都是已经发表的作品，未发表的作品不在其列。如何判断某个作品是否已经发表呢？一般来说，著作权人自行或者许可他人公之于众的作品属于已经发表的作品（《著作权法实施条例》20 条）。著作权人的主观意愿决定着作品是否已经发表。当然，著作权人的主观意愿往往需要客观事实来证明。对于还没有发表的作品，他人即使是出于个人欣赏的目的复制、表演、改编该作品，也构成对著作权的侵害。

第四，《著作权法》列举的 12 种豁免行为的行为人，只要其目的自始至终都限定于《著作权法》规定的目的，不偏离该目的，不侵犯著作权人的其他权利，一般来说，就可以进行这些行为而无须承担侵权责任。但是，使用可以不经著作权人许可的已经发表的作品的，不得影响作品的正常使用，也不得不合理地损害著作权人的合法利益（《著作权法实施条例》21 条）。当某个行为影响了作品的正常使用，或者不合理地损害了著作权人的合法利益时，行为人就应当承担相应的侵权责任。例如，某人为了个人欣赏的目的，将其从合法渠道购买的大量正版影片上传到公共信息存储空间的行为，从形式上看是为了便于其欣赏、节省其个人电脑的存储空间，属于豁免行为。但是，由于他人能够从该公共信息存储空间下载这些影片，并且在下载观看后很有可能不再去购买正版影片，这无疑会影响这些影片的正常使用，或者不合理地损害著作权人的合法利益，属于侵犯复制权和信息网络传播权的行为。

豁免行为的构成要件比较复杂，复杂的构成要件限制能够满足这些要件的行为。为了拓展豁免行为的范围，在《著作权法》中增设兜底的合理使用条款无疑具有立竿见影的效果。但是，本书认为，在著作权侵害现象还比较严重的情况下，更应当警惕合理使用条款的过度使用，更应当强调合理使用条款的负面效应。

当然，现行的个别豁免方式已经无法应对日新月异的技术革新。对个别豁免方式进行补充和修改已经成为历史所趋。本书认为，通过对复制权、改编权等权利的侵权构成要件的解释,运用权力滥用理论以及通过特别立法,是能够补充现行的个别豁免方式的不足之处的。例如,计算机软件的使用者为了学习和研究软件内含的设计思想和原理,通过安装、显示、传输或者存储软件等方式使用软件的行为,可以不经软件著作权人许可,不向其支付报酬(《软件条例》17 条)。这就是特别法新增的一种豁免行为。

(三) 具体的豁免行为

1. 通常的使用作品的行为

作品一旦诞生,人们使用作品的方式也就会多种多样。召集朋友在家里一起观看新出的 DVD 电影、在同学聚会上竞相表演拿手的歌舞、在对外公开的雕塑前摄影留念,已经成为人们日常生活的一部分。如果这些行为也被纳入著作权的射程范围,无异于践踏人们的私人空间和活动自由。因此,《著作权法》规定下列行为属于豁免行为。一是为个人学习、研究或者欣赏,使用他人已经发表的作品的行为(《著作权法》22 条 1 款 1 项),使用不仅包括复制,还包括改编。二是对设置或者陈列在室外公共场所的艺术作品进行临摹、绘画、摄影、录像的行为(《著作权法》22 条 1 款 10 项),"室外公共场所的艺术作品"是指设置或者陈列在室外社会公众活动场所的雕塑、绘画、书法等艺术作品。临摹人、绘画人、摄影人、录像人可以对其成果以合理的方式和范围再行使用,不构成侵权(《最高法著作权解释》18 条)。三是免费表演已经发表的作品,且未向公众收取费用,也未向表演者支付报酬(《著作权法》22 条 1 款 9 项)。

2. 引用

为介绍、评论某一作品或者说明某一问题,在作品中适当引用他人已经发表的作品,属于豁免行为(《著作权法》22 条 1 款 2 项)。作为豁免行为的引用,必须在适当的范围内。何谓适当的范围?本书认为,该条文的前半部分为引用确立了目的,只有为了这个目的所进行的引用,才属于适当的范围。引用的目的必须是"为介绍、评论某一作品或者说明某一问题"。从中我们可以析出引用的两个要件。第一,引用他人时,必须严格区分他人作品和自己作品,让作品的欣赏者能够明确识别两者。第二,主从关系必须加以明确,自己作品为主,他人作品为辅。

3. 公共利益

出于对公共利益的考虑,《著作权法》规定 9 种行为属于豁免行为(《著作权法》22 条 1 款 3 项、4 项、5 项、7 项、8 项、11 项、12 项,《著作权法》23 条)。值得注意的是,《著作权法》没有设立兜底的、基于公共利益的豁免条款。

报纸、期刊、广播电台、电视台等媒体刊登或者播放其他报纸、期刊、广播电台、电视台等媒体已经发表的关于政治、经济、宗教问题的时事性文章,但作者声明不许刊登、播放的除外。时事性文章不同于时事新闻。时事新闻不受《著作权法》保护,但时事性文章可以享受《著作权法》保护,只不过时事性文章属于豁免行为的对象。

报纸、期刊、广播电台、电视台等媒体刊登或者播放在公众集会上发表的讲话,但作者声明不许刊登、播放的除外。为报道时事新闻,在报纸、期刊、广播电台、电视台等媒体不可避免地再现或者引用已经发表的作品。国家机关为执行公务在合理范围内使用已经发表的作品。图书馆、档案馆、纪念馆、博物馆、美术馆等为陈列或者保存版本的需要,复制本馆收藏的作品。将已经发表的作品改成盲文出版。将中国公民、法人或者其他组织已经发表的以汉语言文字创作的作品翻译成少数民族语言文字作品在国内出版发行。为学校课堂教学或者科学研究,翻译或者少量复制已经发表的作品,供教学或者科研人员使用,但不得出版发行。学校周边复印店未经作者许可复印他人的教材并向学生销售的行为不属于豁免行为。①

为实施九年制义务教育和国家教育规划而编写出版教科书,除作者事先声明不许使用外,可以不经著作权人许可,在教科书中汇编已经发表的作品片段或者短小的文字作品、音乐作品或者单幅的美术作品、摄影作品,但应当按照规定支付报酬,指明作者姓名、作品名称,并且不得侵犯著作权人依照《著作权法》享有的其他权利。这种行为的行为人应当向权利人支付报酬,这一点与其他所有的豁免行为都不同。

(四)保护期

公民的作品,其著作财产权的保护期为作者终生及其死亡后五十年,截止于作者死亡后第五十年的 12 月 31 日;如果是合作作品,截止于最后的作者死亡后第五十年的 12 月 31 日(《著作权法》21 条 1 款)。电影作品和摄影作品法人或者其他组织的作品,著作权(署名权除外)由法人或者其他组织享有的职务作品,其著作财产权的保护期为五十年,截止于作品首次发表后第五十年的 12 月 31 日,但作品自创作完成后五十年内未发表的,《著作权法》不再保护(《著作权法》

① 法律出版社法规中心. 知识产权法律法规全书(含司法解释). 北京:法律出版社,2010:95.

21条2款)。

作者身份不明的作品,著作财产权的保护期截止于作品首次发表后第五十年的12月31日(《著作权法实施条例》18条)。

三、保护的范围

著作权保护的是作品,是就题材进行的表达。题材本身不是著作权保护的对象。这是理解著作权的保护范围时应当遵循的基本原则。在贯彻该原则时应当注意一个问题。如果他人没有参照作者的作品,即使其创作的作品和作者相同,也不构成侵权。对于相同的表达,完全可以同时存在两个以上的作者。因此,著作权侵害是否成立,取决于下列两个要件是否均得到满足。第一,被诉侵权人是否参照作者的作品。第二,被诉侵权人的作品和作者的作品是否相似。满足这两个要件的,法院可以推定被诉侵权人的作品来源于作者的作品,构成侵权。

(一)参照

如果被诉侵权人对涉案作品是否存在根本不了解,或者根本不清楚涉案作品的内容,那就谈不上是否参照过,著作权侵害也就无从谈起。即使被诉侵权人知道涉案作品,也有可能不参照该作品而独自创作相似的作品。当然,这种可能性不是很高。关键在于举证。著作权人主张他人侵权,应当承担举证责任,包括举证证明他人参照了其作品。著作权人的举证方法主要有两种。

第一种方法是将被告作品和自己的作品进行对比,析出两者之间的相同或相似之处。在相同或相似之处足够多的情况下,法院可以推定被告参照了著作权人的作品。

第二种方法是证明被告曾经接触过涉案作品。当然,如果涉案作品已经通过出版、广播等途径被广泛传播,法院可以推定他人接触过涉案作品,并进一步推定他人参照了涉案作品。相反,如果涉案作品属于保密的对象,并且被诉侵权人能够说明其独立创作的过程,则法院可以推定被诉侵权人没有参照涉案作品。例如,在一个关于美术作品的著作权侵害诉讼中,原告认为,被告A为被告故宫博物院设计的徽标参照了原告先前向被告故宫博物院提交的院徽。北京市第二中级人民法院2005年12月20日判决认为,被告故宫博物院对于原告提交的院徽采取了保密措施,并且被告A对其院徽的设计过程进行了充分的说明,因此原告的主张缺乏依据。[①]

---

① 北京市高级人民法院知识产权庭. 知识产权经典判例4. 北京:知识产权出版社,2009:402.

既然著作权保护的对象是表达，著作权人在证明被诉侵权人参照其作品时，应当证明被诉侵权人参照其表达，而非题材本身。例如，草书、行书、篆书等书法作品的写法，属于公有领域的素材或者题材，任何人都无权禁止他人采用相同的写法。

【相关案例】

案例1

原告和被告为故宫博物院设计的院徽标识，均采用篆书“宫”字形的设计元素，将宝盖两点垂直向下与下“口”相平。关于被告是否参照原告的设计，北京市高级人民法院判决认为，原告作品和被告作品均采用汉字“宫”字作为设计的主体，来表现故宫建筑的恢宏和故宫馆藏的博大，但是这种设计理念属于思想创意的范畴，不是《著作权法》保护的客体。将“宫”字用书法、绘画等形式通过创造性劳动表现出来，才是受《著作权法》保护的内容，但是要排除属于公有领域中的设计元素。“宫”字宝盖两点向下垂直与下“口”相平，来源于中国传统篆刻“宫”字的写法，属于公有领域的素材，原告无权排斥他人使用。①

案例2

原告图书在整体上采用了图表讲解配合真题练习的体例，被告图书在整体体例上同样采取图表讲解配合真题练习的方式，在其选用的196个图表中，与原告图书相同的图表达172个，构成对原告图书的复制。② 显然，原告成功地证明了涉案图书之间有多个图表相同，该事实使法院比较容易地判定被告图书参照了原告图书，构成侵权。

（二）相同或者相似

由于改编权的存在，著作权人不仅有权禁止他人再现与其作品相同的表达，还可以禁止他人再现与其作品相似的表达。无论相同还是相似，著作权人只能禁止他人使用相关的表达，对于题材的部分，著作权人无权禁止他人使用。

如何认定两个表达是否相同或者相似？这就要结合题材的性质，以及可供选择的表达方式的多寡来综合考察。一般来说，对于科学、学术、技术、规则等领域的题材，人们可以选择的表达方式比较少。如果轻易认定两个表达相

---

① 北京市高级人民法院知识产权庭．知识产权经典判例4．北京：知识产权出版社，2009：403．

② 北京市高级人民法院知识产权庭．知识产权经典判例4．北京：知识产权出版社，2009：249．

同或者相似,势必制约人们对表达题材的使用,不利于后人就相同题材进行创作。相反,对于文学、艺术等领域的题材,人们可以选择的表达方式比较多,可以在不过多限制后人就相同题材进行创作的前提下,适当放宽相同或者近似的认定标准。

【相关案例】

案例 1

如果涉案作品在多个方面相似且被诉侵权人接触过原告作品,法院可以推定被诉侵权人的作品来源于原告作品。例如,原告的小说《圈里圈外》和被告的小说《梦里花落知多少》都是以现实生活中青年人的感情纠葛为题材的长篇小说,但两者的12个主要情节明显相同,多个一般情节和语句的内容明显相似。对于是否构成侵权,北京市高级人民法院判决如下。

小说是典型的叙事性文学体裁,长篇小说又是小说中叙事性最强、叙事最复杂的一种类型。同时,文学创作是一种独立的智力创作过程,更离不开作者的独特的生命体验。因此,即使以同一时代为背景,甚至以相同的题材、事件为创造对象,尽管两部作品中也可能出现个别情节和一些语句上的巧合,不同的作者创作的作品也不可能雷同。本案中,涉案两部作品都是以现实生活中青年人的感情纠葛为题材的长篇小说,从相似的主要情节和一般情节、语句的数量来看,已经远远超出可以用巧合来解释的程度,结合被告在创作《梦里花落知多少》之前已经接触过《圈里圈外》的事实,可以推定《梦里花落知多少》中的这些情节和语句并非被告独立创作的结果,而是来源于《圈里圈外》。①

北京市高级人民法院判决显然认为,对于相同的文学领域的题材,不同作者各自选择表达方式的范围应非常宽,不会出现12个主要情节明显相同的情况,在认定被诉侵权人接触过原告作品的基础上,推定《梦里花落知多少》的相关部分来源于《圈里圈外》是合理的。

案例 2

周峰创作的美术作品《鲁智深倒拔垂杨柳》(以下称权利作品)作为国家邮政局发行的《水浒传》系列邮票的图案之一公开发行后,中国金币总公司发行的《花和尚鲁智深》纪念银币(以下称被诉作品)上又出现相似图案,关于著作权侵

① 北京市高级人民法院知识产权庭. 知识产权经典判例 4. 北京:知识产权出版社,2009:273.

害是否成立，山东省高级人民法院判决如下。

被诉作品和权利作品表达的是同一历史题材，即“鲁智深倒拔垂杨柳”，因此，评价两者是否构成实质性相似，应首先排除公有领域的素材，进一步确定被诉作品是否使用了权利作品独创性的表达。小说《水浒传》原文内容为：“智深相了一相，走到树前，把直裰（僧道穿的大领长袍）脱了，用右手向下，把身倒缴着，却把左手拔住上截，把腰只一趁，将那株绿杨树带根拔起。”《水浒传》原文仅以白描的手法表达了鲁智深倒拔垂杨柳的姿势，对于其他细节没有给出具体描述，给后人留下了较大的创作空间。权利作品在小说《水浒传》基础上，以绘画的方式表现出鲁智深倒拔垂杨柳的形态和动作细节，体现了作者周峰对小说《水浒传》的理解和个人创作的构思、判断，具体表现为：鲁智深僧袍束在腰间，赤膊上阵，两腿叉开，俯首埋身，仰面施力，向下的手抓住树根，往上拔的手臂弯别住树干凸起，杨柳树顺势倾斜，特别是其中对人物肌肉线条的勾勒和树形的刻画细腻，而这些人物造型细节是小说《水浒传》文字作品所没有的，并且用美术作品把文字作品表达出来本身就是再创作。因此，周峰权利作品在构图和表达方式上具有独创性，表现出了鲁智深的力量及倒拔垂杨柳的动态。由于被诉作品与权利作品在人物造型以及画面结构上没有实质性的区别，二者在构图上呈现镜像对称关系，基本相同，故二者构成实质性相似。[①]

案例3

“歼十飞机（单座）”模型作品在先公开发表，被控侵权公司具有接触该作品的高度可能性，被控侵权模型与“歼十飞机（单座）”模型作品又高度近似，在被控侵权公司没有提交足够的证据证明其系独立创作完成“歼十飞机（单座）”模型的情况下，应当认定被控侵权公司制造、销售“歼十飞机（单座）”模型的行为侵害了成都飞机设计研究所对“歼十飞机（单座）”模型作品享有的复制权及发行权。根据有关授权协议，上诉人是“歼十飞机（单座）”模型的唯一授权制造商、销售商，可以向被控侵权公司主张成都飞机设计研究所对“歼十飞机（单座）”模型作品享有的著作权。

被控侵权公司抗辩称，其制造、销售“歼十飞机（单座）”模型是基于案外人享有“飞机模型（歼10）”外观设计专利权且其获得了案外人的授权，并提交了相应的外观设计专利权证书和授权协议。但是，由于成都飞设计研究所在先公开

① 山东省高级人民法院民事判决书(2013)鲁民三终字第204号。

发表了“歼十飞机(单座)”模型作品，案外人和被控侵权公司均具有接触该作品的高度可能性，前述证据不足以证明被控侵权公司系独立创作完成“歼十飞机(单座)”模型，故其前述抗辩主张不能成立。[①]

四、民事责任

对于著作权和与著作权有关的权利(《著作权法实施条例》26 条)受到侵害的权利人应当给予什么样的民事救济，《著作权法》赋予了法院比较宽的裁量自由度。对于《著作权法》第 47 条和第 48 条列举的侵权行为，法院“应当根据情况”给予权利人停止侵害、消除影响、赔礼道歉、赔偿损失等民事救济。《著作权法》第 48 条列举了两种特殊的行为：①故意避开或者破坏权利人为其作品、录音录像制品等采取的保护著作权或者与著作权有关的权利的技术措施的行为；②故意删除或者改变作品、录音录像制品等的权利管理电子信息的行为。这两种行为属于侵害著作权的帮助行为。

(一) 故意、过失与注意义务

如果由于被诉侵权人的故意或者过失而导致侵害著作权的行为发生，被诉侵权人应当承担赔偿责任。至于被诉侵权人是否存在故意或者过失，由法院根据当事人提供的相关证据，做出客观的评价。在诉讼中，被诉侵权人是否有故意或者过失，常常取决于被诉侵权人是否对其使用的作品的权属或者授权的真伪进行了确认，是否尽到了注意义务。

有判决认为：“要求作品使用者对权属或授权的真伪承担注意义务，目的在于排除使用前即可发现的明显、重大的权利缺陷和瑕疵，从而在一定程度上预防侵权和损害的发生。注意义务不等同于全面、严格的审查义务，不仅因为过高的注意要求往往因超出使用者能力所及而缺乏可执行性，而且严格的审查义务带来的使用成本和风险的大幅攀升将使交易安全和效率失去保障，从长远来看不利于市场的发展和著作权人的利益。因此，对使用者课以注意的义务应当限制在合理的范围之内。至于何为合理，因具体情况千差万别而难以划定统一标准，但总的原则应以一个善意使用者所能尽到的与其业务范围、行业惯例、相关经验和审查能力等相适应的注意程度为限。”[②]

《著作权法》特别规定，复制品的出版者、制作者不能证明其出版、制作有合

---

① 北京市高级人民法院民事判决书(2014)高民(知)终字第 3451 号。

② 北京市高级人民法院知识产权庭. 知识产权经典判例 4. 北京：知识产权出版社，2009：312.

法授权的,复制品的发行者或者电影作品、计算机软件、录音录像制品的复制品的出租者不能证明其发行、出租的复制品有合法来源的,应当承担法律责任(《著作权法》53 条)。

(二) 损害赔偿的计算

计算损害赔偿时应遵循的基本原则是按照权利人的实际损失给予赔偿,如果实际损失难以计算,法院可以按照侵权人的违法所得给予赔偿(《著作权法》49 条 1 款)。《著作权法》将侵权人的违法所得推定为权利人的实际损失,既然是推定,被诉侵权人当然可以举出于己有利的证据进行反驳,从而推翻法院的推定。

如果权利人的实际损失或者侵权人的违法所得都不能确定,法院就可以根据侵权行为的情节,判决给予 50 万元以下的赔偿(《著作权法》49 条 2 款),这通常称为法定赔偿。法院在判决给予法定赔偿时,应当谨慎从之,避免法定赔偿泛滥,权利人得不到全面救济的情形发生。法院判决的赔偿数额还应当包括权利人为制止侵权行为所支付的合理开支(《著作权法》49 条 1 款),这部分赔偿数额不是严格意义上的损害赔偿。"合理开支"包括权利人或者委托代理人对侵权行为进行调查、取证的合理费用。法院根据当事人的诉讼请求和具体案情,可以将符合国家有关部门规定的律师费用计算在赔偿范围内(《最高法著作权解释》26 条)。

在诉讼中,当事人应当主动提交相关证据,配合法院对损害赔偿的金额做出认定。有的被诉侵权人出于诉讼策略考虑,在一审期间不提交侵权获利资料,而选择在二审期间提交。对于这样的情况,北京市第二中级人民法院判决给予了消极的评价:"在具体的赔偿数额方面,一审法院在上诉人未提交侵权获利证据,无法查明侵权获利数额的情况下,参考被上诉人与案外人之间的合理授权使用费,综合考虑上诉人侵权的性质、侵权情节、主观过错及被上诉人为诉讼所支出的相关费用等因素酌情判处,并无不妥(注:一审判定的赔偿金额是 56 000 元)。上诉人关于其在一审中不认为其构成侵权,所以未主动向法院提交侵权获利的证据以及一审法院应当主动要求上诉人提交侵权所得的证据并以此为根据判定赔偿数额的主张,缺乏依据。上诉人根据其在本案审理期间向本院提交的涉案侵权软件的销售发票,主张其制作、销售涉案软件始于 2005 年 6 月 15 日,并且销售获利仅为 24 820 元,但是上诉人提交的现有证据仅能说明上诉人在 2005 年 6 月 15 日至 9 月 13 日之间有销售涉案软件的行为和相应的获利,却无法证明其制作、销售该涉案软件的起始时间及侵权持续的时间,也无法证明其侵权获利总额。因此,对上诉人的相关主张,本院不予支持。"①

(三) 停止侵害

即使被诉侵权人能够证明没有故意或者过失,不需要承担赔偿责任,法院也应当要求被诉侵权人停止侵害。这一点和专利权侵害及商标权侵害是一致的。虽然《著作权法》对此没有明确规定,但司法解释已经折射出类似的精神——"出版者尽了合理注意义务,著作权人也无证据证明出版者应当知道其出版涉及侵权的……出版者承担停止侵权、返还其侵权所得利润的民事责任"(《最高法著作权解释》20 条 3 款)。

(四) 不当得利

如果被诉侵权人尽到了注意义务,对损害的发生不存在故意或者过失,则无须承担损害赔偿责任。但是,如果被诉侵权人因使用原告作品获得了利润,这部分利润则属于不当得利,应当返还给原告。

如何确定被诉侵权人所获得利润中,哪一部分属于因使用原告作品而获得的呢?这就需要具体情况具体分析。例如,在一个案例中,被告(北京电信公司)将原告的作品(卫星回收舱带着降落伞落地瞬间的照片)使用在其制作发行的长途电话卡上。关于如何计算不当得利的金额,北京市海淀区人民法院判决认为,"根据双方关于每张电话卡所获利润在 1 元以内和 0.5 ~1 元之间的表述,以及发行数量为10 万张的事实,可估算出被告通过销售涉案电话卡所获利润在10 万元之内。鉴于摄影作品等图案对电话卡起到了美化作用并增加了其收藏价值,同时也有利于良好企业形象的树立,不能否认其可为被告带来一定的利益;但普通消费者购买电话卡的根本目的在于获得通话服务,卡面图案的美观性或纪念意义仅为附加价值,通常难以对消费者是否购买起到决定性作用,故上述利润中的主要部分仍为提供电信服务所得",据此,法院判令被告返还原告利润8 000 元。②

(五) 民事制裁

法院在给予著作权人和与著作权有关的权利人民事救济的同时,还可以对侵权人采取一些制裁措施,即没收违法所得、侵权复制品和进行违法活动的财物(《著作权法》52 条)。

---

① 北京市高级人民法院知识产权庭. 知识产权经典判例 4. 北京:知识产权出版社,2009:379.

② 北京市高级人民法院知识产权庭. 知识产权经典判例 4. 北京:知识产权出版社,2009:312.

(六) 临时保护措施和证据保全

著作权人和与著作权有关的权利人有证据证明他人正在实施或者即将实施侵权行为,如不及时制止将会使其合法权益受到难以弥补的损害的,可以在起诉前向法院申请采取责令停止有关行为和财产保全的措施(《著作权法》50 条)。为制止侵权行为,在证据可能灭失或者以后难以取得的情况下,著作权人可以在起诉前向法院申请保全证据。法院接受申请后,必须在 48 小时内做出裁定,裁定采取保全措施的,应当立即开始执行。法院可以责令申请人提供担保,申请人不提供担保的,法院驳回申请。申请人在法院采取保全措施后 15 日内不起诉的,法院应当解除保全措施(《著作权法》51 条)。

(七) 诉讼时效

侵犯著作权的诉讼时效为两年,自著作权人知道或者应当知道侵权行为之日起计算。权利人超过两年起诉的,如果侵权行为在起诉时仍在持续,法院应当判决被告停止侵权行为;损害赔偿数额应当自权利人起诉之日起向前推算两年计算(《最高法著作权解释》28 条)。

五、行政责任

著作权行政管理部门拥有行政执法权,如果某个行为不仅侵犯著作权或者与著作权有关的权利,还损害公共利益,著作权行政管理部门可以责任停止侵权行为,没收违法所得,没收、销毁侵权复制品,并可处以罚款,情节严重的,还可以没收主要用于制作侵权复制品的材料、工具、设备等(《著作权法》48 条 1 款)。非法经营额 5 万元以上的,著作权行政管理部门可处非法经营额 1 倍以上 5 倍以下的罚款;没有非法经营额或者非法经营额 5 万元以下的,根据情节轻重,可处 25 万元以下的罚款(《著作权法实施条例》36 条)。当事人对行政处罚不服的,可以自收到行政处罚决定书之日起 3 个月内向法院起诉,期满不起诉又不履行的,著作权行政管理部门可以申请法院执行(《著作权法》56 条)。

六、刑事责任

(一) 知识产权犯罪的一般规定

1. 管辖

侵犯知识产权犯罪案件由犯罪地公安机关立案侦查,必要时可以由犯罪嫌疑人居住地公安机关立案侦查。犯罪地包括侵权产品制造地、存储地、运输地、销售地,传播侵权作品、销售侵权产品的网站服务器所在地、网络接入地、网站建立者或者管理者所在地,侵权作品上传者所在地,权利人受到实际侵害的犯罪结果发生地。对有多个侵犯知识产权犯罪地的,由最初受理的公安机关或者主要犯罪地公安机关管辖。多个侵犯知识产权犯罪地的公安机关对管辖有争议的,由共同的上级公安机关指定管辖,需要提请批准逮捕、移送审查起诉、提起公诉的,由该公安机关所在地的同级检察院、法院受理。对于不同犯罪嫌疑人、犯罪团伙跨地区实施的涉及同一批侵权产品的犯罪行为,符合并案处理要求的,公安机关可以一并立案侦查(《最高法最高检公安部知识产权刑事意见》1 条)。

2. 证据

行政执法部门依法收集、调取、制作的物证、书证、视听资料、检验报告、鉴定结论、勘验笔录、现场笔录,经公安机关、检察院审查,法院庭审质证确认,可以作为刑事证据使用。行政执法部门制作的证人证言、当事人陈述等调查笔录,公安机关认为有必要作为刑事证据使用的,应当依法重新收集、制作(《最高法最高检公安部知识产权刑事意见》2 条)。

公安机关在办理侵犯知识产权刑事案件时,可以根据工作需要抽样取证。公安机关、检察院、法院对于需要鉴定的事项,应当委托国家认可的有鉴定资质的鉴定机构进行鉴定,并对鉴定结论进行审查,听取权利人、犯罪嫌疑人、被告人对鉴定结论的意见,可以要求鉴定机构做出相应说明(《最高法最高检公安部知识产权刑事意见》3 条)。

被害人有证据证明的侵犯知识产权刑事案件,直接向法院起诉的,法院应当依法受理;严重危害社会秩序和国家利益的侵犯知识产权刑事案件,由检察院依法提起公诉(《最高法最高检知识产权刑事解释(二)》5 条)。在自诉案件中,对于当事人因客观原因不能取得的证据,在提起自诉时能够提供有关线索,申请法院调取的,法院应当依法调取(《最高法最高检公安部知识产权刑事意见》4 条)。

3. 非法经营数额

非法经营数额是侵犯知识产权犯罪量刑的重要依据,具体是指行为人在实施侵犯知识产权行为过程中制造、储存、运输、销售侵权产品的价值。已销售的侵权产品的价值按照实际销售的价格计算。制造、储存、运输和未销售的侵权产品的价值按照标价或者已经查清的侵权产品的实际销售平均价格计算。侵权产品没有标价或者无法查清实际销售价格的,按照被侵权产品的市场中间价计算。多次实施侵犯商标权行为,未经行政处理或者刑事处罚的,非法经营数额、违法所得数额或者销售金额累计计算(《最高法最高检知识产权刑事解释》12 条 1 款、2 款)。

4. 共犯

明知他人实施知识产权犯罪，而为其提供生产、制造侵权产品的主要原材料、辅助材料、半成品、包装材料、机械设备、标签标识、生产技术、配方等帮助，或者提供互联网接入、服务器托管、网络存储空间、通信传输通道、代收费、费用结算等服务的，以侵犯知识产权犯罪的共犯论处（《最高法最高检公安部知识产权刑事意见》15 条）。

5. 犯罪竞合

行为人实施侵犯知识产权犯罪，同时构成生产、销售伪劣商品犯罪的，依照侵犯知识产权犯罪与生产、销售伪劣商品犯罪中处罚较重的规定定罪处罚（《最高法最高检公安部知识产权刑事意见》16 条）。

6. 缓刑

侵犯知识产权犯罪符合刑法规定的缓刑条件的，依法适用缓刑。罪犯如果拒不交出违法所得，一般不适用缓刑。其他不适用缓刑的情形包括因侵犯知识产权被刑事处罚或者行政处罚后，再次侵犯知识产权构成犯罪的，以及不具有悔罪表现的（《最高法最高检知识产权刑事解释（二）》3 条）。

7. 罚金

法院综合考虑违法所得、非法经营数额、给权利人造成的损失、社会危害性等情节，决定罚金的数额，一般在违法所得的 1 倍以上 5 倍以下，或者按照非法经营数额的 50% 以上 1 倍以下确定（《最高法最高检知识产权刑事解释（二）》4 条）。

（二）侵犯著作权罪

刑法规制的著作权侵权行为主要有三类。一是复制发行作品的行为，损害的是著作权人的利益；二是复制发行录音录像制品的行为，损害的是录音录像制作者的利益；三是出版他人享有专有出版权的图书的行为，损害的是出版社的利益。这三种侵权行为侵害的是著作权和邻接权，属于《著作权法》范畴内的侵权类型。《刑法》还禁止另外一种行为，即制作、出售假冒他人署名的美术作品的行为，此类行为从严格意义上来说不构成对《著作权法》意义上的署名权的侵犯。

从事上述行为的行为人如果以营利为目的，违法所得数额较大或者有其他严重情节的，处 3 年以下有期徒刑或者拘役，并处或者单处罚金；违法所得数额巨大或者有其他特别严重情节的，处 3 年以上 7 年以下有期徒刑，并处罚金（《刑法》217 条）。侵犯著作权构成犯罪的，按照侵犯著作权罪定罪处罚，不认定为非法经营罪等其他犯罪(《最高法最高检公安部知识产权刑事意见》12 条 2 款)。

"以营利为目的"是指利用他人作品牟利,不仅包括销售复制品,还包括下列情形:通过信息网络传播他人作品,或者利用他人上传的侵权作品,在网站或者网页上提供刊登收费广告服务,直接或者间接收取费用的行为;以会员制方式通过信息网络传播他人作品,收取会员注册费或者其他费用的行为(《最高法最高检公安部知识产权刑事意见》10 条)。

违法所得数额在 3 万元以上的,属于"违法所得数额较大",具有下列情形之一的,属于"有其他严重情节":非法经营数额在 5 万元以上的;复制品数量合计在 500 张(份)以上的。违法所得数额在 15 万元以上的,属于"违法所得数额巨大",具有下列情形之一的,属于"有其他特别严重情节":非法经营数额在 25 万元以上的;复制品数量合计在 2 500 张(份)以上的(《最高法最高检知识产权刑事解释》5 条、《最高法最高检知识产权刑事解释(二)》1 条)。

通过信息网络向公众传播他人作品或者录音录像制品的,除了上述标准以外,实际被点击数达到 5 万次以上或者注册会员达到 1 000 人以上即属于"有其他严重情节";相关数量达到 5 倍以上即属于"有其他特别严重情节"。单一一项虽未达到规定标准,但分别达到其中两项以上标准一半以上的,属于"有其他严重情节"或者"有其他特别严重情节"(《最高法最高检公安部知识产权刑事意见》13 条)。

"复制发行"包括复制、发行或者既复制又发行的行为。侵权产品的持有人通过广告、征订等方式推销侵权产品的,属于"发行"(《最高法最高检知识产权刑事解释(二)》2 条)。总发行、批发、零售、通过信息网络传播以及出租、展销等活动也属于"发行"(《最高法最高检公安部知识产权刑事意见》12 条 1 款)。

(三) 销售侵权复制品罪

以营利为目的,销售明知是《刑法》第 217 条规定的侵权复制品,违法所得数额巨大的,处 3 年以下有期徒刑或者拘役,并处或者单处罚金(《刑法》218 条)。违法所得数额在 10 万元以上的,属于"违法所得数额巨大"(《最高法最高检知识产权刑事解释》6 条)。实施侵犯著作权犯罪,又销售该侵权复制品,构成犯罪的,以侵犯著作权罪定罪处罚(《最高法最高检知识产权刑事解释》14 条)。

【思考题】

1. 试论复制权、表演权、广播权。

2. 试论信息网络传播权的侵权构成要件。

3. 试论网络服务提供者的赔偿责任构造。

4. 试论豁免行为的构成要件。

5. 如何判定著作权侵害是否成立?

6. 试论著作权侵害的损害赔偿责任及不当得利返还义务。

【案例分析】

案例 1

被告(中国商业出版社)出版的《中国宋元瓷器图录》及《中国清代瓷器图录》使用了原告故宫博物院出版的三部图书中的 790 幅文物彩色摄影图片。被告出版的两部图书均由案外人 A 和 B 编著。被告与案外人 A、B 签订的出版合同规定,案外人 A、B 保证拥有授予被告的相关权利,因相关权利的行使侵犯他人著作权的,A、B 承担全部责任。

关于被告是否有故意或者过失,北京市高级人民法院认为,被告系成立多年的专业出版社,应熟知该行业规范、业务操作程序以及相关的《著作权法》律知识,且故宫博物院的三部书名明确表明“故宫博物院藏”字样,其中两部书的版权页上均有“版权所有,不得翻印”的声明。被告的法定代表人系国家级综合性社团组织“中国收藏家协会”副会长。因此,被告对出版的两部图录涉及的摄影作品的来源应具有一定的审查能力,并负有一定的审查义务,但由于被告对出版的既无图片作者且内容均为宋清文物珍品图片的两图录未尽合理的注意和审查义务,致使其非法使用了故宫博物院三部图书中的 790 幅文物摄影图片作品。

关于如何计算损害赔偿数额,北京市高级人民法院认为,故宫博物院拥有国家发展计划委员会于 2000 年颁发的、有效期为二年的《收费许可证》,可以自定借阅文物资料收费标准。其自行制定的收费标准,不违反国家法律法规,一审法院参照此标准确定故宫博物院的经济损失并无不当。依据该标准,借(租)使用故宫博物院文物摄影作品每张 800 元中包含文物版权费、图片制作费两部分。一审法院以单幅图片的版权使用费 400 元作为认定故宫博物院实际损失是恰当的。①

---

① 北京市高级人民法院知识产权庭. 知识产权经典判例 5. 北京:知识产权出版社,2009:108.

问题:

1. 被告应当如何做,才能尽到合理注意义务?

2. 被告在上诉书中称,故宫博物院作为国家文物保管单位,不应利用其享有的特殊垄断地位来无限索取自身的利益。因此,被告只能就侵犯故宫博物院摄影作品权利的行为承担相应的民事责任,愿以国家有关出版稿酬的规定,即790幅作品按高级摄影作品每幅高限40元上浮50% ~100%,对故宫博物院予以赔偿。被告的主张是否合理?

案例 2

大学生A创作的剧本被该大学的戏剧社团看好,该社团未经许可组织人员排练并且在校园内公开演出依据该剧本编排的话剧,并请某电视台对此进行现场直播。该社团的负责人将现场直播的话剧刻录至一张DVD光盘作为社团的内部资料加以保存。

问题:

1. 社团的演出行为是否侵权?

2. 电视台的现场直播行为是否侵权?

3. 社团负责人的刻录行为是否侵权?

案例 3

国产贺岁大片的男女主人公最后分手、互道珍重的咖啡厅里播放着作为背景音乐的张学友的《吻别》,并且悬挂着一幅描写南方山水旖旎风光的国画名作的复制品,该贺岁片没有事先取得相关权利人的许可。试论该贺岁片的著作权问题。

案例 4

某大学的电影社团每逢周末都在大学操场上免费放映中外最新电影,有一周末气温骤降,无人到场观看电影,社团负责人按常规将笔记本电脑内存中的电影投影到屏幕后随即离开去教室自习。试论社团负责人的著作权问题。

案例 5

某大学生爱好音乐,将自己喜欢的流行音乐放在学校提供的公开信息存储空间。能够进入该公开信息存储空间的只有该大学的学生,外部人员无法进入。该大学生不想让他人将这些音乐随意下载,通过技术措施使得这些音乐只能被在线欣赏。试论大学生和大学的著作权问题。

第四节　著作人身权

引言

发表权、署名权、修改权以及保持作品完整权，是著作人身权的四项基本权利。对于著作人身权的性质，通常的观点是将其与民法的人格权结合起来理解。但是，在现实社会中，著作人身权往往能够给权利人带来经济上的利益。例如，作者即使转让了著作财产权，但仍有权依据保护作品完整权，对于改编作品的行为行使权利，并且获得一定赔偿。着眼于著作人身权具有的现实功能，可以将其理解为一种控制作品流通的管理权。具体来说，发表权赋予作者决定何时、以何种形式将作品推向市场的权利，署名权使得作者有权决定作品出现在消费者面前时的形象、品牌以及责任主体，修改权及保护作品完整权的存在，使作者有权通过法律程序，维持作品的品质和信誉。

《著作权法》规定，著作权人可以转让或者许可他人行使著作财产权，未将著作人身权纳入可以转让或者许可的范畴，寓意就在于著作人身权是不可转让或者许可使用的权利(《著作权法》10 条 3 款)，著作人身权因此具有一身专属性。

关键词

发表权　署名权　修改权　保护作品完整权　一身专属性

一、发表权

作者有权决定是否将作品公之于众(《著作权法》10 条 1 款 1 项)，此种权利被称为发表权。“公之于众”是指著作权人自行或者经著作权人许可将作品向不特定的人公开，但不以公众知晓为构成条件(《最高法著作权解释》9 条)。《著作权法》规定的发表权仅包括决定作品是否公开。本书认为，发表权还应当包括决定作品公开的时期和方式。之所以要赋予作者发表权，是因为作品一旦公开，即会受到他人的评价，作者的名誉和社会声望也会因此受到正面或者负面的影响。发表权的存在使作者有权对此进行控制，维护自己的人格权益。作品公开的时期和方式将大大影响他人的评价。因此,将决定作品公开的时期和方式纳入发表权的范畴有一定的合理性。

发表权是否受到了侵犯要看被诉侵权人的出版、广播、上映、展示等行为是否违反了作者的意愿。作者的意愿究竟是一个什么样的状态,需要通过相关的客观事实来认定。例如,原告与案外人A签订的出版合同约定,原告所著图书(简称涉案图书)的出版社为中华书局或者中国社会科学出版社,但此后双方曾口头协商由被告出版涉案图书,且原告在得知涉案图书出版后,还从案外人A处领取了部分稿酬和样书,并向他人赠送了该书。依据这些事实,可以推定原告对被告出版涉案图书的行为是知晓和认可的。被告出版涉案图书的行为没有侵犯原告的发表权。[①]

二、署名权

表明作者身份、在作品上署名的权利被称为署名权(《著作权法》10条1款2项)。因作品署名顺序发生的纠纷,法院按照下列原则处理:有约定的按约定确定署名顺序;没有约定的,可以按照创作作品付出的劳动、作品排列、作者姓氏笔画等确定署名顺序(《最高法著作权解释》11条)。作者可以在作品上署真名、假名、笔名、别名甚至可以不署名,只要作品的署名方式不侵犯他人的合法权益,他人在使用作品时就应尊重作者的署名方式,不应予以改变。北京市朝阳区人民法院判决认为,被告在使用著名漫画作家丁聪的作品时,将丁聪一贯的署名方式“小丁”改为“丁聪”的行为,构成对署名权的侵犯。[②]

作者是否有权禁止名字被使用在非由他创作的作品上?是否有权禁止他人借其名谋取利益?在一个有关歌手“刀郎”的案子中,原告罗林以“刀郎”作为艺名于2003年出版专辑。专辑包装正面中间以显著位置标明“刀郎”,收录的12首歌曲中6首的词曲作者均为“刀郎”,配器署名为“刀郎”,音乐总监署名为“罗林”,但专辑中未明示罗林即是“刀郎”。被告于2004年以“西域刀郎”作为艺名出版专辑,在专辑封套等处的“西域刀郎”署名中,“刀郎”二字是主体,“西域”二字仅以红色印章状置于“刀郎”二字左上角,每个字所占版面不及“刀郎”中任一字的1/10。专辑中4首歌的词曲作者署名为“刀郎”,专辑整体外观包括包装图案、文字、专辑名称等均与原告专辑相似。关于被告是否侵犯原告的署名权,北

---

① 北京市高级人民法院知识产权庭.知识产权经典判例2.北京:知识产权出版社,2008:227.

② 北京市高级人民法院知识产权庭.知识产权经典判例3.北京:知识产权出版社,2009:314.

京海淀区人民法院判决如下。

“著作权中的署名权,是作者用以表明作者与作品间联系的权利,因此作者不仅有权决定是否署名以及以何种方式表明身份,而且有权禁止不是作者的人在作品上署名,也有权禁止其署名被使用于任何非由他创作的作品之上。署名权的上述含义亦同样适用于表演者对其表演署名的保护。被告在非原告创作的作品上署名为‘刀郎’;在非原告演唱的作品上标注‘西域刀郎’,使得公众误以为‘西域刀郎’是‘刀郎’的另一种表现形式,构成对‘刀郎’的假冒。”①也就是说,作者可依据署名权,禁止其名字被使用在非由他创作的作品上。

类似的观点在该法院的另一判决中也得到体现。该判决认为,署名权包括禁止在他人作品上署自己名字的权利。“周国平(原告)作为享有较高知名度的学者,发表过多部哲学、文学作品,公众对其作品的风格是熟知的,被告假冒‘周国平’署名制作作品,且内容、风格亦模仿周国平以往作品,其假冒行为不但会对周国平声誉造成损害,导致公众评价降低,而且这种公众评价的减低也会影响有关单位对周国平作品的市场价值评估,客观上侵害了周国平的经济权利。我国《著作权法》规定,制作、出售假冒他人署名的作品的侵权行为人,应承担停止侵害、消除影响、赔礼道歉等民事责任。”②

“制作、出售假冒他人署名的作品的行为”是《著作权法》第 48 条第 8 项规定的侵权行为,上述判决将其理解为对署名权的侵害行为,寓意在于将署名权理解为可以脱离作者自己创作的作品而独立存在的一种权利。

三、修改权和保护作品完整权

修改权是修改或者授权他人修改作品的权利,保护作品完整权是保护作品不受歪曲、篡改的权利(《著作权法》10 条 1 款 3 项、4 项),这两项权利是密切相关的。在诉讼中,权利人通常主张被诉侵权人的行为同时侵犯这两项权利,法院也没有刻意区分这两项权利。

例如,被告在使用著名漫画作家丁聪的作品时,只使用图画部分,去除文字部分,并对使用的图画部分进行删减或添加,同时删除作品上注明的创作年代。关于被告的行为是否构成对保护作品完整权及修改权的侵害,北京市朝阳区人民法院判决认为,丁聪创作的漫画作品具有鲜明的特点,完整的作品是由“漫

---

① 北京市高级人民法院知识产权庭. 知识产权经典判例 4. 北京:知识产权出版社,2009:335.

② 北京市高级人民法院知识产权庭. 知识产权经典判例 4. 北京:知识产权出版社,2009:342.

画+文字笑话+署名小丁+日期”组成,漫画的创作是基于文字笑话而创作的漫画,即漫画创作的缘由是对文字笑话进行的配图,从而使漫画与文字不能分离。仅单独使用漫画,不使用文字部分,则不能准确地反映出漫画的寓意,对作品是一种割裂使用,这种割裂使用会使漫画作品的寓意、内涵、主题不对应、不鲜明、不清晰,有可能产生其他的、背离作者创作意图的理解。作品上注明的创作年代,反映了作者对该年代社会现象的认识,脱离了社会背景也不能准确地反映出作品的意旨。因此,被告的删减、添加、删除行为,构成对保护作品完整权和修改权的侵害。[①]

修改权与保护作品完整权具有一身专属性,不可转让,著作财产权却是可以转让的。如果作者将著作财产权转让,则会出现著作财产权与修改权、保护作品完整权分属不同主体的情形。通过转让取得著作财产权的权利人在行使权利的时候,常常会受到来自著作人身权的制约。例如,著作财产权人依据改编权进行的改编行为,有可能与修改权及保持作品完整权产生冲突。对此,有两类解决办法。

一是通过明文规定,拥有改编权的主体进行的改编行为不侵犯修改权及保持作品完整权。二是受让方在受让著作财产权的同时,与作者签订合同,限制修改权及保持作品完整权。有三种可选的合同内容。第一种是在合同中约定,作者放弃修改权及保持作品完整权,并且约定作者的放弃不仅对于受让方有效,对于第三人同样有效。这种安排是对修改权及保持作品完整权最为严格的限制,受让方及第三人能够放心使用相关作品。第二种是在合同中约定,作者“放弃行使”修改权及保持作品完整权。第三种是在合同中约定,对于一些特定的改编行为,作者“不行使”修改权及保持作品完整权。对于合同的效力,法院应当结合案件的具体情况,做出有利于作品的传播与创作的裁判。

四、保护期

作者的署名权、修改权和保护作品完整权的保护期不受限制(《著作权法》20条),这些权利在作者去世后由继承人、受遗赠人或者著作权行政管理部门保护(《著作权法实施条例》15条)。

公民的作品,其发表权的保护期为作者终生及其死亡后五十年,截止于作者死亡后第五十年的12月31日;如果是合作作品,截止于最后死亡的作者死亡后

---

① 北京市高级人民法院知识产权庭. 知识产权经典判例3. 北京:知识产权出版社,2009:315.

第五十年的12月31日(《著作权法》21条1款)。作者生前未发表的作品,如果作者未明确表示不发表,作者死亡50年内,其发表权可由继承人或者受遗赠人行使;无继承人又无人受遗赠的,由作品原件的所有人行使(《著作权法实施条例》17条)。

法人或者其他组织的作品、著作权(署名权除外)由法人或者其他组织享有的职务作品、电影作品和摄影作品,其发表权的保护期为五十年,截止于作品首次发表后第五十年的12月31日,但作品自创作完成后五十年内未发表的,《著作权法》不再保护(《著作权法》21条2款、3款)。

【思考题】

1. 试论《著作权法》是否应当允许作者依据署名权禁止其署名被用在非由其创作的作品上。

2. 在上述"刀郎"案中,被告在向北京市高级人民法院上诉时主张,本案的纠纷应当由《反不正当竞争法》来调整。被告的行为是否构成不正当竞争行为?原告在诉讼中仅主张其著作权受到侵犯,而未主张不正当竞争,为什么?阅读《反不正当竞争法》第5条第3项(擅自使用他人的姓名,引人误认为是他人的商品的行为,属于不正当竞争行为)、《最高法不正当竞争解释》第6条第2款(具有一定的市场知名度、为相关公众所知悉的自然人的笔名、艺名等,可以认定为"姓名")。该司法解释于2007年2月1日起施行。

3. 阅读以下案例,试论适当引用与修改权、保护作品完整权以及学术界关于注释的自我约束机制之间的关系。

被告主编的《美国研究词典》中引用的《美利坚合众国宪法》中文译文与原告(李道揆)1990年版的《美国政府与美国政治》中的译文相比,在《美国宪法修正案》部分修改了11处批准日期。并且,被告在引文之后的说明文字中刊载有如下内容:"转引自李道揆:《美国政府和美国政治》附录。其所附的说明文字略。编者增加了提出日期,对一些修正案的批准日期依据R. B. 莫里斯编的《美国历史百科全书》第6版(纽约,1982年)做了订正。"原告主张,被告修改批准日期的行为侵犯了原告对其翻译作品所享有的修改权和保护作品完整权。

北京市第一中级人民法院判决认为:"关于美国宪法各条修正案的批准日期并非本案要解决的问题,对双方的观点做出孰是孰非的判断也不是法院的职责所在。本案中所涉及的作品是原告的翻译作品,不是其就《美国宪法修正案》的批准日期问题所著的专门的学术论文,其中的具体日期并不是原告通过这篇译文所想要表达的观点。被告引用了原告的译文,如果其对译文中部分时间问题有不同的看法,应该以注释的形式表明自己的观点,但其没有采用规范的注释方式,而是直接进行了改动,其行为确有不当之处。但是,考虑到翻译作品的性质,这种改动不是《著作权法》通过赋予作者保护作品完整权所要禁止的对作品的歪曲、篡改行为,加之学术界对于如何注释有自己的规范,各学科均有贯为接受和采用的方法,考虑到学术发展和进步的需要,本院认为不宜将该问题纳入《著作权法》的调整范围。因此,原告关于被告修订译文中若干修正案的批准日期的行为构成侵犯著作权并要求精神损害赔偿的主张,本院不予支持。但被告应在其主编之《美国研究词典》一书再版时,对上述修正案的批准日期问题以恰当的方式进行注释。"

在二审中,北京市高级人民法院判决认为:"在引用他人作品时,如果对他人的观点有不同看法,应在尊重他人观点并予以客观引用的前提下,以适当的方式表明。被告在引用原告《美利坚合众国宪法》的中文译文时,直接对其中的批准日期予以改动并称之为'订正'确有不当,但鉴于被告已表明改动是其所为,且这种改动不会对所引用作品的翻译本身造成歪曲和篡改,故不宜认定被告的行为构成对原告翻译作品著作权的侵犯。"①

【案例分析】

大学生甲酷爱音乐,尤其擅长作曲,在大学已小有名气,最近又创作了一首新曲,还未公开。室友乙擅长写诗,在风闻甲新近创作了新曲后,多次向甲提议为新曲填词,甲每次都笑而不答。有一日甲匆忙外出,将其一直锁在抽屉里的曲本忘在寝室的公用书桌上。从窗口吹进的风将曲本正好翻至甲创作的新曲处。乙见状,感叹"清风不识字,何故乱翻书",最后按捺不住看了几眼。甲的新曲并不复杂,乙看了几眼后就将其记住了。随后拿出笔填好了词,在演唱几遍后将自己演唱的歌曲录音并在寝室内播放欣赏。其他两名室友听后都为乙的绝妙填词而折服。甲回来后深感不满,认为乙侵犯了其著作权。乙说填词仅为自己欣赏,在取得甲同意前并没有计划将歌曲公开,所以不构成侵权。

---

① 北京市高级人民法院知识产权庭. 知识产权经典判例2. 北京:知识产权出版社,2009:188~190.

问题：

1. 乙是否侵犯了甲的权利？

2. 乙的行为是否属于《著作权法》规定的豁免行为？

3. 该歌曲是否属于合作作品？

4. 乙填的词能否享受《著作权法》的保护？

第五节 著作邻接权

引言

出版者、表演者、录音录像制作者和广播电台、电视台享有的相关权利被统称为著作邻接权。具体来说，有版式设计权、表演者财产权、录音录像制作者享有的复制等权利、广播电台/电视台享有的复制权和转播权。当然，其他权利例如表演者享有的人格权，通常也在著作邻接权的部分被提及。

虽然同为著作邻接权人，表演者具有与其他邻接权人不同的一面。在一定程度上，表演者承担着对作品再创作的使命，技艺高超的演绎有时候不亚于对作品的改编，具有较高的独创性。此时，表演者对于其表演，不仅可以邻接权人的身份享有表演者财产权，还可以著作权人的身份享有著作权。出版者、录音录像制作者以及广播电台、电视台则不同。它们只是作为信息传播机构，承担着向公众传播作品的职能。《著作权法》赋予它们以一定的权利，目的在于激励作品的传播。

关键词

著作邻接权　版式设计权　表演者财产权　表演者人身权　录音录像制作者的权利　广播电台、电视台的权利

一、表演者的权利

表演者是指演员、演出单位或者其他表演文学、艺术作品的人(《著作权法实施条例》5 条 6 项)。表演者不仅包括专业演员，也包括普通群众。普通群众表

演作品，也可以成为《著作权法》上的表演者。只有表演文学、艺术作品的人，才是表演者。在世界杯上上演帽子戏法，一场比赛连进3球的球星，展示的是精湛的球技，而非文学、艺术作品，不是《著作权法》意义上的表演者。

表演者享有现场表演公开权、录音录像权等4项财产权。对于财产权，表演者可以转让，也可以许可他人以现场直播、录音录像、信息网络传播等方式使用其表演。

（一）现场表演公开权

表演者享有“许可他人从现场直播和公开传送其现场表演，并获得报酬的权利”（《著作权法》38条1款3项）。《著作权法》赋予表演者的这项权利是比较狭窄的，表演者对于表演仅能控制现场表演的部分。表演者仅能决定现场表演的公开形式，现场直播或者公开传送。表演者对于其表演，仅有唯一的一次决定权，且仅在现场表演阶段拥有该项权利。

表演者的现场表演经过现场直播或者公开传送后，就变成了“作品的表演”。对于“作品的表演”，表演者无权干涉他人的使用行为。例如，歌手现场演唱的《等待》经过现场直播（无线方式）后，某有线广播电台将其接收，并通过有线网络向用户进行的广播的行为，其性质不是播放歌手的现场演唱，而是播放“作品的表演”，歌手无权干涉。对于有线广播电台的播放行为，能够请求法院救济的，只有《等待》的词曲作者，因为有线广播电台的行为侵犯了作者的表演权以及广播权。

《著作权法》确立的“表演者无权干涉‘作品的表演’的传播”的原则，有利于推动作品的传播，但同时又牺牲了表演者的一些经济利益。为了弥补表演者的损失，《著作权法》规定，录音录像制作者许可他人复制、发行、通过信息网络向公众传播录音录像制品的，应当取得表演者的许可，并支付报酬（《著作权法》42条2款）。

（二）录音录像权、复制录音录像制品权以及发行录音录像制品权

表演者享有“许可他人录音录像，并获得报酬”的权利（《著作权法》38条1款4项）。对于歌手的演唱进行录音录像之前，必须取得该歌手的许可，才能进行录制。如果需要将录制好的歌曲进行复制、发行，需要再次取得该歌手的许可。因为，表演者享有“许可他人复制、发行录有其表演的录音录像制品，并获得报酬”的权利（《著作权法》38条1款5项）。该权利不同于“许可他人录音录像，并获得报酬”的权利，是一项独立的权利。

由于表演者享有上述权利，录音录像制作者制作录音录像制品时，应当同表演者订立合同，并支付报酬，否则构成对录音录像权的侵害。《著作权法》第 41 条明文要求录音录像制作者履行其应当履行的义务。

表演者的上述权利针对的是录音录像制品。“录音制品”是指任何对表演的声音和其他声音的录制品，例如流行歌曲的 CD 专辑。“录像制品”是指电影作品以外的任何有伴音或者无伴音的连续相关形象图像的录制品（《著作权法实施条例》5 条 2 项、3 项），例如录有京剧名家唱段的 DVD 光盘。录音制品和录像制品的相同点在于声音和图像都是连续性的。对于这些制品，表演者有权禁止他人复制、发行（《著作权法》48 条 3 项）。其他制品，表演者无权干涉。例如在歌手的演唱会中，观众可以用数码相机拍摄歌手的演唱画面，不必担心会侵犯录音录像权。这是因为，数码相机拍摄形成的画面是静止的而非连续的，是摄影作品而非录像制品。

表演者的录音录像权、复制录音录像制品权以及发行录音录像制品权，效力范围均比较狭窄，分别限于录音录像阶段、复制阶段以及销售阶段。对于超出这些阶段的使用行为，表演者无权干涉。例如，广播电台、电视台、咖啡厅等公开播放流行音乐 CD 专辑，无须取得歌手的许可。一旦歌手的演唱被合法地录入 CD 专辑，他人如何使用 CD 专辑，歌手无权过问。《著作权法》确立的“表演者无权干涉‘作品的表演’的传播”的原则，在此再次得到了体现。

（三）信息网络传播权

表演者享有许可他人通过信息网络向公众传播其表演，并获得报酬的权利（《著作权法》38 条 1 款 6 项）。表演者的信息网络传播权与作者的信息网络传播权是基本相同的，禁止的对象都是将作品置于可以应他人的要求通过网络传送的状态的行为。

表演者享有信息网络传播权，有权禁止他人传播“其表演”。这就意味着，下列行为均属侵权行为：①网络直播表演者的现场表演的行为；②将载有表演者表演的录音录像制品（CD、DVD 等）上传至网络，供他人使用的行为。后一种行为在《著作权法》第 42 条第 2 款中有所提及。该条款规定，录音录像者许可他人通过信息网络向公众传播录音录像制品的，应当取得表演者的许可。也就是说，对于上传 CD 专辑歌曲至网络的行为，表演者有权禁止。

二、录音录像制作者的权利

录音录像制作者对其制作的录音录像制品，享有许可他人复制、发行、出租、通过信息网络向公众传播并获得报酬的权利(《著作权法》42 条)。《著作权法》赋予录音录像制作者的权利仅此而已,录音录像制作者不享有广播权和放映权。因此,录音录像制作者对于他人广播其制作的流行音乐 CD 专辑的行为、向公众放映其制作的录像制品的行为,均无权干涉。但是,有一个例外。对于电视台播放录像制品的行为,录像制作者有权干涉。电视台应当取得录像制作者的许可,并支付报酬(《著作权法》46 条)。

【相关案例】

案例 1

录音录像制品的出版、复制、销售通常由多个经营者共同完成,其中,出版和销售行为属于发行权禁止的范围,复制属于复制权禁止的对象。虽然销售行为和出版、复制行为一样,都构成对录音录像者权利的侵害,但在赔偿责任的分担方面,法院有时将销售者与出版者及复制者区别对待。一起来看北京市第二中级人民法院判决的一个案子。

涉案被控侵权光盘中的歌曲《美丽人生》与上诉人公司主张权利的涉案光盘中的同名歌曲("水木年华"演唱)经鉴定,系出自同一音源,未经上诉人公司的许可,被上诉人商业大楼销售、被上诉人华丽金音公司复制、被上诉人大地音像社出版的含涉案歌曲《美丽人生》的涉案光盘为侵权光盘。被上诉人华丽金音公司、大地音像社公司侵犯了上诉人公司对涉案歌曲所享有的复制、发行权,应当停止侵害并连带赔偿 1.6 万元及原告为诉讼支出的合理费用1 300元。被上诉人商业大楼销售了涉案侵权光盘,亦构成侵权,应当停止销售并负担相应的案件受理费共计 630 元。[①]

案例 2

侵犯录音制作者权利的行为多种多样,包括将歌曲预安装在手机之中。一起来看北京市朝阳区人民法院判决的一个案子。

被告 A 未经原告许可,擅自将原告享有录音制作者权的《I BELIEVE》(孙楠演唱)一歌预安装在其生产的手机中,侵犯了原告的录音制作者权。被告 B(望京营业厅)虽然不是独立的法人,但其是法人(中国联通有限公司北京分公司)的分支机构,并领取了营业执照,具备诉讼主体资格。其作为涉案侵权手机的销售

---

① 北京市高级人民法院知识产权庭. 知识产权经典判例 4. 北京:知识产权出版社,2009:330.

者，能够说明其销售的手机的来源，因此，仅需承担停止销售的责任。①

案例3

随着众多音乐共享网站的出现，录音制作者的信息网络传播权受到严峻挑战。从音乐作品上传至公共存储空间到被普通公众搜索、下载、视听和刻录，参与其中的不仅有擅自上传音乐的人，还有网络服务提供商及为其提供技术支持的人。他们是否都是侵权人？一起来看北京市第二中级人民法院判决的一个案子。

被告A作为从事音乐文件传播的网络服务提供商，对于包括涉案53首歌曲的大量歌曲在网络上的传播提供平台，而涉案53首歌曲均为近年来的流行歌曲。从主观方面看，被告A应当知道涉案53首歌曲的来源很可能是未经原告许可而上载的，从客观方面看，被告A未举证证明涉案53首歌曲的上载用户来源中存在合法上载部分，且被告A未举证证明其曾采取任何措施避免未经原告许可而上载的53首歌曲利用Kuro酷乐软件在网上进行传播。因此，被告A的上述行为具有主观故意。而且，被告A对歌曲进行了选择和编排，提供了许多方便用户搜索、下载、视听和刻录歌曲的手段，进行了大量广告宣传以吸引用户，并以收取注册费的形式直接取得收益。因此，被告A对于网络用户未经权利人许可利用Kuro酷乐软件传播涉案53首歌曲的行为提供了帮助，侵犯了原告享有的录音制作者权。被告B不仅为被告A的上述侵权行为提供技术支持，而且以自己的名义直接参与了上述侵权行为，应当与被告A共同承担停止侵害、赔偿损失的责任。②

录音制作者使用他人已经合法录制为录音制品的音乐作品制作录音制品，可以不经著作权人许可，但应当按照规定支付报酬；著作权人声明不许使用的不得使用(《著作权法》40条3款)。而《著作权法》第42条第2款规定，取得录音录像制作者许可，复制、发行、通过信息网络向公众传播录音录像制品，应当取得著作权人、表演者许可，并支付报酬。

【相关案例】

《著作权法》第40条第3款设定了限制音乐作品著作权人权利的法定许可

① 北京市高级人民法院知识产权庭．知识产权经典判例4．北京：知识产权出版社，2009：334．

② 北京市高级人民法院知识产权庭．知识产权经典判例4．北京：知识产权出版社，2009：370．

制度,该规定虽然只是规定使用他人已合法录制为录音制品的音乐作品制作录音制品可以不经著作权人许可,但该规定的立法本意是为了便于和促进音乐作品的传播,对使用此类音乐作品制作的录音制品进行复制、发行,同样应适用《著作权法》第 40 条第 3 款法定许可的规定,而不应适用第 42 条第 2 款的规定。经著作权人许可制作的音乐作品的录音制品一经公开,其他人再使用该音乐作品另行制作录音制品并复制、发行,不需要经过音乐作品的著作权人许可,但应依法向著作权人支付报酬①。

三、广播电台、电视台的权利

复制节目权与转播节目权是广播电台、电视台享有的两项重要权利,受复制节目权控制的行为有两种。一是将广播节目、电视节目录制在音像载体上的行为。二是复制音像载体的行为。"音像载体"包括录音带、录像带、CD、DVD、HD 等能够刻录声音或者图像信息的媒体。

转播节目权是指转播广播电台、电视台播放的广播节目、电视节目的权利。转播的形式通常包括同时转播和录像转播。前者如地方电视台同时转播中央电视台的《新闻联播》节目。后者如中央电视台的新闻频道在晚间转播每日播放过的《新闻联播》节目。

四、著作邻接权与著作权的关系

在把握著作邻接权与著作权的关系时,应当注意两点。一是《著作权法》限制著作权的条款同样适用于著作邻接权(《著作权法》22 条 2 款、23 条 2 款)。二是著作权不会因著作邻接权的存在而受到任何影响。《著作权法》在多处强调,著作邻接权人应当尊重著作权,使用作品的时候,应当取得著作权人的许可。例如,表演者使用他人作品演出,应当取得著作权人许可(《著作权法》37 条);录音录像制作者使用他人作品制作录音录像制品的,应当取得著作权人许可(《著作权法》40 条)。广播电台、电视台播放他人未发表的作品,应当取得著作权人许可(《著作权法》43 条);图书出版者出版图书应当和著作权人订立出版合同(《著作权法》30 条)。

同时,为了促进作品的传播,《著作权法》对于已经合法公开的作品设立了法定许可。可以不经著作权人许可,仅支付报酬即可使用作品的情形有:①作品刊登后,其他报刊可以转载或者作为文摘、资料刊登(《著作权法》33 条 2 款);②录

① 最高人民法院民事判决书〔2008〕民提字第 57 号。

音制作者使用他人已经合法录制为录音制品的音乐作品制作录音制品(《著作权法》40 条 3 款);③广播电台、电视台播放他人已发表的作品或者已出版的录音制品(《著作权法》43 条 2 款、44 条)。

五、保护期

表演者财产权、录音录像者的权利以及广播电台、电视台的权利,保护期均为五十年,分别以表演的发生、录音录像制品的首次制作完成、广播或者电视首次播放为起点,截止于此后第五十年的 12 月 31 日。与此不同,版式设计权的保护期为十年,截止于使用版式设计的图书、期刊首次出版后第十年的 12 月 31 日(《著作权法》36 条)。

除了表演者财产权,表演者还享有表明身份以及保护表演形象不受歪曲的权利(《著作权法》38 条 1 款 1 项、2 项),这两项权利被称为表演者人格权,表演者人格权的保护期不受限制(《著作权法》39 条 1 款)。与作者享有的著作人格权相同,表演者人格权具有一身专属性,不能进行转让。

【思考题】

1. 试论表演者的权利。
2. 试论录音录像制作者的权利。
3. 试论广播电台、电视台的权利。

【案例分析】

案例 1

对于著名词曲作者精心谱写的一首歌曲,歌手未经许可擅自在一次全国性文艺晚会上演唱并一唱成名。摄影师未经许可将歌手的倾情演唱画面拍摄成摄影作品。电视台 A 未经许可现场直播了歌手的演唱。音像公司未经许可将电视台 A 直播的现场演唱制作成 MTV 以 DVD 形式销售,并且许可传媒公司复制、发行相同的 MTV。电视台 B 未经许可,播放音像公司制作的 MTV。KTV 厅未经许可,应客户的点播播放音像公司制作的 MTV,作为客户演唱时的背景画面。

问题:

1. 歌手侵犯了哪些权利?
2. 电视台 A 侵犯了哪些权利?
3. 音像公司侵犯了哪些权利?

4. 传媒公司侵犯了哪些权利?

5. 电视台 B 侵犯了哪些权利?

6. KTV 厅侵犯了哪些权利?

7. 摄影师侵犯了哪些权利?

案例 2

某小店经营者因其未经许可专门出租最新的流行音乐 CD 唱片以及电影 DVD 光盘而生意兴隆、财源广进。试论出租行为侵犯了哪些权利。

第二章 专 利 法

第一节 权利的归属

引言

《中华人民共和国专利法》(简称《专利法》)将发明、实用新型和外观设计统称为发明创造,将建立在发明创造之上的权利统称为专利权。与作品相同,发明创造也只能由自然人来进行和完成。但是,与著作权不同,专利权不会随着发明创造的诞生而自然成立。只有就发明创造向国家知识产权局提出专利申请,才有可能获得专利权。发明创造诞生后,就该发明创造申请专利的权利,由发明创造人享有。但是,如果发明创造属于职务发明创造,则单位享有申请专利的权利,发明创造人享有署名权及获得报酬权等权利。国家知识产权局在审查专利申请时,遵循先申请规则,将专利权授予率先提出专利申请的人。当事人可以主张优先权,获得早于实际申请日的申请日。

关键词

发明人　职务发明创造　非职务发明创造　先申请规则　优先权

一、发明创造人

发明创造活动作为一种事实,一般来说,只能由自然人而非法人或单位来进行。单位对职务发明创造拥有申请专利的权利(《专利法》6 条 1 款),并不意味着单位可以成为发明创造人或者进行发明活动。《专利法》所称的发明创造人,是指对发明创造的实质性特点做出创造性贡献的“人”(《专利法实施细则》13 条),而非法人或单位。

何谓发明创造的“实质性特点”? 如何判断是否属于“创造性贡献”? 答案

只有在个案中寻找。因为发明创造的“实质性特点”只有通过对权利要求的解释才能得知,当事人作的贡献是否具有“创造性”也只有通过对个案审理中认定事实的综合评价方能知晓。抽象地说,在完成发明创造的过程中,只负责组织工作的人、为物质技术条件的利用提供方便的人或者从事其他辅助工作的人,不是发明创造人(《专利法实施细则》13 条)。

两个以上单位或者个人合作完成的发明创造、一个单位或者个人接受其他单位或者个人委托完成的发明创造,除另有协议的以外,申请专利的权利属于完成或者共同完成的单位或者个人,申请被批准后,申请的单位或者个人为专利权人(《专利法》8 条)。尽管该条款使用了单位“完成”的发明等表达方式,但其寓意不在赋予单位发明创造人的地位。判断谁是发明的完成者,最终还要看单位中的自然人是不是做出了创造性贡献,是不是《专利法》上的发明创造人。

二、职务发明创造

(一) 概论

单位虽不能成为《专利法》上的发明创造人,但对发明创造人完成的职务发明创造拥有申请专利的权利。申请被批准后,单位成为专利人,享有《专利法》赋予的权利。“职务发明创造”是指执行本单位的任务或者主要是利用本单位的物质技术条件所完成的发明创造(《专利法》6 条 1 款)。“本单位”包括临时工作单位(《专利法实施细则》12 条 2 款),从其他单位借调或聘请人员做出的发明可以归属于借调或聘请单位。“本单位的任务”不仅包括本职工作中的任务,还包括单位交付的本职工作之外的任务(《专利法实施细则》12 条 1 款 1 项、2 项)。执行这些任务完成的发明为职务发明创造。职务发明创造甚至还被认为包括发明创造人退休、调离原单位后或者劳动、人事关系终止(统称“离职”)后 1 年内做出的,与其在原单位承担的本职工作或者原单位分配的任务有关的发明(《专利法实施细则》12 条 1 款 3 项)。这样的规定旨在避免雇员把离职前的发明留到离职后,再以个人名义申请专利的情形。

将离职后完成的发明创造包括在职务发明创造中,似乎超出了《专利法》第 6 条第 1 款的条文所划定的范围,现实中这样的规定也起不到规避上述情形的效果,合理性有待商榷。《专利法》第 6 条第 1 款的条文清晰、明确,将本单位解释为原单位实在牵强。我国遵循先申请原则而非先发明原则,不要求发明创造人将技术试验和研发的笔记、资料、图纸、会议记录等保留,以备将来证明发明的具体时间。所以,诉讼中往往原告和被告都难以证明发明的进行过程和完成时间。

发明是否是离职后 1 年内做出的,法院难以搞清基本事实,只好判决原告证据不足,维持现状,专利权原来是谁的审判后还是谁的。在一起实用新型专利权属纠纷中,双方当事人在诉讼中均未提交能证明涉案专利技术方案形成的过程、阶段及时间的技术文档资料。法院认为原告负有举证责任而未能提供充分的证据证明,驳回了原告的请求。①

如果发明创造主要是利用本单位的物质技术条件完成的,同样属于职务发明创造(《专利法》6 条 1 款)。"本单位的物质技术条件"是指本单位的资金、设备、零部件、原材料或者不对外公开的技术资料等(《专利法实施细则》12 条 2 款)。有观点认为,对本单位物质技术条件的利用,应当是完成发明所不可缺少的,少量的利用或者对发明的完成没有实质帮助的利用,应不予考虑;如果发明创造人利用的不是单位的具体设备,而是内部技术信息和项目进展情况等无形资源,则不能简单地认为物质条件未被利用而否认职务发明创造的存在,应该从发明创造人利用了单位的"技术条件"的角度,认定发明属于职务发明创造。②

利用本单位的物质技术条件完成的发明创造,单位与发明人或者设计人订有合同,对申请专利的权利和专利权的归属做出约定的,从其约定(《专利法》6 条 3 款)。

(二) 非职务发明创造

非职务发明创造申请专利的权利属于发明创造人,申请被批准后,发明创造人为专利权人(《专利法》6 条 2 款)。单位是否可以在合同或规章制度中和发明创造人事先约定将发明创造人的权利转让给单位?此种约定是否无效?《专利法》对此没有明确规定。

《专利法》虽然规定,侵夺非职务发明创造的专利申请权的,由所在单位或者上级主管机关给予行政处分(《专利法》72 条),但没有规定发明创造人可以得到何种民事救济。《专利法》虽然规定,任何单位或个人不得压制发明创造人的非职务发明创造专利申请(《专利法》7 条),但压制的主要表现形式是:明知是发明创造而不承认,明知可以申请专利而阻挠。如果单位在事先的约定中给予发明创造人微薄的报酬,是否仍旧可以认为该约定是单位压制非职务发明创造专利申请的一种表现形式?如果单位将所有转让过来的非职务发明创造都申请了专

① 北京市高级人民法院知识产权庭. 知识产权经典判例 3. 北京:知识产权出版社,2009:11.
② 国家知识产权局条法司. 新专利法详解. 北京:知识产权出版社,2001:33.

利,是不是非职务发明创造的专利申请并没有受到压制? 这些都是值得探讨的问题。对于非职务发明,《日本专利法》第 35 条第 2 款明确规定,事先约定将申请专利的权利转让给单位的合同、规章制度等无效。

(三) 发明创造人对职务发明创造享有的权利

发明创造人有在专利文件中写明自己是发明创造人的权利(《专利法》17 条)。单位在提出专利申请文件时就应当在请求书中填报发明创造人的姓名和住址。如果单位将发明创造人的领导、辅助人员等非发明创造人同时列为发明创造人,或者漏列了真正的发明创造人,单位拒绝更改的,发明创造人可以请求管理专利工作的部门调解(《专利法实施细则》85 条 1 款 2 项)。发明创造人由于单位的欺诈、胁迫而签订合同放弃署名权的,合同无效。[①]

发明创造人不仅对职务发明创造享有署名权,还可以从被授予专利权的单位获得奖励,并在发明实施后,根据推广应用的范围和取得的经济效益,获得合理的报酬(《专利法》16 条)。发明创造人具体能够获得什么样的奖励或者报酬,还要看发明创造人与单位之间的约定或者单位规章制度的规定(《专利法实施细则》76 条)。如果当事人双方没有约定,单位的规章制度也没有规定,《中华人民共和国专利法实施细则》(简称《专利法实施细则》)第 77 条以及第 78 条规定了单位应当给予发明创造人奖励以及报酬的方式和数额。这实际上以法定的方式创设了一种激励发明创造人的机制。从《专利法实施细则》的条文可以看出,这种法定激励是要在当事人约定和单位规定均不存在的情况下才可以适用。

我们是不是可以认为,当事人可以约定,甚至单位可以单方面规定低于法定激励的数额? 看来是可以的。如果当事人的约定以及单位的规定只能高于法定激励的数额,那么很难想象单位会主动和发明创造人约定或者制定内部规章制度。因为,没有约定或者规章制度不健全给单位带来的仅仅是给予发明创造人法定激励的后果,而不会超过该后果。这将会促使单位对于《专利法》第 16 条采取什么都不做的态度。单位的不作为将使《专利法实施细则》第 76 条失去存在的意义。

如果单位依法制定规章制度,其规定的报酬方式和数额是否就满足《专利法》第 16 条的规定呢? 本书认为,虽然单位可以规定低于法定激励的数额,但是不可以规定低于《专利法》第 16 条规定的“合理的”水平。单位的规定是否达到

---

① 国家知识产权局条法司. 新专利法详解. 北京:知识产权出版社,2001:111.

合理的水平，法院可以根据发明为企业带来的利益、发明的完成过程中企业的贡献程度、发明创造人因为发明已经享受到的待遇（加薪、升职等），以及将发明转化为可以销售的产品过程中企业承担的风险（周边技术的研发、市场营销、售后服务等失败的风险）等因素，针对个案进行综合考量。

（四）申请国外专利的权利

谁有权利就职务发明创造在国外申请专利？《专利法》规定，单位拥有就职务发明创造申请专利的权利是否包括向国外申请专利？这些在《专利法》中找不到明确答案。即使把《专利法》的规定解释为单位拥有向国外申请专利的权利，现实中，在有的国家也行不通。例如，美国和日本两个专利大国都规定发明人对职务发明拥有申请专利的权利，可能会驳回中国单位的申请。为避免这种情况发生，本书认为，我国《专利法》第 6 条第 1 款不应该笼统地解释为单位拥有向国外申请专利的权利。到底谁有权就职务发明创造在国外申请专利，应该遵循专利授权国的法律。单位应该遵循授权国的法律，制定和调整专利申请战略，将有限的资源投入重点开发的市场。对于美国和日本等国家，中国单位需要事先就申请这些国家专利的权利和发明人达成协议，受让相关权利后再提出申请。

发明人有权就转让申请国外专利的权利获得补偿。这种补偿源自单位与发明人间的转让合同，而非《专利法》第 16 条，因此不受该条款及《专利法实施细则》第 6 章的规制。双方可以约定更高或更低的金额。如果双方没有约定，而是选择中国法作为解释合同的准据法，则可参照《专利法》第 16 条和相关实施细则的规定，计算补偿金额。

三、外国人享有的权利

外国人、外国企业或者外国其他组织（以下统称外国人）在中国有经常居所或者营业所的，可以和中国国民一样，有权申请专利。

无经常居所或营业所的，满足以下任何一条，均可在中国申请专利。①其所属国与我国签订的协议给予我国民以国民待遇的；②其所属国和我国共同参加的国际条约给予我国民以国民待遇的；③其所属国遵循互惠原则，规定如果我国对其国民给予专利保护，其将对我国民给予相同保护的（《专利法》18 条）。由于《巴黎公约》和《世界贸易组织公约》均规定了国民待遇原则，这些公约成员国的国民都有权在中国申请专利。在申请专利和办理其他专利事务时，应当委托依法设立的专利代理机构办理。国家知识产权局对在中国没有经常居所或者营业所的申请人可以要求其提供国籍证明等文书（《专利法实施细则》33 条）。

满足上述条件的外国人所享有的权利,是向中国的知识产权局申请专利的权利,而非就其申请获得专利权的权利。是否授予外国人以专利权,需要中国知识产权局依据中国《专利法》,审查外国人的发明是否满足中国《专利法》要求的新颖性、创造性等条件。不是说美国公司就某一发明从美国专利商标局获得了专利权后,理所当然地,中国的国家知识产权局应当就同样的发明授予该公司以中国专利权。

四、先申请规则

(一) 概论

两个以上的申请人分别就同样的发明申请专利的,专利权授予最先申请的人(《专利法》9 条 2 款)。这就是人们通常说的先申请规则。这样做可以避免对同样的发明授予多项专利,符合同样的发明创造只能授予一项专利权的理念(《专利法》9 条 1 款)。

申请必须是符合《专利法》的规定,获得了申请日和申请号的有效申请。撤回、驳回的申请不是先申请原则上的申请,而是不能阻止后来的申请人获得专利权。[①] 申请的先后根据申请的日期而非时间进行判断,有优先权的,指优先权日。对于同一日的申请,申请人应当在收到国家知识产权局的通知后自行协商确定申请人(《专利法实施细则》41 条 1 款)。协商不成的,申请将被驳回,任何一方都不能获得专利。[②]分案申请及主张外国优先权或本国优先权的申请,根据原来的申请日或优先权日适用先申请原则。

(二) 同样的发明

同样的发明是指保护范围相同的发明。在判断方法上,应当仅就各自请求保护的内容进行比较。要求保护的范围相同的,应当认为是同样的发明创造;要求保护范围不同的,不论两者的说明书内容是否相同,均不属于同样的发明创造。对于一个要求保护的范围完全落入并小于另一个要求保护范围的情形,即要求保护范围部分重叠的,也不能认为属于同样的发明。[③]

(三) 一项专利权

如何理解同样的发明只能授予一项专利权？有观点认为,一项专利权是指

---

① 国家知识产权局条法司. 新专利法详解. 北京:知识产权出版社,2001:50.

② 全国人大常委会法制工作委员会. 中华人民共和国专利法释义. 北京:法律出版社,2009:23～24.

③ 最高人民法院判决书(2007)行提字第 4 号。

同样的发明创造只能被授予一次专利权。另有观点认为,一项专利权是指对于同样的发明不能有两项以上的处于有效状态的专利权同时存在。这种观点认为,在先的实用新型专利权终了后,发明创造人可以就同样的发明再次获得发明专利权。

参与立法者似乎倾向于前一种观点,认为对于一项发明,“只能向一个特定主体授予一项、一次授予专利权”。[①]《专利法》同时又对该原则做了例外规定。申请人可以在同日对同样的发明既申请实用新型专利又申请发明专利,在先获得的实用新型专利的有效期内,可以声明放弃该专利的方式,获得在后的发明专利(《专利法》9 条 1 款)。此规定体现了对发明创造人选择权的尊重与确认。

为了获得例外规定的保护,申请人应当在申请时说明对同样的发明已申请另一专利。国家知识产权局在公告授予实用新型专利权时,将同时公告申请人已经申请发明专利。申请人以声明放弃在先获得的实用新型专利权的方式,获得在后的发明专利权后,实用新型专利权自公告授予发明专利权之日起终止(《专利法实施细则》41 条、《专利法》44 条 1 款 2 项)。

如果申请没有在同一日提出,或者在先的实用新型专利权在发明专利权授予前已经终止,则该例外规定不能适用。在后的发明专利申请将在实质审查中被驳回(《专利法实施细则》53 条 1 项)。侥幸获得的发明专利权会成为无效宣告请求的对象(《专利法实施细则》65 条 2 款)。

(四) 本国优先权与外国优先权

外国优先权是指申请人自发明或者实用新型在外国第一次提出专利申请之日起 12 个月内,或者自外观设计在外国第一次提出专利申请之日起 6 个月内,又在中国就相同主题提出专利申请的,依照该外国同中国签订或者共同参加的国际条约,或者依照相互承认优先权的原则,可以享有优先权(《专利法》29 条 1 款)。本国优先权是指申请人自发明或者实用新型在中国第一次提出专利申请之日起 12 个月内,又向国家知识产权局就相同主题提出专利申请的,可以享有优先权(《专利法》29 条 2 款)。可以看出,本国优先权仅适用于发明和实用新型,不适用于外观设计。

无论是外国优先权还是本国优先权,申请人只有在申请时提出书面声明,并

---

① 全国人大常委会法制工作委员会. 中华人民共和国专利法释义. 北京:法律出版社,2009:23 ~ 24.

且在3个月内提交第一次提出的专利申请文件的副本才能获取优先权(《专利法》30条、《专利法实施细则》31条)。获得优先权的在后申请能够以第一次申请日作为判定新颖性与创造性的基准日。在第一次申请日与实际申请日之间,即使发明已经成为国内外为公众所知的技术,也不影响其新颖性和创造性。申请人在一件专利申请中可以要求一项或者多项优先权,要求多项优先权的,该申请的优先权期限从最早的优先权日起计算(《专利法实施细则》32条1款)。优先权可以转让,但只能连同专利申请权一起进行转让。[①]

如果在先申请为发明专利申请,申请人可以要求本国优先权就相同主题提出发明或者实用新型专利申请(《专利法实施细则》32条2款)。但是,提出后一申请时,在先申请的主题有下列情形之一的,不得作为要求本国优先权的基础:①已经要求外国优先权或者本国优先权的;②已经被授予专利权的;③属于按照规定提出的分案申请的(《专利法实施细则》33条2款)。为了避免重复审查,在先申请将在后一申请的提起之日被视为撤回(《专利法实施细则》32条3款)。

【思考题】

1. 试论职务发明创造与非职务发明创造。
2. 试论先申请规则。

第二节　权利的对象

引言

专利权的对象是发明创造,即发明、实用新型及外观设计。不属于其中任何一种类型的专利申请,将得不到批准。《专利法》还将科学发现、智力活动的规则和方法、疾病的诊断和治疗方法等列为不能获得专利权的对象。

---

① 国家知识产权局条法司. 新专利法详解. 北京:知识产权出版社,2001:231.

关键词

发明创造 不能获得专利权的对象

一、发明创造

鼓励发明创造是《专利法》的目的之一,发明创造也就理所当然地成为专利权的对象。《专利法》说的发明创造包括发明、实用新型及外观设计(《专利法》2条)。发明和实用新型指的都是新的技术方案。关于产品的新技术方案既可申请发明专利又可申请实用新型专利。关于方法的新技术方案只能申请发明专利。当然,关于产品的新技术方案,只有对产品的形状、结构或者两者的结合提出适于实用的方案,才能申请实用新型专利。发明专利对此没有限制。从这点来看,新技术方案获取实用新型的路比起发明来要窄。但实际上,由于国家知识产权局对申请发明专利的新技术方案审查严,对申请实用新型专利的新技术方案审查松,新技术方案更容易获取的是实用新型专利而不是发明专利。

与发明及实用新型截然不同,外观设计指的不是新技术方案而是新设计,是对产品做出的富有美感并适于工业应用的新设计。这种美感来源于产品的形状、图案或者两者的结合以及色彩与形状、图案的结合。

专利申请的内容涉及发明、实用新型或者外观设计中的任何一种,是获得专利权的前提条件。不满足这个前提条件的申请将在初步审查中被驳回(《专利法实施细则》44 条)。侥幸通过初步审查进入实质审查的发明专利申请,将再次面临被驳回的命运(《专利法实施细则》52 条 2 项)。即使初步审查及实质审查都侥幸通过,专利权也会成为无效宣告的对象(《专利法实施细则》65 条 2 款)。

二、不能获得专利权的对象

有的专利申请的内容虽然涉及发明、实用新型或者外观设计,但由于违反法律、社会公德或者妨害公共利益,不能获得专利权(《专利法》5 条 1 款)。有的发明应用范围可能很广,不能因为应用的方式或者结果有可能违反法律而不授予专利权(《专利法实施细则》10 条)。

有的专利申请的内容虽然没有问题,但由于依赖的遗传资源在获取或者利用过程中违反我国关于遗传资源管理、保护的法律或者行政法规,同样不能获得专利权(《专利法》5 条 2 款)。申请人对于遗传资源获取或者利用过程中的违法行为是否知情,这一点《专利法》第 5 条第 2 款没有涉及。如果申请人在不知情的情况下购买他人违法利用遗传资源产生的遗传基因,并依赖遗传基因完成发明,发明能否获得专利权?他人的违法获取、利用行为是否会剥夺申请人获得专利权的机会?这些问题值得商榷。

有的专利申请,无论内容是否涉及发明、实用新型或者外观设计,只要属于以下6项中的任何一项,均不能获得专利权。第一,科学发现。第二,智力活动的规则和方法。第三,疾病的诊断和治疗方法。第四,动物和植物品种。第五,用原子核变换方法获得的物质。第六,对平面印刷品的图案、色彩或者两者的结合做出的主要起标识作用的设计(《专利法》25条1款)。虽然动物和植物品种本身不能获得专利权,但它们的生产方法却可以获得专利权(《专利法》25条2款)。

以上任何一种专利申请均不能获得专利权。专利申请在初步审查及实质审查中将被驳回(《专利法实施细则》44条1款1项、53条1项)。侥幸获得的专利权将会成为无效宣告请求的对象(《专利法实施细则》65条2款)。

【思考题】

试论不能获得专利权的对象。

第三节　获得发明专利权的条件

引言

由于发明、实用新型及外观设计的性质各不相同,《专利法》用不同的文字,从授予专利的条件、权利的效力、申请、审批、诉讼等方面,对三者进行了勾画。为便于读者理解,本章第三节至第五节只谈发明。关于实用新型及外观设计,我们将在第六节及第七节中探讨。专利申请人要想获得发明专利权需要满足以下三个条件。第一,专利申请的对象必须是发明,并且不属于不能获得专利权的对象。第二,发明应当具备新颖性、创造性和实用性。第三,申请人应当在专利申请文件中充分披露发明的内容。第一个条件在第二节中已经论述。接下来,我们一起来看获得发明专利权的其他条件。

关键词

实用性 新颖性　创造性　现有技术　充分披露

一、实用性

发明是对产品、方法或者其改进提出的技术方案。关于产品的技术方案必须能够制造,关于方法的技术方案必须能够使用,并且能够产生积极效果,才具有实用性。关于实用性与新颖性、创造性之间的关系,本书认为,新颖性和创造性作为一组概念与实用性是并列关系而不是先后关系。在专利审查过程中,可以首先对发明是否具有实用性进行审查,对于不合条件的发明无须进行新颖性和创造性审查。这将大大减轻专利审查的工作量,提高专利审查的速度。至于新颖性和创造性,它们之间存在着先后关系。首先应当确定发明是否具备新颖性,在此基础上判断是否具有创造性。

二、新颖性

(一) 现有技术

新颖性是指发明不属于现有技术,即不属于申请日以前在国内外为公众所知的技术,申请日当日及申请日后公开的技术不在此列,要求优先权的申请,其申请日以优先权日,即在先申请的申请日为准。有一点需要明确,在后申请中,其技术方案未在在先申请中记载的权利要求不能享有优先权,这些权利要求的申请日仍旧是在后申请的实际申请日。[①]

为公众所知是指有关的技术已经处于能够为公众获得的状态。在保密状态下披露的技术,如果负有保密义务的人违反义务导致技术内容被公开,公众能够得知这些技术的话,这些技术同样构成现有技术的一部分。保密状态不仅包括受保密协议约束的情形,还包括社会观念或者商业习惯上被认为应当承担保密义务的情形。

技术为公众所知的途径多种多样,包括专利文献、科技期刊、学术论文、产品使用说明书、图纸、磁带、照相底片等出版物传递的技术信息,发明产品在使用、试用、展览过程中传递的技术信息,学术会议等的口头报告传递的技术信息等,这些都可以导致技术被公众知悉。

---

① 国家知识产权局专利复审委员会. 现有技术与新颖性. 北京:知识产权出版社,2004:77.

(二)判断方法

发明是一种技术方案,申请人在权利要求中描述时,需要写明构成技术方案的多个技术特点。判断某项技术方案是否具备新颖性,需要将权利要求描述的全部技术特点与现有技术进行对比,看一看这些技术特点是否被单独一份现有技术全部公开。

具体来说,需要特别注意以下几点。第一,专利申请一般包括多个权利要求,这就需要将每一个权利要求分别和单独一份现有技术对比。其中一项权利要求不具备新颖性,不意味其他权利要求不具备新颖性。第二,对比的对象必须是单独一份现有技术,不能把几份现有技术结合起来进行综合判断。第三,只有权利要求描述的全部技术特点被单独一份现有技术披露,才能说该发明属于现有技术,从而不具有新颖性。仅仅披露一部分技术特点的现有技术,不能否定发明的新颖性。第四,为了正确把握权利要求描述的技术方案的内容,对各个技术特点做出正确的解释,在尊重权利要求的文字表达的基础上,可以考虑说明书中记载的内容。

(三)在先申请

新颖性同时是指没有任何单位或者个人就同样的发明在申请日以前向国家知识产权局提出过申请,并记载在申请日以后公布的专利申请文件或者公告的专利文件中(《专利法》22条2款)。正确理解在先申请,需要注意下列四点。

第一,在先申请必须以公布或公告的形式公之于众,才可否定在后申请的新颖性。在先申请因撤回、驳回而没有公布或公告,不能否定在后申请的新颖性。第二,在先申请的专利文件不仅包括权利要求书,还包括说明书及附图。对于记载在其中任何一种文件的发明,在后申请人均不能就相同的发明获得专利权。第三,"任何"单位和个人包括在后申请人本人。如果申请人在申请日以前就同样的发明提出过申请,随着该申请的公布,在后申请将失去新颖性。第四,申请日"以前"是否包括在后申请的申请日当天?本书认为,答案应该是否定的。如果包括申请日当天,则同一日申请的地位将有优劣之分。这和现行的平等对待、自行协商原则相悖。为维护法律的安定性及精确性,有必要将"申请日以前"修改为"申请日之前"。

在先申请能否和其他现有技术结合起来,否定在后申请的创造性呢?答案是否定的。如下所述,是否具有创造性,只能依据现有技术来判断。《专利法》第22条第2款将现有技术和在先申请分开规定,表明二者完全不同。既然在先申请不属于现有技术，就不能影响在后申请的创造性。

（四）丧失新颖性的例外

申请专利的发明在申请日以前6个月内，在中国政府主办或承认的国际展会上首次展出、在规定的学术会议或技术会议上首次发表或他人未经申请人同意而泄露的，不丧失新颖性（《专利法》24条）。

不丧失新颖性指的是申请专利的发明本身，因此，无论申请专利的是发明人本人还是受让该发明的第三人，申请人只要履行一定的手续（《专利法实施细则》30条），就可以享受该例外规定的保护。该保护规定给予申请人较多的倾斜。申请人没有同意的泄露行为，就算发明人同意过也不影响发明的新颖性。发明以这三种方式公开后，对于该发明以外的发明来说构成现有技术，可以用来否定这些发明的新颖性。对于该发明本身来说不构成现有技术，不可以用来否定其新颖性。

三、创造性

新颖性和创造性之间存在先后关系，判断是否具有创造性时，发明应当已经具备新颖性，即没有一份单独的现有技术公开权利要求描述的技术方案。是否具有创造性，需要将发明“与现有技术相比”（《专利法》22条3款）。既然没有单独的一份现有技术公开该发明，“与现有技术相比”指的是与多项现有技术相比。经过对比，发明有“突出的实质性特点和显著的进步”，才具有创造性。

《专利法》说的只是“与现有技术相比”，没有对现有技术的技术领域以及对比的具体细节做出规定。应该以谁的知识水平为标准判断是否具有创造性？是不是应该以“发明所属领域的普通技术人员”的知识水平为标准？“突出的实质性特点和显著的进步”应该如何界定？这些问题值得商榷。

本书认为，在审判过程中，原告和被告需要各尽所能，具体分析个案中成为争点的权利要求，以争取有利于自己的解释。一般来说，被诉侵权人往往会压低判断创造性的知识水平。这是因为不太懂行的人对各项现有技术之间、现有技术与权利要求之间的关系不清楚，往往会把看似相同的多项现有技术简单结合起来否定创造性。专利权人往往会抬高判断创造性的知识水平。这是因为懂行的人会甄别现有技术，明确各项现有技术之间、现有技术和权利要求之间的关系，没有充分理由不会把各项现有技术简单结合起来。

与新颖性相同，在判断创造性时，可以在尊重权利要求的文字表达的基础上，结合说明书中记载的内容，对权利要求描述的各个技术特点做出解释。

四、充分披露

发明是看不见、摸不着的技术方案,需要申请人在专利申请文件中描述与限定,需要申请人用文字披露。披露不清楚或者不完整,不仅不利于将专利权的排他范围昭示天下,而且也不利于提高侵权的可预见性;不利于公众对专利申请能否获得专利权进行监督,还不利于避免重复研发节约资源。《专利法》及《专利法实施细则》对申请人应当在申请中如何披露有严格规定,违反这些规定的申请不能获得专利,因此,充分披露成为获得发明专利权必要条件之一。

(一)权利要求书

只有申请人通过文字在权利要求书中对要求保护的范围进行限定后,人们才有可能得知发明的内容。申请人在申请中描述的内容是否构成发明,是否具有新颖性、创造性及实用性,这些都必须依据权利要求的表述来判断。因此,权利要求撰写得好与坏在很大程度上决定着申请人能否获得专利。

发明的保护范围也以权利要求的内容为准(《专利法》59 条 1 款),只有这样,人们才可以把握发明这种看不见、摸不着的技术方案,才可以衡量某种产品是否落入发明的保护范围。由于权利要求的内容要经过国家知识产权局的审批才可以确定,可以说国家知识产权局的决定事实上具有确定发明的保护范围的效果。

《专利法实施细则》对权利要求书的撰写提出了以下形式上的要求。第一,申请人向国家知识产权局递交的权利要求书应当记载发明的技术特征。其使用的科技术语应当与说明书中使用的科技术语一致,可以有化学式或者数学式,但是不得有插图(《专利法实施细则》19 条)。第二,权利要求书应当有独立权利要求,也可以有从属权利要求。独立权利要求应当从整体上反映发明的技术方案,记载解决技术问题的必要技术特征。从属权利要求应当用附加的技术特征,对引用的权利要求作进一步的限定(《专利法实施细则》20 条)。第三,一项发明应当只有一个独立权利要求,并写在同一发明的从属权利要求之前(《专利法实施细则》21 条)。对于明显不符合以上要求的权利要求书,国家知识产权局会通知申请人在指定期限内陈述意见或者补正,申请人逾期未答复的,申请视为撤回。陈述意见或者补正后,仍然不符合要求的,申请将在初步审查阶段被驳回(《专利法实施细则》44 条 1 款 1 项、2 款)。

权利要求书要想在国家知识产权局的实质审查中合格,仅仅满足形式上的要求还远远不够。《专利法》对权利要求书的实质内容提了两个要求。第一,权利要求应当以说明书为依据。第二，权利要求应当清楚、简要。只有同时达到这两个要求，权利要求才能够准确地限定专利权保护的范围，这两个要求缺一不可，达不到要求的专利申请将在实质审查中被驳回（《专利法实施细则》53 条 2 项），或者在无效宣告程序中成为宣告专利权无效的对象（《专利法实施细则》65 条 2 款）。

《专利法实施细则》第 20 条第 2 款规定，独立权利要求应当从整体上反映发明的技术方案，记载解决技术问题的必要技术特征。达不到该要求的专利申请，在初步审查或者在实质审查中将被驳回（《专利法实施细则》44 条 1 款 1 项、《专利法实施细则》53 条 2 项）。

（二）说明书

可以用于解释权利要求的只有说明书与附图（《专利法》59 条 1 款）。说明书的摘要只是为了便于检索而提交的文件，不能用于解释权利要求的内容。说明书与附图虽然能够解释权利要求，但是不能够替代权利要求，对于仅在说明书或者附图中描述而在权利要求中未记载的技术方案，权利人不能依此主张权利（《最高法专利纠纷解释》5 条）。因此，说明书撰写得好与坏对他人的产品是否落入发明的保护范围以及专利权人能否获得救济都会产生影响。申请人在撰写说明书时可以使用自己独特的语言，也可以修改申请文件，但都必须遵循一定规则。

第一，虽然申请人可以在说明书中使用自己独特的文字及表述方式，但为了使发明所属技术领域的技术人员能够实施构成发明的技术方案，说明书应当对发明做出清楚、完整的说明，必要的时候应当配以附图进行说明（《专利法》26 条 3 款）。达不到这个要求的申请将在实质审查中被驳回（《专利法实施细则》53 条 2 项），即使没有被驳回，也有可能在授权后被人提出无效宣告请求（《专利法实施细则》65 条 2 款）。

第二，申请人虽然可以对包括说明书本身在内的申请文件进行修改，但是对申请文件的修改不得超出原说明书和权利要求书记载的范围（《专利法》33 条）。当事人最初提交的说明书和权利要求书限定发明的保护范围，当事人不能通过修改将保护范围进行扩大。明显不符合该要求的申请，既可能在初步审查中被驳回（《专利法实施细则》44 条 1 款 1 项），也可能在实质审查中被驳回（《专利法实施细则》53 条 3 项）或者在无效宣告程序中成为宣告专利权无效的对象（《专利法实施细则》65 条 2 款）。

对说明书的撰写提出要求的条款不仅存在于《专利法》中,还散见于《专利法实施细则》。例如,《专利法实施细则》第17条规定,发明专利申请的说明书的内容原则上应当包括技术领域、背景技术、发明内容、附图说明以及具体实施方式,禁止使用商业性宣传用语。明显不符合该要求的申请将在初步审查中被驳回(《专利法实施细则》44条1款1项)。这样做的目的在于督促申请人充分公开发明内容,保证他人读了说明书后能够准确理解发明。

《专利法实施细则》不仅要求申请人充分披露,还设计了一套制度,帮助申请人披露涉及新生物材料的发明。随着生物工程技术的日新月异,涉及新的生物材料的发明不断涌现,这样的生物材料一般难以得到,他人仅凭说明书的文字表述难以实施。为了避免专利申请因披露不足而被驳回,申请人可以履行一定手续,将生物材料的样品提交国家知识产权局认可的单位保藏,以弥补说明书文字表述的不足之处(《专利法实施细则》24条、25条)。

(三)附图与摘要

为了便于理解,说明书的文字往往会提及附图中的附图标记。说明书文字部分出现的附图标记与附图中出现的附图标记,两者应当完全一致,不允许此多彼少,或者此少彼多(《专利法实施细则》18条)。不符合要求的申请将在初步审查中被驳回(《专利法实施细则》44条1款1项)。

摘要应当简要说明发明的技术要点(《专利法》26条3款),写明发明申请所公开内容的概要,包括发明的名称和所属技术领域,清楚地反映要解决的技术问题、解决该问题的技术方案的要点以及主要用途,且不得使用商业性宣传用语(《专利法实施细则》23条)。不符合要求的摘要将成为实质审查中的驳回理由(《专利法实施细则》53条2项),或者成为无效宣告程序中的无效理由(《专利法实施细则》65条2款)。

(四)披露遗传资源的来源

依赖遗传资源完成的发明,申请人应当在专利申请文件中说明遗传资源的直接来源和原始来源,申请人无法说明原始来源的,应当陈述理由(《专利法》26条5款)。也就是说,为了获得专利权,申请文件不仅应当披露发明本身的内容,还应当披露该遗传资源的来源。

此规定与《专利法》第5条第2款禁止违法遗传资源发明的规定遥相呼应。通过申请人披露所利用的遗传资源的来源信息,监控遗传资源的获取及利用,更好地保护我国的遗传资源。遗传资源是指取自人体、动物、植物或者微生物等含有遗传功能单位并具有实际或者潜在价值的材料。什么是“依赖”遗传资源完成的发明？《专利法实施细则》认为，“依赖”是指利用遗传资源的遗传功能（《专利法实施细则》26条1款）。

专利申请对于遗传资源的来源应当在专利申请文件中的何种文件说明、以什么形式说明？未依法披露的法律后果是什么？《专利法实施细则》认为，应当在请求书中予以说明，并填写国家知识产权局制定的表格（《专利法实施细则》26条2款）。专利申请的发明涉及遗传资源，而请求书未加说明，明显不符合《专利法》第26条第5款的申请，将在初步审查中被驳回。同样，没有按规定填写国家知识产权局制定的表格，不符合《专利法实施细则》第26条第2款规定的申请，也将在初步审查中被驳回（《专利法实施细则》44条1款）。另外，不符合《专利法》第26条第5款的申请，将在实质审查中被驳回（《专利法实施细则》53条2项）。

【思考题】

1. 试论新颖性。
2. 试论创造性。
3. 试论《专利法》要求申请人进行的充分披露。

第四节　发明专利权的效力

引言

被诉侵权人的行为是否构成对发明专利权的侵害，至少要从以下5个方面进行分析。第一，被诉侵权人是否未经专利权人许可，为生产经营目的而进行制造、使用、许诺销售、销售或者进口行为。第二，专利权人的专利是属于产品专利权还是属于方法专利权。第三，被诉侵权人能否依据《专利法》中限制专利权的条款，使其行为合法化。第四，被诉侵权产品是否具有某个权利要求披露的全部技术特征或者与之等同的技术特征。第五，被诉侵权人能否依据捐献规则或者禁止反悔规则，使其行为合法化。

关键词

许可　生产经营目的　制造　使用　许诺销售　销售　进口　产品专利权　方法专利权　专利权的限制　先制造使用　售出后免责(权利用尽)　全部覆盖规则　等同特征　捐献规则　禁止反悔规则

一、直接侵害

(一)直接侵害的构成要件

《专利法》第60条规定,“未经专利权人许可,实施其专利,即侵犯其专利权”。从中品读出的侵犯专利权的构成要件有两个。第一,未经专利权人许可。第二,实施专利。缺乏任何一个要件,均不构成专利侵权。本书将该条文勾画的此类专利侵权称为直接侵害。

在直接侵害的两个要件中,“未经专利权人许可”在字面上比较容易理解,但实际非常复杂。在确认被诉侵权人是否得到专利权人的许可时,一般来说应当从以下几个方面考察。首先,应当确认专利权人与被诉侵权人之间是否存在许可实施合同。其次,如果许可实施合同存在,则要认真分析合同的条款内容,重点确认下列三点。

第一,合同许可被诉侵权人实施的专利有哪些?通常专利权人许可他人实施专利时,可以用以下方式界定专利的范围:①一揽子许可方式。例如,许可的专利为“专利权人在合同缔结时拥有处分权的所有发明专利”。②产品类别限定许可方式。例如,许可的专利为“有关数码相机、数码摄像机、具备摄像功能的手机的,专利权人在合同缔结时拥有处分权的发明专利”。③技术领域限定许可方式。例如,许可的专利为“有关声音或者图像的编码、传输、解码技术领域的,专利权人在合同缔结时拥有处分权的发明专利”。

第二,合同许可被诉侵权人生产的产品范围是什么?专利权人界定产品的方法与界定专利的方法有相似之处,主要包括以下三种:①一揽子许可方式。例如,许可被诉侵权人生产的产品为“被诉侵权人在合同缔结时生产的所有类型的产品”。在这种许可条款下,专利权人可以对被诉侵权人在合同缔结后研发生产的新产品主张专利权。②产品类别限定许可方式。例如,许可生产的产品为“数码相机、数码摄像机、具备摄像功能的手机”。③技术领域限定许可方式。例如,许可的产品为“有关声音或者图像的编码、传输、解码技术领域的,被诉侵权人在合同缔结时生产的所有类型的产品”。

第三,合同许可被诉侵权人实施的行为有哪些?如果专利权人的专利是有关产品的专利,专利权人有权禁止他人制造、使用、许诺销售、销售、进口专利产品(《专利法》11 条 1 款)。他人在开展制造、销售等行为之前,必须取得专利权人的许可。

综上所述,如果被诉侵权人实施的专利、生产的产品或者实施的行为不属于合同限定的许可范围,或者被诉侵权人与专利权人之间根本不存在许可合同,则被诉侵权人的行为属于“未经专利权人许可”而擅自开展的行为,满足直接侵害的第一个要件。

直接侵害的第二个要件“实施专利”应当如何理解?《专利法》第 11 条第 1 款对此的诠释为“为生产经营目的制造、使用、许诺销售、销售、进口专利产品,或者使用专利方法以及使用、许诺销售、销售、进口依照该专利方法直接获得的产品”。因此,被诉侵权人的行为是否实施专利,需要同时满足下列两个要件。

第一,被诉侵权人的行为应当具有“生产经营目的”。本书认为,“生产经营目的”不等同于营利目的。国家机关、非营利性事业单位及社会团体如果持续、反复地实施他人专利,即使其行为不以营利为目的,也可能具有“生产经营目的”。个人在家里不定期地使用他人专利,一般不认为具有“生产经营目的”。

第二,被诉侵权人应当进行《专利法》禁止的行为。这些行为仅限于“制造、使用、许诺销售、销售、进口专利产品,或者使用专利方法以及使用、许诺销售、销售、进口依照该专利方法直接获得的产品”的行为。在判断被诉侵权人是否进行《专利法》所禁止的行为时,必然要判断被诉侵权人制造、使用、许诺销售、销售、进口的产品是否是“专利产品”;被诉侵权人使用的方法是否是“专利方法”;被诉侵权人使用、许诺销售、销售、进口的产品是否是依照专利方法“直接”获得的产品。

这就涉及一个比较和甄别的问题。“专利产品”是指具有专利的某项权利要求披露的所有技术特征的产品。“专利方法”是指具有专利的某项权利要求披露的所有技术特征的方法。“依照该专利方法直接获得的产品”,司法解释认为,至少包括使用专利方法获得的原始产品(《最高法专利纠纷解释》13 条 1 款)。

因此,被诉侵权人的产品或者方法是否属于“专利产品”“专利方法”或者“依照该专利方法直接获得的产品”,归根结底,要看产品或者方法是否具有专利的某项权利要求披露的所有技术特征。以产品为例,只有被诉侵权人的产品具有专利的某项权利要求披露的所有技术特征,才能说产品实施了专利。如果被诉侵权人的产品(如 DVD 播放机的驱动器)并不具有权利要求披露的所有技术特征(驱动器 + 周边线路配置技术),则不能说该产品实施专利。被诉侵权人的产品没有"实施专利",则直接侵害的第二个要件没有得到满足,直接侵害也就不成立。

(二) 间接侵害

上述结论有时候显得不是那么具有说服力。例如,被诉侵权人生产的零部件可能会具备一些特殊的接口,使得其只能用于某种直接侵害专利权的设备。如果只追究设备生产厂家的责任,而让零部件生产厂家逍遥法外,可能不利于实现对专利权人的有力保护。《知识产权法》的政策性导向促使一些国家(如美国与日本)在立法中将一些不构成直接侵害的行为视为对专利权的侵害。这些行为因各国的具体立法不同而呈现不同内容,它们被统称为对专利权的"间接侵害行为"。我国的立法没有对间接侵害行为做出界定,本书以下的论述关注的均为直接侵害行为。

(三) 产品专利权与方法专利权的射程范围

《专利法》第 11 条第 1 款在对"不得实施其专利"的诠释中,将发明分成了两类,即产品专利权与方法专利权。产品专利权与方法专利权构成发明专利权的左右手,分别辖制不同的实施行为。因此,被诉侵权人的行为是否构成侵权,需要对发明专利权的类别做出判断。

产品专利权的效力在于禁止制造、使用、许诺销售、销售及进口专利产品(《专利法》11 条 1 款)。只有这些行为构成侵权,其他行为比如出口不构成侵权。产品专利权的效力直接针对专利产品,不管产品是以何种方法生产出来的。这就是说,即使专利没有覆盖侵权人制造产品的方法,也不影响专利权人针对最终产品行使权利。

方法专利权的效力在于禁止他人使用专利方法以及使用、许诺销售、销售、进口依照专利方法直接获得的产品(《专利法》11 条 1 款)。什么是依照专利方法"直接"获得的产品?司法解释认为,至少包括使用专利方法获得的原始产品(《最高法专利纠纷解释》13 条 1 款)。什么样的行为属于"使用"依照专利方法直接获得的产品?司法解释认为,至少包括将原始产品进一步加工、处理而获得后续产品的行为(《最高法专利纠纷解释》13 条 2 款)。

正因为不同性质的发明被赋予了不同范围的保护,如何给权利人的发明定性变得非常重要。这也是给予权利人保护时必经的程序。本书认为,权利人的发明属于产品发明还是方法发明,应当根据权利要求描述的内容来定。

(四)方法专利的悬而未决的问题

产品专利的效力锁定最终产品,不问中间过程,也引起一些问题。在生物工程领域,遗传基因信息、含有遗传基因信息的DNA、作为中间成果的细胞以及作为最终成果的动植物、微生物、蛋白质都可能作为产品,记载在权利要求书中。将DNA作为产品记载的权利要求是否涵盖上游产品(遗传基因信息)及下游产品(细胞、动植物、微生物及蛋白质)?答案尚不明确。

为了在产品专利锁定的保护范围外追加一种保护。我们可以尝试撰写方法专利,在权利要求中描述利用DNA培育下游产品的方法。作为方法专利,我们可以禁止他人使用该方法。同时,我们可以禁止他人使用、许诺销售、销售、进口依照方法直接获得的产品。在这里,"依照方法直接获得的产品"是利用DNA获得的中间成果(细胞)。通过撰写方法专利,可以达到禁止他人使用、许诺销售、销售、进口细胞的目的。

既然我们可以禁止他人"使用"细胞,那就意味着他人将细胞进一步加工、处理而获得后续产品的行为也在被禁止之列(《最高法专利纠纷解释》13条2款)。这里的"后续产品"或许可以包括动植物、微生物及蛋白质。也就是说,撰写方法专利可以弥补产品专利权的不足之处,也可以最大限度地获得专利制度的保护。

上述专利撰写战略是否可行,关键在于法院是否会支持我们的上述主张,在于法院是否会认为上述方法专利覆盖动植物、微生物及蛋白质。法院必须审查两点。第一,被诉侵权人获得最终成果(动植物、微生物、蛋白质)时,是否实施"加工、处理细胞"的行为?第二,如果被诉侵权人通过加工、处理细胞获得最终成果(动植物、微生物、蛋白质),权利人可以获得的停止侵害救济的内容是什么?仅仅是被诉侵权人停止继续使用细胞,还是使用细胞获得的最终成果(动植物、微生物、蛋白质)都应当被销毁?

进一步讲,如果在细胞变成最终成果(动植物、微生物、蛋白质)的过程中,被诉侵权人仅仅提供培养容器,细胞自己在容器中繁殖成长为最终成果物,被诉侵权人的行为是否还构成"加工、处理"?侵害方法专利权的是被诉侵权人,还是细胞本身?这些问题都有待于在个案审理中得到明确的答复。

(五)对免除赔偿责任条款的思考

《专利法》第70条规定,"为生产经营目的使用、许诺销售或者销售不知道是未经专利权人许可而制造并售出的专利侵权产品,能证明该产品合法来源的,不承担赔偿责任”。该免责条款区分了使用行为与制造行为,使用行为人在一定情况下可以免除赔偿责任,制造行为人则不能。将侵犯发明专利权的产品(如芯片)作为零部件,制造另一产品(如电脑),如果芯片生产企业与电脑生产企业之间没有分工合作,电脑生产企业的行为到底是单纯的使用行为,还是制造行为?

司法解释认为,电脑生产企业的行为属于使用行为(《最高法专利纠纷解释》12 条 1 款)。如果电脑生产企业在使用中,既没有故意(不知道是未经专利权人许可而制造并售出的芯片)也没有过失(能证明芯片的合法来源),就能够依据《专利法》第 70 条免除赔偿责任。司法解释的这一规定是对专利权射程范围的一次比较大的调整。虽然芯片专利权人仍然能够以电脑生产企业的行为构成侵犯专利权为理由,寻求停止侵害的救济,要求电脑生产企业停止使用侵权芯片,但是,专利权人获得损害赔偿的可能性将大大降低,这无疑将削弱专利权人在许可谈判中的地位。

(六)网络侵权

《侵权责任法》第 36 条规定的网络侵权责任同样适用于专利侵权案件。由于专利侵权本身是一个技术性要求较高的判定过程,专利权人应当向网络服务提供者提供何种程度的通知,以及网络提供者在何种情况下应当对损害扩大部分承担连带责任,这些都是值得探讨的问题。

【相关案例】

通知既可以是口头的,也可以是书面的。通常,通知内容应当包括权利人身份情况、权属凭证、证明侵权事实的初步证据以及指向明确的被诉侵权人网络地址等材料。符合上述条件的,即应视为有效通知。基于天猫公司对发明专利侵权判断的主观能力、侵权投诉胜诉概率以及利益平衡等因素的考量,并不必然要求天猫公司在接受投诉后对被投诉商品立即采取删除和屏蔽措施,对被诉商品采取的必要措施应当秉承审慎、合理原则,以免损害被投诉人的合法权益。但是将有效的投诉通知材料转达被投诉人并通知被投诉人申辩当属天猫公司应当采取的必要措施之一。否则权利人投诉行为将失去任何意义,权利人的维权行为也将难以实现。网络服务平台提供者应该保证有效投诉信息传递的顺畅,而不应成为投诉信息的黑洞。被投诉人对于其或生产或销售的商品是否侵权,以及是否应主动自行停止被投诉行为,自会做出相应的判断及应对。天猫公司未履行上述基本义务的结果导致被投诉人未收到任何警示从而造成损害后果的扩大。至于天猫公司在发明专利权人起诉后即对被诉商品采取删除和屏蔽措施，当属审慎、合理。综上，天猫公司在接到发明专利权人的通知后未及时采取必要措施，对损害的扩大部分应承担连带责任。[①]

二、权利的限制

（一）科学研究与试验

《专利法》在赋予专利权人排斥他人的实施行为的权利（《专利法》11 条）的同时，对该权利进行了限制（《专利法》69 条），专为科学研究和实验而使用有关专利的情形“不视为侵犯专利权”。

我们知道，侵犯专利权的行为首先要是实施专利权的行为，即要为生产经营目的而进行的制造、销售等行为才属于实施行为（《专利法》11 条）。如果行为人没有生产经营目的，其行为就不构成实施行为，更谈不上侵犯专利权。这个道理对于科学研究和实验这样的行为同样是适用的。不为生产经营目的而进行的科学研究和实验根本就不构成实施行为，没有侵犯专利权。本书认为，这样的行为应当依据《专利法》第 11 条判定没有侵犯专利权，而不是依据第 69 条第 1 款第 4 项将其“不视为侵犯专利权”。因此，《专利法》第 69 条第 1 款第 4 项的目的在于利用“不视为侵犯专利权”这样的立法技巧，将那些为了生产经营目的而进行的科学研究和实验也排除在专利权的射程范围之外。

此规定旨在鼓励人们进行科学研究和实验，创造出更多更好的技术成果。同时，为了防止对专利权的过度侵蚀，利用专利技术进行其他科学研究和实验的行为不适用本条规定。只有那些考察专利技术本身的技术特征、验证其技术效果、对其做出改进的行为才适用本条规定。这就是为何《专利法》第 69 条第 1 款第 4 项把使用有关专利的行为限定在“专为”科学研究和实验范围内的原因。

本书认为，为了对专利技术做出改进，行为人不仅可以使用专利产品、专利方法以及依照专利方法直接获得的产品，还可以制造、进口专利产品或者进口依照专利方法直接获得的产品。也就是说，《专利法》第 69 条第 1 款第 4 项中的“使用有关专利”，不应该狭隘地限定为第 11 条第 1 款中的“使用”行为，而是应该做出合乎本条目的的解释，使人们能够对专利技术进行正常的科学研究和实验。另一方面，如果行为人将科学研究和实验中得到的产品推向市场进行许诺

---

① 浙江省高级人民法院民事判决书（2015）浙知终字第 186 号。

销售或销售,将过度侵蚀专利权,偏离第69条第1款第4项的立法目的。因此,在允许行为人的制造,使用及进口行为的同时,应当禁止行为人的许诺销售及销售行为。

本书做出的以上解释,依据的不仅仅是《专利法》第69条第1款第4项的立法目的,还考虑了与相关条款的统一。《专利法》第69条第1款第5项规定,在为提供行政审批所需要的信息而进行的行为中,药品生产者或者研发机构的制造、使用及进口专利药品或医疗器械的行为,他人专门为药品生产者或者研发机构制造、进口药品或器械的行为被排除在专利权的射程之外。许诺销售及销售行为仍旧在专利权的射程之内。

本书认为,《专利法》第69条第1款第4项与第1款第5项之所以在结构上应当统一,是因为两者追求的理念是一致的。如何在促进包括药品研发在内的科学研究和实验不断进步以维护公共利益的同时,尽量避免过于侵蚀专利权,这是两者追求的共同目标。两者崇尚的理念的一致决定了两者内在结构的统一。可以说,第5项是第4项规定的情形的一种表现形式。

新药上市之前需要通过的行政审批需要大量的关于其效用的信息,而这些信息只有对既有药品的效用进行数年测试后方能得知。如果新药开发商只能在既有药品的专利权期满后才可以开始测试的话,在测试及行政审批所需的数年时间里新药不能上市,将造成既有药品的垄断效果在专利权期满后依旧存在的局面。为了平衡既有药品开发商与新药开发商之间的利益,美国和日本均采取在延长既有药品开发商专利权的有效期的同时,允许新药开发商在既有药品专利权的有效期内开始对其进行测试。中国《专利法》只规定后者而对既有药品专利权的有效期没有设立延长制度。可以说,与美国和日本相比,中国《专利法》更倾向于促进新药开发。

(二)临时过境

《专利法》第69条规定的对专利权效力的限制条款中,有两个地方出现了“使用有关专利”的表达。对于其中之一我们已在前面提及。另外一个地方出现在第1款第3项,即临时通过中国领陆、领水、领空的外国运输工具,依照所属国同中国签订的协议或者共同参加的国际条约,或者依照互惠原则,为运输工具自身需要而在其装置和设备中“使用有关专利”的情形。

该条款的立法目的是为了避免权利人对临时过境的外国运输工具主张权利而影响国际交通运输。为了达到立法目的,允许临时过境的外国运输工具“使用”专利产品和专利方法即可。其他行为，例如，在运输工具中发生的制造、许诺销售、销售及进口行为仍将构成对专利权的侵犯。该规定源于《巴黎公约》第5条第3款。任何巴黎公约成员国的运输工具过境中国皆可以享受《专利法》第69条第1款第3项的保护。

（三）先制造使用

《专利法》规定，最先申请的人而不是最先发明的人获得专利权。最先发明的人如果没有及时申请专利，其行为将构成对最先申请人专利权的侵犯。最先发明人必须停止其行为，包括停止制造产品。由此产生的损失，包括最先发明人先期投资的血本无归，将由其自身承担。

这样的结果似乎让人有点难以接受。为了减少先申请规则可能带来的不良影响，《专利法》将满足一定限制条件的先制造使用人的行为排除在专利权的射程范围之外。“先制造使用人”是指在专利申请日前已经制造相同产品、使用相同方法或者已经做好制造、使用的必要准备的人。“限制条件”包括时间上的条件以及业务范围上的条件。

第一，时间上的限制条件。先制造使用人的制造使用行为必须开始在申请日之前，或者在申请日之前已经“做好”制造使用的“必要准备”。至于什么是必要准备，到什么程度可以说准备已经做好，应当根据个案牵涉的产品的特性及商业习惯来判断。司法解释认为，下面两种情形均符合要求：①已经完成实施发明创造所必需的主要技术图纸或者工艺文件；②已经制造或者购买实施发明创造所必需的主要设备或者原材料（《最高法专利纠纷解释》15条2款）。

第二，业务范围上的限制条件。先制造使用人的业务范围只限于原有范围，不能扩大生产规模。司法解释认为，原有范围包括：①专利申请日前已有的生产规模；②利用已有的生产设备或者根据已有的生产准备可以达到的生产规模（《最高法专利纠纷解释》15条3款）。

第三，实施行为上的限制条件。在申请日后，先制造使用人只能在原有范围内继续制造相同产品和使用相同方法，不能许诺销售、销售产品。

第四，技术获得渠道的限制条件。《专利法》第69条第2项没有明确要求先制造使用人使用的技术必须是合法取得的。但是，司法解释认为，先制造使用人以非法获得的技术主张先用权抗辩的，法院不应当支持（《最高法专利纠纷解释》15条1款）。

第五，转让的限制条件。司法解释认为，先制造使用人在专利申请日后，将其已经实施或者做好实施必要准备的技术转让或者许可他人实施后,他人主张其实施行为属于在原有范围内继续实施的,法院不应当支持。同时认为,该技术与原有企业一并转让或者承继的除外(《最高法专利纠纷解释》15 条 4 款)。这样规定的目的,是为了避免先制造使用人在专利申请日后,许可多人实施其技术,致使市场上出现多个竞争者与专利权人竞争。通过避免这种情形的出现,保证先制造使用制度不过度侵蚀专利权。当然,在专利申请日前发生的转让及许可行为,不受此限制。受让人及被许可人只要满足《专利法》第 69 条第 2 项的规定,就能够和转让人及许可人一样,成为先制造使用人。

【比较法】

《日本专利法》赋予申请日之前已经实施或者准备实施先申请人的发明的人以法定实施许可,即在原有的实施或者准备实施的范围内,不仅可以制造、使用,还可以许诺销售、销售及进口。

(四) 强制许可

如果专利权人自专利权被授予之日起满 3 年,且自提出专利申请之日起满 4 年,无正当理由未实施或者未充分实施专利,具备实施条件的单位或者个人可以申请国家知识产权局给予实施发明专利的强制许可(《专利法》48 条 1 项)。申请人应当提供证据,证明其以合理的条件请求专利权人许可其实施专利,但未能在合理的时间内获得许可(《专利法》54 条)。“未充分实施专利”是指专利权人及其被许可人实施专利的方式或者规模不能满足国内对专利产品或者专利方法的需求(《专利法实施细则》73 条 1 款)。

另外一种强制许可是基于利用发明的许可。该许可与基于未实施的强制许可一样,申请人需要提供谈判的证据才能获得。“利用发明”是指基于既有发明开发出的具有显著经济意义的重大技术进步的发明。由于实施利用发明将构成对既有专利权的侵犯,利用发明的专利权人可以向国家知识产权局提出申请获取强制许可(《专利法》51 条)。

还有一种强制许可不需要申请人提供谈判的证据而仅需要提出申请。但是这不意味着申请人就可以很容易地获得许可。授予该强制许可的前提条件非常严格。首先,专利权人行使其权利的行为必须被依法认定为垄断行为。其次,该强制许可必须有助于消除或者减少专利权人的行为对竞争产生的不利影响(《专利法》48 条 2 项)。

《专利法》除了规定以上的强制许可外，还对基于公共利益的强制许可（《专利法》49 条）、向不发达国家出口取得专利权的药品的强制许可（《专利法》50 条）以及有关半导体技术的强制许可（《专利法》52 条）做出了规定。"取得专利权的药品"不仅包括药品本身，还包括制造药品所需的活性成分以及使用药品所需的诊断用品（《专利法实施细则》73 条 2 款）。《专利法》同时规定了国家知识产权局做出强制许可决定时以及终止强制许可时应当遵循的程序（《专利法》55 条及《专利法实施细则》74 条）。

无论是何种强制许可，取得强制许可的单位或个人都无权允许他人实施，并且应当付给专利权人合理的使用费（《专利法》56 条、57 条及《专利法实施细则》75 条）。强制许可的实施应当主要为了供应国内市场，但针对垄断行为的强制许可以及向不发达国家出口药品的强制许可的实施不受此限制（《专利法》53 条）。

在强制许可制度的运行过程中，作为行政机关的国家知识产权局会做出各种各样的行政决定。当事人不能对所有这些决定向法院提起诉讼。《专利法》认可的起诉案由只有两个。第一，专利权人对国家知识产权局关于实施强制许可的决定不服。第二，专利权人和取得强制许可的单位或者个人对国家知识产权局关于实施强制许可的使用费的裁决不服（《专利法》58 条）。

（五）售出后免责的遗留问题

强制许可是《专利法》通过许可的形式准许专利权人的竞争对手进入市场与专利权人展开竞争，从结构上来看是一种横向的对专利权的限制。与此相对应的是一种纵向的对专利权的限制。《专利法》第 69 条第 1 项规定，专利产品或者依照专利方法直接获得的产品被专利权人或者经其许可的单位、个人售出后，使用、许诺销售、销售及进口该产品的行为不视为侵犯专利权，此制度通常被称为"权利用尽"，乃是一个舶来语，本书认为将此制度称为"售出后免责"更为贴切。

从所有权与专利权的关系来说，他人从专利权人或者经其许可的单位、个人处购得产品即获得对该产品的所有权后，由于专利权不会随所有权转移而转移，他人对该产品的使用等行为仍然属于实施行为，构成对专利权的侵犯。这样的解释不仅会阻碍商品的自由流通、损害交易安全，而且会促使专利权人在出售产品后或者在许可他人出售产品后，继续对下游厂商收取专利费。虽然专利权人的行为合乎专利制度，但出于对公共利益的考虑，《专利法》第 69 条第 1 项对此进行了一定的限制。这些限制能否达到预期的效果还有待于实践的考验，具体来说以下几点可能会成为争点。

可能引起争论的第一点,如何界定不视为侵犯的“专利权”的范围?假设专利权人生产的半导体芯片只能被用于与驱动装置结合,他人从专利权人处购得半导体芯片后将其用于驱动装置,那么这种使用是否会侵害专利权人拥有的关于芯片的产品专利以及关于制造芯片的方法专利?假设专利权人还拥有关于将芯片与驱动装置相结合的系统专利,并且该芯片构成该系统专利的必要技术特征,他人的前述使用行为是否会侵害该系统专利?

从技术的角度来看,即使他人的使用行为包括与驱动装置结合这样一个环节,也不失其对芯片的使用这一本色,属于对专利产品(芯片)的使用。依据《专利法》第69条第1项,他人的行为应该不会侵犯权利人的“专利权”。问题在于应该怎样划定“专利权”的范围。

前述的三种专利权中,关于芯片的产品专利权以及关于制造芯片的方法专利权将被包括在内。他人从专利权人处购得芯片后,不用担心再会侵犯其拥有的关于该芯片的产品专利及方法专利。该结论来自于对《专利法》第69条第1项的逻辑推理。在这个例子中,芯片既是“专利产品”又是“依照专利方法直接获得的产品”。他人的使用等行为不视为侵犯的“专利权”,在逻辑上应当包括与“专利产品”相对应的产品专利权以及与“依照专利方法直接获得的产品”相对应的方法专利权。

但是,专利权人拥有的关于将芯片与驱动装置结合的系统专利是否应该包括在“专利权”中?答案不是那么明确。鉴于该芯片只能被用于与驱动装置结合,要实现芯片的功能不可避免地将侵犯系统专利,将系统专利排除在“专利权”之外无异于阻止他人在购得芯片后使用该芯片。再者,芯片已经构成系统专利的必要技术特征,将系统专利纳入不视为侵犯的“专利权”之中倒也合乎情理。

可能引起争论的第二点,如果专利权人在出售其芯片时,限制购买人只能将芯片用于与已经被专利权人授权制造的驱动装置结合,他人将芯片与未被授权的驱动装置结合的行为是否侵犯专利权人前述的三种专利权?鉴于《专利法》第69条第1项只要求芯片被“售出”这样一个结果,即使专利权人施加限制条件,只要最终致使芯片被售出这样一个状态,都不应该影响他人享受该条款的保护(当然,他人将芯片与未被授权的驱动装置结合的行为可能会违反与专利权人之间的合同)。除限制芯片的用途之外,专利权人可能还会以其他形式施加限制条件。例如,限制芯片购买商分销芯片的地区、国家、厂家等。本书认为,无论何种限制条件,只要芯片被售出,他人的使用等行为就不构成对专利权人的前述三种专利权的侵犯。

可能引起争论的第三点,专利权人在国外售出芯片后,他人进口该芯片的行为是否同样可以享受《专利法》第69条第1项的保护?鉴于该条款将进口与使用、许诺销售及销售并列在一起,未对进口行为作特殊规定,他人进口该芯片的行为应当和使用行为一样受到该条款的保护,即他人的行为不视为侵犯专利权。

【比较法】

美国联邦最高法院在Quanta Computer Inc.,v. LG Electronics,Inc案中指出,他人使用未加限制而出售(Authorized Sale)的产品不会侵害前述第一点中的三种专利权。该判决对于前述第二点及第三点没有提及。日本最高法院在BBS案①中对于前述第一点及第二点没有提及,对于第三点该法院认为专利权人在海外出售产品后只有满足以下两点才能在日本对产品主张侵权。第一,出售产品时与购买商达成协议将日本排除在产品的分销地之外;第二,将此内容明确表示在产品上。

三、保护的范围

(一)如何发现权利要求的内容

发明的保护范围以权利要求的内容为准,说明书及附图可以用于解释权利要求(《专利法》59条1款)。权利要求的内容成为确定保护范围的重要依据。

本书认为,权利要求的内容在发明专利权授权时就已经被固定。此后发生的侵权诉讼只不过是在诉讼程序中,通过当事人的主张与举证,发现已经被固定的权利要求的内容。在这样一个发现过程中,当事人解释权利要求的能力以及法官本人的素质,都会对发现过程及结果产生影响。在司法程序中,对权利要求的内容做出解释的是法官。司法解释对法官解释权利要求时需要遵循的规则做出以下规定(《最高法专利纠纷解释》1条至7条)。

第一,人民法院应当根据权利人主张的权利要求,依据《专利法》第59条第1款的规定确定专利权的保护范围。权利人在一审法庭辩论终结前变更其主张的权利要求的,法院应当准许。权利人主张以从属权利要求确定专利权保护范围的,法院应当以该从属权利要求记载的附加技术特征及其引用的权利要求记载的技术特征,确定专利权的保护范围。

---

① 最高法院民事判例集51卷6号,2299页。

第二,法院应当根据权利要求的记载,结合本领域普通技术人员阅读说明书以及附图后对权利要求的理解,确定权利要求的内容。

第三,法院对于权利要求,可以运用说明书以及附图、权利要求中的相关权利要求、专利审查档案进行解释。说明书对权利要求用语有特别界定的,从其特别界定。如果这些方法仍不能明确权利要求含义的,权利人可以结合工具书、教科书等公知文献以及本领域普通技术人员的通常理解进行解释。

第四,对于权利要求中以功能或者效果表述的技术特征,法院应当结合说明书和附图描述的该功能或者效果的具体实施方式及其等同的实施方式,确定该技术特征的内容。

第五,对于仅在说明书或者附图中描述而在权利要求中未记载的技术方案,权利人在侵犯专利权纠纷案件中将其纳入专利权保护范围的,法院不予支持。这些技术方案将被认为捐献给公众,可以被自由使用。此规则被称为捐献规则。

第六,专利申请人、专利权人在专利授权或者无效宣告程序中,通过对权利要求、说明书的修改或者意见陈述而放弃的技术方案,权利人在侵犯专利权纠纷案件中又将其纳入专利权保护范围的,法院不予支持。此规则被称为禁止反悔规则。

第七,法院判定被诉侵权技术方案是否落入专利权的保护范围,应当审查权利人主张的权利要求所记载的全部技术特征。被诉侵权技术方案包含与权利要求记载的全部技术特征相同或者等同的技术特征的,法院应当认定其落入专利权的保护范围;被诉侵权技术方案的技术特征与权利要求记载的全部技术特征相比,缺少权利要求记载的一个以上的技术特征,或者有一个以上技术特征不相同也不等同的,法院应当认定其没有落入专利权的保护范围。此规则被称为全部覆盖规则。

本书认为,严格遵循以上规则对权利要求做出的解释,一般来说能够比较好地发现权利要求的内容。然而,好的规则要想取得好的结果,还需要当事人双方对规则的深入理解及运用,需要当事人双方依据规则收集、整理有利于己方的证据,需要将证据以能够打动法官心灵的文字进行恰当表述的法律文书撰写能力,需要法官斟酌当事人双方提交的书面材料进行公正审理的素质。

上述第二条虽然要求法官在确定权利要求的内容时,“结合本领域普通技术人员阅读说明书及附图后对权利要求的理解”,但没有对技术人员的理解做出进一步的规定。这一点很重要,因为技术人员对权利要求的理解会随着他阅读说明书及附图的时点的变化而改变。具体来说,有以下几个时点可作为候选:①申请日;②公开日;③授权日。本书认为,由于权利要求的范围在授权日才得到确定,应当以授权日作为技术人员阅读说明书及附图的时点。

【比较法】

美国联邦巡回上诉法院认为,应当以申请日作为技术人员理解权利要求的基准日[Philips v. AWH Corp.,415 F.3d 1303(Fed. Cir. 2005)]。有观点认为,这将会否定专利审查档案对确定权利要求内容的作用,建议以申请日为基准日的同时,允许技术人员参考专利审查档案以确认专利申请文件中的用语有没有在审查过程中被赋予别的含义。[①]

(二)等同特征

权利要求的内容不仅包括权利要求书中明确记载的必要技术特征所确定的范围,也包括与必要技术特征相等同的特征确定的范围。等同特征是指与所记载的技术特征以基本相同的手段,实现基本相同的功能,达到基本相同的效果,并且本领域的普通技术人员无须经过创造性劳动就能够联想到的特征(《最高法专利纠纷规定》17条)。

1. 制约等同特征的两个规则——捐献规则及禁止反悔规则

权利人在主张被诉侵权人的技术方案属于等同特征的时候,将受到一定的限制,其中包括捐献规则以及禁止反悔规则。在实务中,专利申请人有时为了更容易获得专利权,权利要求采用比较下位的概念,而在说明书及附图中将其上升到比较上位的概念,并且在诉讼中主张对方的技术方案落入说明书及附图中描述的上位概念,属于权利要求的等同特征。捐献规则禁止的正是权利人的这种行为。

禁止反悔规则禁止的是权利人将其在授权或者无效宣告程序中已经放弃的内容,以等同特征的形式重新纳入专利权的保护范围。司法解释规定的禁止反悔规则属于绝对的禁止,无论专利申请人或者专利权人进行限制性修改或者意见陈述的动因是什么,无论修改或者意见陈述与专利授权有无因果关系,无论审查员是否接受修改或者意见陈述,禁止反悔规则都将被适用。如果被诉侵权人在诉讼中主张专利权人的技术特征落入被放弃的领域,专利权人只能反驳称该

---

① ROBERT L. HARMON:Harmon on Patents,Virginia:BNA,2007:82.

技术特征没有落入被其放弃的领域,而不能反驳称其不是故意放弃或者不是为了获得专利权而放弃。

2. 防止等同特征扩张的两道屏障

假定将等同特征纳入专利权保护的范围对于我国来说是必要的,那么在判定某项技术特征是否属于等同特征时应该特别注意防止出现等同特征扩张的情形。关键在于把握好依据什么时候的技术水平及谁的技术水平进行判断的问题。它们犹如矗立的两道屏障,能够控制等同特征向外扩张专利权排他领地的势头,防止等同特征的扩张侵蚀公有领地。

依据什么时候的技术水平非常重要,这是贯穿整个判断程序的主轴。被诉侵权人采用的替代特征和权利要求中明确记载的特征相比是否"以基本相同的手段,实现基本相同的功能,达到基本相同的效果",是否属于"无须经过创造性劳动就能够联想到的特征",这些都牵涉依据什么时候的技术水平进行判断的问题。技术总在不断发展,人们对世界的认识也在不断前进。权利人申请专利时被认为难以联想到的替代特征,在侵权诉讼时也许已经变得非常容易联想到。同样,专利申请时被认为手段、功能及效果均不同于权利要求记载的技术特征的替代特征,在侵权诉讼时也许已经成为公认的等同特征。一般来说,以专利申请时的技术水平为标准将有利于被诉侵权人,而以侵权时的技术水平为标准将有利于权利人。

本书认为,不应该简单地站在被诉侵权人或权利人的立场来考虑这个问题。应当回到《专利法》第59条第1款,结合其内在的立法目的进行思考。《专利法》之所以规定"发明的保护范围以权利要求的内容为准",是因为权利要求是公众知晓发明的最佳途径,也是公众得知权利人排他权的射程范围,并在此范围之外继续研发的唯一途径。等同特征在字面上没有出现在权利要求的内容之中,公众从字面上无从得知其范围及内涵。等同特征范围的扩张将阻碍公众通过继续研发推动技术进步的进程。为了尽量减少这些负面影响,等同特征应该与权利要求的内容一样,在一种比较稳定的状态中让公众知悉。这种状态既不会出现在申请时也不会出现在侵权时。这是因为从申请到授权的过程中,申请人对申请文件的修改将导致权利要求的内容处于不稳定的状态。从授权到侵权时,任何人提起的无效诉讼都将导致权利要求的内容处于不稳定的状态。权利要求的内容本身如果处于不稳定状态,也就难以判定什么是等同特征。

综合看来,权利要求的内容处于较为稳定的状态出现在专利授权时。以此时的技术水平判定什么是等同特征不仅是可能的而且是合乎逻辑的。随着专利权公之于众,保护范围(包括等同特征)应当也随之固定。任何对权利要求内容的解释都只不过是发现授权时已经固定的保护范围,而不是形成另外一个有别于此的保护范围。

为了防止专利权的过度扩张,我们不仅应当依据授权时的技术水平判定等同特征,还要处理好依据谁的技术水平进行判断的问题。当事人对"本领域的普通技术人员"的知识水平总会各持己见。被诉侵权人往往会降低"本领域的普通技术人员"的知识水平,因为不大懂行的人一般来说难以联想到等同特征;权利人往往会抬高"本领域的普通技术人员"的知识水平,因为懂行的人一般来说容易联想到等同特征。作为经济发达国家的美国与日本的最高法院判例似乎都是以侵权时的技术水平为标准判定等同特征。[①]

四、民事责任

法院受理的侵犯发明专利权案件,被告在答辩期间内请求宣告专利权无效的,法院可以不中止诉讼。法院决定中止诉讼,专利权人或者利益关系人请求责令被告停止有关行为或者采取其他制止侵权损害继续扩大的措施,并提供了担保,法院经审查符合有关法律规定的,可以在裁定中止诉讼的同时一并做出有关裁定(《最高法专利纠纷规定》11 条、12 条)。

(一) 故意与过失

由于《专利法》对停止侵害请求权与损害赔偿请求权的构成要件没有明确规定,学术界就权利人是否需要证明被诉侵权人有过错(即故意或过失)这一点存在争论。这个问题并不复杂,其答案就蕴含在《专利法》的相关条文之中。

《专利法》第 70 条对不承担赔偿责任的情形规定了三个要件:①被告实施专利权的行为("为生产经营目的使用、许诺销售或者销售"的行为);②被告没有故意("不知道是未经专利权人许可而制造并售出的专利侵权产品");③被告为避免侵权行为尽到了合理的规避义务即没有过失("能证明该产品的合法来源")。满足这三个要件的被告"不承担赔偿责任"。《专利法》第 70 条只规定被告"不承担赔偿责任",没有免除被告停止侵害的责任,把停止侵害的构成要件与赔偿损失的构成要件进行了区分。被诉侵权人可以通过证明自己没有故意与过失来不承担损害赔偿,但要停止侵害专利权。第 70 条的构成要件二分说揭示了

---

① Hidetaka Aizawa, Nishimura & Partners. 知识产权法概说. 日本,弘文堂,2008:95.

《专利法》没有明确规定但已蕴含其中的一个规则。专利权作为一种排他权,无论侵权人的主观状态如何,都可以将任何落入权利要求划定的保护范围的产品排斥出去,侵权人必须停止实施行为。只有这样,看不见、摸不着的发明才能得到有效保护,发明人才能得到充分救济,专利制度设计的激励机制才能正常运作。

【比较法】

《日本专利法》规定的停止侵害请求权的要件中不包含故意或者过失,即使被诉侵权人没有故意也没有过失,也要停止实施行为。《日本专利法》规定的损害赔偿金额的计算方法中,承继《日本民法》的侵权责任一般规定,将故意或者过失作为请求赔偿的前提条件。这就要求专利权人在请求赔偿时,证明被诉侵权人有故意或者过失。但是,实际上有无故意或者过失的举证责任不在专利权人,而在被诉侵权人。这是因为,《日本专利法》推定被诉侵权人有过失。被诉侵权人如果能够证明自己没有过失,当然能够免除赔偿责任。即使被诉侵权人的举证达不到证明其没有过失的程度,如果能够证明没有故意或者重大过失,对被诉侵权人还是有利的。这是因为,《日本专利法》规定,如果专利权人不满足于以合理使用费作为计算赔偿金额的标准,执意请求高于该标准的赔偿的话,对于没有故意或者重大过失的被诉侵权人,法院可以在确定赔偿金额时将这个情况反映进去。

(二) 时效

专利权人及利害关系人拥有的停止侵害请求权不仅不受侵权人主观状态的限制,也不受时效的限制。对于正在实施或者准备实施专利权的行为,专利权人及利害关系人可以请求法院命令侵权人停止侵害。司法解释印证了这一点。虽然《专利法》第 68 条第 1 款规定的侵犯专利权的诉讼时效为二年,专利权人或者利害关系人超过二年起诉的,如果侵权行为在起诉时仍在继续,在专利权有效期内,法院应当判决被告停止侵权行为(《最高法专利纠纷规定》23 条)。也就是说,对于正在进行的实施行为,专利权人或者利害关系人可以不受时效的约束,主张停止侵害请求权。

与此相反,即使实施行为正在进行,专利权人及利害关系人的损害赔偿请求权还是会受时效的制约,即专利权人或者利害关系人超过二年起诉的,“侵权赔偿数额应当自权利人向人民法院起诉之日起向前推算二年计算”(《最高法专利纠纷规定》23 条)。

虽然专利权人及利害关系人不能要求赔偿二年前的损失，这项司法解释对于他们来说还是有利的。例如，专利权人在 2000 年 6 月 1 日得知侵权行为而在 2003 年 5 月 31 日才起诉，根据《专利法》第 68 条第 1 款的规定，专利权人得知侵权行为后二年的损害赔偿请求权即 2000 年 6 月 1 日至 2002 年 5 月 31 日的损害赔偿请求权因为时效届满而丧失。专利权人只能够请求赔偿 2002 年 6 月 1 日至 2003 年 5 月 31 日即过去一年的损失。但如果起诉时侵权行为还在继续，依据司法解释，专利权人可以请求赔偿过去二年的损失。应该注意的是，司法解释是在重述《专利法》规定的二年时效的基础上，对专利权人及利害权利人能够请求的损害赔偿的数额进行了修改，不能视为对二年时效本身的修改。

关于时效还有一个需要注意的地方，那就是如何理解时效的起算点。需要明确什么是“得知或者应当得知侵权行为之日”。通常情况下，专利权人或者利害关系人只有先在市场上发现侵权产品，得知制造该产品的厂家后，才能提起诉讼。一般来说，从产品出厂到陈列在货架上，中间会牵涉多个经营者，他们之间的资本关系及业务关系错综复杂，短时间内难以摸清谁是制造者(侵权人)。因此，如果把“侵权行为之日”解释为“在市场上发现侵权产品之日”，将会使得权利人在维权时面临极大的时间压力，有失公平。只有把得知或者应当得知“侵权人”之日作为时效的起算日，才能让权利人与侵权人平等地站在同一起跑线上就侵权是否成立以及赔偿金额进行协商，寻求解决方案。

依据《专利法》第 70 条，销售商可以通过证明自己没有故意与过失而不承担赔偿责任。即使如此，被诉侵权人还是应当将取得的不当利益返还给专利权人或利害关系人。不当利得返还请求权的时效同样为二年，从专利权人或者利害关系人得知或者应当得知“侵权行为之日”起计算。如前所述，“侵权行为之日”应当解释为“侵权人之日”。

(三) 损害赔偿

侵犯专利权的赔偿数额按照权利人因被侵权所受到的实际损失确定；实际损失难以确定的，可以按照侵权人因侵权所获得的利益确定。此两者均难以确定的，参照该专利许可使用费的倍数合理确定。赔偿数额还应当包括权利人为制止侵权行为所支付的合理开支。权利人的损失、侵权人的获利和专利许可使用费均难以确定的，法院可以根据专利权的类型、侵权行为的性质和情节等因素，确定给予 1 万元以上 100 万元以下的赔偿(《专利法》65 条)。

（四）诉前禁令

专利权人或者利害关系人有证据证明他人正在实施或者即将实施侵犯专利权的行为,如不及时制止将会使其合法权益受到难以弥补的损害的,可以在起诉前向法院申请采取责令停止有关行为的措施。申请人提出申请时,应当提供担保;不提供担保的,驳回申请。法院应当自接受申请之时起48小时内做出裁定;有特殊情况需要延长的,可以延长48小时。裁定责令停止有关行为的,应当立即执行。当事人对裁定不服的,可以申请复议一次;复议期间不停止裁定的执行。申请人自法院采取责令停止有关行为的措施之日起15日内不起诉的,法院应当解除该措施。申请有错误的,申请人应当赔偿被申请人因停止有关行为所遭受的损失(《专利法》66条)。

（五）证据保全

为了制止专利侵权行为,在证据可能灭失或者以后难以取得的情况下,专利权人或者利害关系人可以在起诉前向法院申请保全证据。法院采取保全措施,可以责令申请人提供担保;申请人不提供担保的,驳回申请。法院应当自受申请之时起48小时内做出裁定;裁定采取保全措施的,应当立即执行。申请人自法院采取保全措施之日起15日内不起诉的,法院应当解除该措施(《专利法》67条)。

五、行政责任

未经专利权人许可,实施其专利,即侵犯其专利权,引起纠纷的,由当事人协商解决;不愿协商或者协商不成的,专利权人或者利害关系人可以向法院起诉,也可以请求管理专利工作的部门处理。管理专利工作的部门处理时,认定侵权行为成立的,可以责令侵权人立即停止侵权行为,当事人不服的,可以自收到处理通知之日起15日内向法院起诉;侵权人期满不起诉又不停止侵权行为的,管理专利工作的部门可以申请法院强制执行。进行处理的管理专利工作的部门应当事人的请求,可以就侵犯专利权的赔偿数额进行调解;调解不成的,当事人可以向法院起诉(《专利法》60条)。

假冒专利的,除依法承担民事责任外,由管理专利工作的部门责令改正并予公告,没收违法所得,可以并处违法所得4倍以下的罚款;没有违法所得的,可以处20万元以下的罚款(《专利法》63条)。下列行为属于假冒专利的行为:①在未被授予专利权的产品或者包装上标注专利标识,专利权被宣告无效后或者终止后继续在产品或者其包装上标注专利标识,或者未经许可在产品或者产品包装上标注他人的专利号;②销售①所述产品;③在产品说明书等材料中将未被授予专利权的技术或者设计称为专利技术或者专利设计,将专利申请称为专利,或者未经许可使用他人的专利号,使公众将所涉及的技术或者设计误认为是专利技术或者专利设计;④伪造或者变造专利证书、专利文件或者专利申请文件;⑤其他使公众混淆,将未被授予专利的技术或者设计误认为是专利技术或者专利设计的行为(《专利法实施细则》84 条)。

管理专利工作的部门根据已经取得的证据,对涉嫌假冒专利行为进行查处时,可以询问有关当事人,调查与涉嫌违法行为有关的情况;对当事人涉嫌违法行为的场所实施现场检查;查阅、复制与涉嫌违法行为有关的合同、发票、账簿以及其他有关资料;检查与涉嫌违法行为有关的产品,对有证据证明是假冒专利的产品,可以查封或者扣押。管理专利工作的部门依法行使前款规定的职权时,当事人应当予以协助、配合,不得拒绝、阻挠(《专利法》64 条)。

六、刑事责任

假冒他人专利,情节严重的,处 3 年以下有期徒刑或者拘役,并处或者单处罚金(《刑法》216 条)。"情节严重"是指非法经营数额在 20 万元以上或者违法所得数额在 10 万元以上的;给专利权人造成直接经济损失 50 万元以上的;假冒两项以上他人专利,非法经营数额在 10 万元以上或者违法所得数额在 5 万元以上的;其他情节严重的情形(《最高法最高检知识产权刑事解释》4 条)。"假冒他人专利"是指未经许可,在其制造或者销售的产品、产品的包装上标注他人专利号的;未经许可,在广告或者其他宣传材料中使用他人的专利号,使人将所涉及的技术误认为是他人专利技术的;未经许可,在合同中使用他人的专利号,使人将合同涉及的技术误认为是他人专利技术的;伪造或者变造他人的专利证书、专利文件或者专利申请文件的(《最高法最高检知识产权刑事解释》10 条)。假冒专利罪作为侵犯知识产权罪的一个类别,在管辖、证据、非法经营数额、共犯等方面的规定与著作权相关犯罪有一致之处,在此不再赘述。

【思考题】

1. 试论产品专利权与方法专利权的射程范围。
2. 试论《专利法》对专利权的限制。
3. 试论售出后免责(权利用尽)。
4. 试论等同特征与捐献规则及禁止反悔规则的关系。

5. 试论专利侵权中的故意与过失。

第五节 发明专利权的相关程序

引言

发明专利申请要想获得专利权,需要经过初步审查以及实质审查。国家知识产权局在审查过程中做出的决定,当事人可以申请复审。对于审查合格、公告生效的专利权,任何人均可以请求宣告其无效。从提出申请到被国家知识产权局以及他人认可,发明专利历经的是一个曲折的过程。在这个过程中,国家知识产权局、专利复审委员会、专利申请人以及请求无效宣告者扮演着重要角色,他们关注的焦点在于专利申请能否获得专利权、专利权是否无效等问题。问题的解决以及争论的舞台是在立法、司法以及行政板块中的行政板块。对于行政板块中形成的结论不满,可以向法院起诉。有关专利的争议随即脱离行政板块,进入司法板块,成为行政诉讼的对象。进入司法板块的专利争议,不仅包括从行政板块转移过来的争议,还包括直接进入司法程序的争议。最为典型的是专利侵权诉讼以及确认不侵犯专利权的诉讼,当事人主要是专利权人及被诉侵权人。

关键词

申请号　申请日　单一性规则　分案申请　初步审查　申请的公布　适当使用费　实质审查　驳回理由　复审　无效宣告　再审　警告函　确认不侵权诉讼　新产品　现有技术抗辩

一、申请与审批

(一) 申请号

申请人在申请发明专利时应当提交请求书、说明书及其摘要和权利要求书等文件(《专利法》26 条)。申请被受理后,申请人可以获得申请号(《专利法实施细则》38 条)。申请号具有唯一性,不会由于专利申请文件内容的修改、专利申请法律状态的变化以及发明人、申请人或者专利权人的变更而发生变化,同时也不会因分案而发生变化。因此,专利申请号不仅是申请人与国家知识产权局沟通的纽带,还是专利授权后任何人获取专利审查档案时不可缺少的信息。例如,申请人可以在被授予专利权之前撤回其专利申请(《专利法》32 条),但是应当在向国家知识产权局提出的声明中写明发明的申请号等信息(《专利法实施细则》36 条)。

(二) 申请日

国家知识产权局收到专利申请文件之日为申请日。如果申请文件是邮寄的,以寄出的邮戳日为申请日(《专利法》28 条)。"专利申请文件"指的是符合《专利法实施细则》有关规定的申请文件。国家知识产权局不会受理缺少权利要求书、说明书等文件的申请(《专利法实施细则》39 条)。申请没有被受理,则申请人的申请不成立,也就谈不上有什么申请日。

说明书中写有对附图的说明但无附图或者缺少部分附图的申请,申请人接到国家知识产权局的补正通知后,可以补交附图,也可以声明取消对附图的说明。前者的申请日为提交或者邮寄附图之日,后者的申请日为原申请日(《专利法实施细则》40 条)。以上手续所确定的日期是实际申请日,专利权自实际申请日起 20 年有效(《专利法》42 条、《专利法实施细则》11 条)。

"申请日"这一概念在《专利法》的其他条款中多次出现。例如,现有技术(《专利法》22 条 5 款)、先申请(《专利法》9 条 2 款)的基准日以及计算申请公开期间(《专利法》34 条)、请求实质审查期间(《专利法》35 条)的起算日,均以"申请日"为准。这些条款中的"申请日",有优先权的指优先权日(《专利法实施细则》11 条 1 款)。

(三) 单一性规则及分案申请

一件发明专利申请应当限于一项发明(单一性规则)。属于一个总的发明构思的两项以上的发明可以作为一件申请提出(《专利法》31 条 1 款),但是这些发明应当在技术上相互关联,包含一个或者多个相同或者相应的特定技术特征。特定技术特征是指每一项发明作为整体,对现有技术做出贡献的技术特征(《专利法实施细则》34 条)。不符合单一性规则的申请将在初步审查或者实质审查中被驳回。

一项发明专利申请包括两项以上发明的,申请人可以在收到专利授权通知之日起二个月的期限届满前,向国务院专利行政部门提出分案申请。但是,专利申请已经被驳回、撤回或者视为撤回的,不能提出分案申请。国家知识产权局认为一件专利申请不符合单一性规则的,应当通知申请人在指定期限内对申请进行修改。申请人期满未答复的,申请视为撤回。分案的申请不得改变原申请的类别(《专利法实施细则》42 条)。

《专利法》对分案申请在时间上设置了限制,但在内容上没有什么限制。申请人可以保留原申请日、可以保留优先权日,但是不得超出原申请公开的范围(《专利法实施细则》43 条 1 款)。

(四) 保密审查

在我国境内完成的发明,如果涉及国家安全或者重大利益,应当依照《保守国家秘密法》及其实施办法进行保密,防止发明因专利申请而在中国或者外国公开(《专利法》4 条、20 条 1 款)。违反规定向外国申请专利,泄露国家秘密的,由所在单位或者上级主管机关给予行政处分,构成犯罪的,依法追究刑事责任(《专利法》71 条)。

只要是在中国境内完成的发明,无论是由中国人完成,还是由外国人完成,也无论谁享有申请专利的权利,就发明向外国申请专利之前,都应当向国家知识产权局申请保密审查。判断发明是否在中国境内完成,要看发明人是否在中国境内,应当对权利要求进行个案考量。《专利法实施细则》对保密审查的具体细节做出了规定(《专利法实施细则》8 条、9 条)。未经保密审查向外国申请专利后,又在中国提出的专利申请,将在初步审查及实质审查中被驳回(《专利法实施细则》44 条 1 款 1 项、53 条 2 项)。侥幸获得的专利权将成为无效宣告请求的对象(《专利法实施细则》65 条 2 款)。

(五) 初步审查

国家知识产权局收到发明专利申请后会进行初步审查,并将审查意见通知申请人,要求其在指定期限内陈诉意见或者补正。逾期不答复或者答复后仍然不符合规定的专利申请将被驳回(《专利法实施细则》44 条 2 款)。

初步审查的驳回理由包括以下几条。一、明显属于《专利法》第 5 条及第 25 条规定的不能获得专利权的对象。二、属于无权申请中国专利的外国人或者没有委托依法设立的专利代理机构办理申请的外国人。三、属于未经保密审查,将在中国完成的发明向外国申请专利后,又在中国提出的专利申请。四、请求书的内容不符合《专利法实施细则》第 16 条要求的申请。五、对于依赖遗传资源完成的发明,未在请求书中说明直接来源和原始来源,或者未填写国家知识产权局制定的表格的申请。六、申请的主题明显不是《专利法》所称的发明。七、明显不符合一申请一发明的规则。八、依据《专利法》第33条对申请文件进行的修改，明显超出原说明书和权利要求书记载的范围。九、明显不符合《专利法实施细则》第17条至第21条对权利要求书、说明书以及附图的要求（《专利法实施细则》44条1款1项）。

（六）申请的公布及效果

1．申请的公布流程

经初步审查合格的发明专利申请，自申请日起满18个月“即行公布”（《专利法》34条）。“即行公布”有两层意思。第一，申请必须还在专利审查流程之中，申请人依据《专利法》第32条已经撤回的申请不应当被公布。同样，视为撤回、视为放弃及驳回的决定已经发生效力的申请也不应当被公布。但是，撤回专利申请的声明在国家知识产权局做好公布专利申请文件的印刷准备工作后提出的，申请文件仍将被公布（《专利法实施细则》36条2款）。第二，只要专利申请还在专利审查流程之中，那么不论其在审查流程中的状态如何都将被公布。具体来说，国家知识产权局会将请求书中记载的著录事项和说明书的摘要刊登在发明专利公报上，并将发明专利申请的说明书及其附图和权利要求书另行全文出版。

申请之日起满18个月前，申请人可以请求早日公布发明专利申请，国家知识产权局对发明专利申请进行初步审查后，除予以驳回的外，应当立即将申请予以公布（《专利法》34条、《专利法实施细则》46条）。18个月的起算点是申请日，要求优先权的自优先权日起算。自发明专利申请公布之日起至公告授权之日前，任何人都可以对不符合《专利法》规定的专利申请向国务院专利行政部门提出意见，并说明理由（《专利法实施细则》48条）。

由于公布后的专利申请中记载的发明可以否定在后申请的新颖性（《专利法》22条2款），申请人可以通过早期公布申请来阻止竞争对手就同样发明取得专利权。这种防御性申请在专利申请中占有一定比例。

2．适当使用费请求权与损害赔偿请求权的不同点

发明专利申请被公布后，任何人都可以浏览专利申请文件，从中得到有益的信息。由于专利申请的公布对促进技术信息交流有着重要意义，对于申请人做出的社会贡献理应给予一定回报。但是，专利权只有在专利授权后才发生效力，申请人不能依据专利权对其在专利授权之前做出的贡献取得回报。有鉴于此，《专利法》第13条为申请人设计了适当使用费请求权。

该请求权与基于专利权侵害而发生的损害赔偿请求权相比有以下不同点。第一,损害赔偿请求权要求专利权人证明被诉侵权人有故意或者过失。适当使用费请求权不要求申请人证明实施人有故意或者过失。《专利法》第 13 条规定,“申请人可以要求实施其发明的单位或者个人支付适当的费用”,对实施人的故意或者过失没有任何要求。

第二,由于被公布的专利申请有可能在实质审查中被驳回而无法获得专利权,适当使用费请求权只有在申请人顺利获得专利授权后才能行使。这一合乎情理的安排虽然《专利法》第 13 条没有提及,但可以通过对相关的《专利法》第 68 条第 2 款的逻辑推理得出。该条款在对适当使用费请求权行使的时效做出规定时,对“专利权人于专利权授予之日前即已得知或者应当得知他人使用其发明”的情形做了特殊规定。在该情形下,时效的起算点不是得知或者应当得知之日,而是专利权授予之日。之所以要将时效的起算点推后,理由只有一个,那就是,申请人即使在专利权授予之前得知他人的实施行为,也不能行使适当使用费请求权,只有等获得专利权后,才能行使该请求权。与此不同,损害赔偿请求权的行使不需要等其他条件成熟,专利权人可以基于专利权直接向侵权人要求赔偿损失。

第三,由于权利要求的技术特征在实质审查中可能由于修改而发生变化,实施人实施的技术特征在专利权授予后没有包含在权利要求中的情形有可能发生。在这种情形下,由于实施人实施的技术特征不值得国家通过专利权进行保护,公布该技术特征对于公众来说没有什么价值,申请人也就不应该拥有适当使用费请求权。简而言之,适当使用费所支付的技术特征应当既包含在专利申请中又包含在专利权中。与此不同,损害赔偿所支付的技术特征限于专利权中。

第四,享有适当使用费请求权的限于申请人及专利权人。损害赔偿请求权的享有者既包括专利权人也包括利害关系人。

基于以上的不同点,本书认为,适当使用费请求权可以定位为《专利法》创立的有别于损害赔偿请求权的一种特殊的请求权,权利人可以同时或者分别依据这两种请求权提起诉讼。

(七) 实质审查制度的概要

申请人在提出发明专利申请后,还需另外提出实质审查的请求,国家知识产权局才会启动审查程序,对申请进行实质审查(《专利法》35 条 1 款)。这种做法有利于缓解大量专利申请积压,等待实质审查的现象。实质审查请求必须在申请日起 3 年内提出,否则专利申请被视为撤回,有优先权日的,申请日自优先权日起算(《专利法实施细则》11 条 1 款)。

实质审查程序的启动,不仅可以基于申请人的请求,还可以基于国家知识产权局的职权。依职权起动该程序时,国家知识产权局应当通知申请人(《专利法》35 条 2 款,《专利法实施细则》50 条)。不过,实践中国家知识产权局很少自行起动实质审查程序。[①]

在实质审查程序中,为了使审查员更好地理解专利申请的内容从而对新颖性和创造性做出准确判断,《专利法》要求申请人在请求实质审查时提交在申请日前与其发明有关的参考资料(《专利法》36 条 1 款)。对于先在外国提出专利申请然后在中国提出申请的申请人,国家知识产权局可以要求申请人在指定期限内提交外国为审查专利申请进行检索的资料或者审查结果的资料。如果申请人还没有得到这些资料,应当向国家知识产权局声明,并在得到后补交(《专利法》36 条 2 款,《专利法实施细则》49 条),但是,违反这些规定的行为不构成驳回专利申请的理由。

(八) 实质审查中的修改及意见陈述

在实质审查程序中,申请人可以主动或者被动修改申请文件,完善申请内容。申请人的主动修改请求,应该在提出实质请求时或者在收到国家知识产权局发出的发明专利申请进入实质审查阶段通知书之日起的 3 个月内提出(《专利法实施细则》51 条 1 款)。申请人的被动修改是在收到国家知识产权局发出的审查意见通知书后,按照通知书的要求进行的修改(《专利法实施细则》51 条 3 款)。

审查意见书不仅可能要求申请人修改申请,还可能要求申请人陈述意见。申请人收到审查意见通知书后,无正当理由逾期不答复的,申请被视为撤回(《专利法》37 条)。申请人在陈述意见或者进行修改时,应当特别小心,防止因陈述意见或者修改而放弃过多的技术方案,致使这些技术方案在侵权诉讼中,由于禁止反悔规则的适用而不能主张(《最高法专利纠纷解释》6 条)。

(九) 实质审查的驳回理由

发明专利申请经申请人修改或者陈述意见后仍然不合格的将被驳回(《专利法》38 条)。驳回理由有以下几种。一、属于《专利法》第 5 条及第 25 条规定的

① 国家知识产权局条法司. 新专利法详解. 北京:知识产权出版社,2001:241.

不能获得专利权的对象。二、不符合同样的发明创造只能授予一项专利权规则的申请。三、申请的主题不是《专利法》所称的发明。四、属于未经保密审查,将在中国完成的发明向外国申请专利后,又在中国提出的专利申请。五、不具备新颖性、创造性和实用性。六、说明书及权利请求书不符合《专利法》第26条第3款及第4款要求的申请。七、对于依赖遗传资源完成的发明,未在专利申请文件中说明直接来源和原始来源的申请。八、不符合单一性规则,即一件申请应当限于一项发明创造的规则。九、独立权利要求没有从整体上反映发明的技术方案,没有记载解决技术问题的必要技术特征。十、对申请文件的修改超出原说明书和权利要求书记载的范围。十一、分案申请超出原申请记载的范围。除了以上理由,国家知识产权局不可以任何其他理由将申请驳回。[①]

(十)专利权的授予

对于经实质审查没有发现驳回理由的专利申请,国家知识产权局将做出授予专利权的决定并通知申请人。申请人自收到通知之日起二个月内办理了登记手续的,国家知识产权局将授予专利权,颁发专利证书,并予以公告,专利权自公告之日起生效,期满未办理登记手续,视为放弃取得专利权的权利(《专利法》39条、《专利法实施细则》54条)。

申请人获得专利权后,应当按规定缴纳年费,未按规定缴纳年费,将致使专利权终止(《专利法》43条、44条1款、《专利法实施细则》98条)。发明专利的期限自申请日算起为20年,这里的申请日是指实际的申请日,而非优先权日(《专利法实施细则》11条)。如果权利人以书面声明放弃其专利权,专利权在期限届满前终止。另外,经过无效审判被宣告无效的专利权视为自始即不存在。

国家知识产权局定期出版专利公报,公告专利权的授予以及专利权的著录事项,并且提供专利公报与发明专利单行本,共公众免费查阅(《专利法实施细则》90条、91条)。国家知识产权局对专利公告、专利单行本中出现的错误,一经发现,应当及时更正,并对所作更正予以公告(《专利法实施细则》58条)。

二、复审与无效宣告

(一)复审请求

专利申请人对国家知识产权局驳回申请的决定不服,可以自收到通知之日起3个月内向专利复审委员会提交复审请求书,说明理由,请求复审(《专利法》

---

① 国家知识产权局条法司. 新专利法详解. 北京:知识产权出版社,2001:250.

41 条 1 款、《专利法实施细则》60 条）。申请人在提出复审请求或者在对专利复审委员会的复审通知书做出答复时，可以修改专利申请文件，以消除驳回决定或者复审通知书指出的缺陷（《专利法实施细则》61 条 1 款）。

专利复审委员会由国家知识产权局指定的技术专家和法律专家组成（《专利法实施细则》59 条）。该委员会收到复审请求后不会直接进行审查，而是将受理的复审请求书转交原审查部门进行进一步的审查（前置审查），判定是否应该撤销驳回决定（《专利法实施细则》62 条）。前置审查后如果驳回决定没有撤销，专利复审委员会将进行复审，判定驳回决定是否违反《专利法》和《专利法实施细则》的规定以及经过修改的专利申请文件是否消除驳回决定指出的缺陷。如果答案是肯定的，复审委员会应当撤销驳回决定，由原审查部门继续进行审查（《专利法实施细则》63 条）。复审请求人在专利复审委员会做出决定前，可以撤回复审请求，复审程序随即终止（《专利法实施细则》64 条）。专利申请人对复审决定不服，可以自收到通知之日起三个月内向法院起诉（《专利法》41 条 2 款）。

（二）无效理由

自国家知识产权局公告授予专利权之日起，任何单位或者个人认为专利权的授予不符合《专利法》有关规定，均可以请求专利复审委员会宣告专利权无效（《专利法》45 条）。请求人应当在无效宣告请求书中，具体说明无效宣告请求的理由，并指明每项理由所依据的证据（《专利法实施细则》65 条）。前述的实质审查驳回理由中的大多数同样构成无效理由。只有以下两项除外。一、对于依赖遗传资源完成的发明，未在专利申请文件中说明直接来源和原始来源的申请。二、不符合单一性规则（一件申请应当限于一项发明创造的规则）的申请。不符合这两项的申请将在实质审查中被驳回，但是没有被驳回而获得的专利权不会成为无效宣告请求的对象。

无效宣告请求人以其他理由提出的请求不被受理（《专利法实施细则》66 条 1 款）。例如，未经专利申请权的共有人的同意提出的申请（《专利法》15 条 2 款）、侵夺发明人的非职务发明创造专利申请权提出的申请（《专利法》72 条）、在实质审查时未提交在申请日前与发明有关的参考资料的申请（《专利法》36 条 1 款）。

在专利复审委员会就无效宣告请求做出决定之后，又以同样的理由和证据请求无效宣告的，不予受理（《专利法实施细则》66 条 2 款）。无效宣告请求的对象可以是专利权的全部权利要求，也可以是一项或者数项权利要求。

(三)无效宣告请求的审理

《专利法》对无效宣告请求的提出没有设置时间限制,任何单位或者个人认为“专利权的授予”不符合《专利法》有关规定,均可请求宣告其无效。请求人需要证明的是“专利权的授予”这样一个在过去的固定时间发生的事情,至于无效宣告请求时专利权是否存在,在所不问。无效宣告请求可以对有效期届满的专利权提出,这样的请求会被受理。

无效宣告请求被受理后,请求人可以在提出请求之日起一个月内增加理由或者补充证据。逾期增加的理由或者补充的证据,专利复审委员会可以不予考虑(《专利法实施细则》67 条)。专利权人在无效宣告程序中,在不扩大原专利保护范围的前提下,可以对权利要求进行修改或者陈述意见,但是不得修改说明书和附图(《专利法实施细则》68 条、69 条)。专利权人在陈述意见或者进行修改时,应当特别小心,防止因陈述意见或者修改而放弃过多的技术方案,致使这些技术方案在侵权诉讼中,由于禁止反悔规则的适用而不能主张(《最高法专利纠纷解释》6 条)。

专利复审委员会根据当事人的请求或者案情需要,可以决定对无效宣告请求进行口头审理。专利权人不参加口头审理的,可以缺席审理(《专利法实施细则》70 条)。专利复审委员会对无效宣告的请求做出决定前,请求人可以撤回请求。无效宣告请求的审查程序随即终止。但是,专利复审委员会认为根据已进行的审查工作,能够做出宣告专利权无效或者部分无效的决定的,不终止审查程序(《专利法实施细则》72 条)。

请求人或者专利权人对专利复审委员会宣告专利权无效或者维持专利权的决定不服,可以自收到通知之日起三个月内以专利复审委员会为被告,向法院提起行政诉讼,无效宣告程序的对方当事人作为第三人参加诉讼(《专利法》46 条)。

(四)无效宣告的效果

宣告无效的专利权视为自始即不存在(《专利法》47 条 1 款),一切基于专利权有效而产生的权利义务关系都失去存在的基础,随着专利权的无效而自动消失,这就是专利权无效本来的效果。

但是,《专利法》认为,有些权利义务关系不应当随着专利权的无效而自动消失。具体来说,一、法院做出并已经执行的专利侵权判决、调解书形成的权利义务关系。二、已经履行或者强制执行的专利侵权纠纷处理决定形成的权利义务关系。三、已经履行的专利实施许可合同和专利权转让合同形成的权利义务关系(《专利法》47 条 2 款)。这是为了避免专利权的无效影响经济秩序的稳定性。虽然专利权人在以上三种关系中可以继续拥有原来的地位,但是对于因其恶意给对方造成的损失,应当给予赔偿(《专利法》47 条 2 款后一段)。

以上三种关系中专利权人的地位不是一成不变的,在专利权被宣告无效后,其地位会面临挑战。当基于专利权有效获得的这些利益继续留在专利权人手中明显违反公平原则时,司法的天平倾向对方当事人,专利权人应当全部或者部分返还依据该地位获得的专利侵权赔偿金、专利使用费以及专利权转让费(《专利法》47 条 3 款)。

除了前述三种关系,专利权的无效将消除其他所有的权利义务关系,以下是典型的几种关系。

一、法院的裁定形成的关系。在实务中,专利权人会在提起侵权诉讼之前或者同时申请停止侵权、财产保全或者证据保全,并提供担保。法院根据情况,做出诉前停止侵权行为、诉前财产保全、诉前证据保全等裁定。这些裁定给被诉侵权人的生产经营带来巨大损失,如果专利权被宣告无效,这些裁定理应失效,被诉侵权人有权就其蒙受的损失获得赔偿。

二、未履行的合同形成的关系。专利权被宣告无效,已经签订但还未支付使用费的专利实施许可合同由于违反合同法的强制规定应当被判无效(《合同法》52 条、344 条)。已经签订但还未支付转让费的专利转让合同由于专利权人不能实现合同目的,对方可以解除合同(《合同法》94 条)。

三、正在进行的司法、行政程序形成的关系。专利权被宣告无效,正在法院进行的侵权诉讼应当被驳回,正在管理专利工作的部门进行的侵权纠纷处理程序应当被终止。

四、法院或者行政部门未执行的事项形成的关系。专利权无效的效果对于以下未执行或者履行的事项仍然具有追溯力。例如,①法院已经做出但还未执行的专利侵权判决及调解书;②管理专利工作的部门已经做出但被诉侵权人还未履行的停止侵权处理通知;③管理专利工作的部门已经做出并申请法院强制执行,但法院还未强制执行的停止侵权处理通知。

五、管理专利工作的部门介入形成的债权债务关系。管理专利工作的部门应当事人的请求可以就侵犯专利权的赔偿数额进行调解(《专利法》60 条),调解达成的赔偿金不属于《专利法》第 47 条第 3 款规定的专利侵权赔偿金,被诉侵权人即使已经支付也有权要求专利权人返还。

三、侵权诉讼

(一) 警告函

虽然法律上没有要求,权利人在提起侵权诉讼前,一般会给侵权人发出警告函,警告对方侵犯专利权,要求停止侵害以及早日协商谈判。收到警告函后,被警告人或者利害关系人可以书面催告权利人行使诉权。如果权利人在收到书面催告之日起一个月内或者自书面催告之日起二个月内,权利人不撤回警告也不提起诉讼,对于被警告人或者利害关系人提起的请求确认其行为不侵犯专利权的诉讼,法院应当受理(《最高法专利纠纷解释》18 条)。

在此规则下,权利人在发出警告函后,需要早日在撤回警告与提起诉讼之间做出抉择。本书认为,此规则不应当被解释为被警告人要先催告,之后才能提起确认不侵权的诉讼。司法解释不应当给被警告人起诉设置高于民事诉讼法的门槛。只要被警告人的起诉满足民事诉讼法的规定,法院就应当受理。《民事诉讼法》第 108 条要求起诉必须有具体的诉讼请求和事实、理由。本书认为,如果警告函列出权利人的专利号、被警告人的产品名称或者产品系列号等具体信息,基于警告函提起的确认不侵权诉讼,就满足民事诉讼法的要求。

(二) 举证难

对于专利侵权纠纷的举证、证据交换、质证以及审核认定证据,《专利法》缺乏相应的配套规定,当事人和法院只有依据民事诉讼的相关规定来进行专利侵权诉讼。依据《最高人民法院关于民事诉讼证据的若干规定》第 2 条第 1 款,权利人向法院起诉时,有责任提供证据证明其诉讼请求。具体来说,权利人必须证明他人制造、使用、许诺销售、销售或者进口的产品或者使用的方法落入权利要求明确记载的技术特征或者与该特征等同的特征所确定的保护范围。换而言之,权利人必须证明权利要求的所有技术特征或者等同特征在他人的产品或者方法(简称“产品”)中均得到体现(《最高法专利纠纷解释》7 条)。在现有的民事诉讼规则下,权利人在举证中往往会遇到以下困难。

一、在将权利要求的技术特征与他人产品进行比较之前,权利人必须确定他人产品的技术特征,否则就无法进行比较。现实中这往往有较大难度,他人产品从市场上难以获得或者他人使用的方法封闭在工厂车间里面等情况,都会使得专利权人难以确定他人产品的技术特征。

二、即使权利人在一定程度上确定他人产品的技术特征,并在对照表中将其与权利要求的必要技术特征进行比较，被诉侵权人的消极抵抗态度也可能阻碍诉讼进程。例如，被诉侵权人可能采取消极否认的态度，拒绝对权利人的主张进行积极反驳，拒绝披露被诉侵权人对其产品与权利要求的关系所持的观点，由于缺乏被诉侵权人的披露，权利人难以进行进一步的举证。

对于被诉侵权人的举证责任及法律后果，法院可以进行说明以促使其在合理期限内积极、全面、正确、诚实地完成反驳（《最高法民诉证据若干规定》3 条 1 款），但是，单从该条款难以提炼出被诉侵权人应该对其反驳理由进行何种程度的披露。

（三）新产品

为了减轻权利人在举证中遇到的困难，《专利法》对现有的民事诉讼规则做了一定的明确。如果专利侵权纠纷涉及新产品制造方法的发明，制造同样产品的被诉侵权人应当提供其产品制造方法不同于专利方法的证明（《专利法》61 条 1 款）。此条文包含两个要件，并且这两个要件有先后之分。第一个要件是涉案产品是新产品。第二个要件是被诉侵权人制造同样的产品。只有这两个要件满足后，被诉侵权人才应当提供其产品制造方法不同于专利方法的证明。

证明涉案产品是新产品，这是《专利法》第 61 条第 1 款适用的前提条件。如果涉案产品不是新产品，该条款就不能适用。当事人双方在诉讼中，应当遵循前述的一般民事程序进行举证。既然证明涉案产品是新产品是如此得重要，那么谁有责任证明，就成为非常关键的问题。这就牵涉如何分配举证责任的问题。本书认为，要求权利人证明涉案产品是新产品，将给权利人施加过重的举证责任，而要求被诉侵权人证明涉案产品不是新产品，举证责任要轻得多。因此，在权利人向被诉侵权人披露自己的产品后，要求被诉侵权人对该产品进行分析，反驳该产品不是新产品，这样的操作比较合理。

依据司法解释，被诉侵权人的反驳理由有下面两条。①产品本身在专利申请日以前，已经被国内外公众所知晓。②制造产品的技术方案在专利申请日以前，已经被国内外公众所知晓。任何一条反驳理由成立，均可证明涉案产品不是新产品（《最高法专利纠纷解释》17 条）。如果被诉侵权人的反驳理由不成立，那么权利人主张的产品是不是可以被推定为是新产品？本书认为这种推定是合理的。

涉案产品被推定为新产品，也就意味着《专利法》第 61 条第 1 款适用的第一个要件得到满足，诉讼可以进入对第二个要件举证的阶段。第二个要件即被诉侵权人制造同样的产品,同样牵涉由谁来证明什么的问题。本书认为,在被诉侵权人应权利人的要求,披露了自己产品的设计图纸、使用说明书等技术资料后,权利人有责任证明被诉侵权人产品的功能和新产品的功能相同。只要两者功能相同,就可以认定为属于《专利法》第 61 条第 1 款规定的“同样产品”,不用考虑两者的外观、颜色等因素。

只有前述两个要件都得到满足,被诉侵权人才有责任提供其产品制造方法不同于专利方法的证明。由此看来,本书认为,《专利法》第 61 条第 1 款的内在含义应当这么理解,上述两个要件具备后,《专利法》将推定被诉侵权人的产品使用了专利方法。对于该推定,被诉侵权人不能消极否认,只能遵守《最高人民法院民事诉讼证据若干规定》第 2 条第 1 款以及第 3 条第 1 款,积极地提供反驳所依据的事实,即“提供其产品制造方法不同于专利方法的证明”。因此,本书认为,《专利法》第 61 条其实是建立在现有民事诉讼规则形成的举证框架之内,只不过对被诉侵权人应当披露的反驳理由进行一定的明确与细化而已,没有必要将该条款定位为将本来的举证责任进行“倒置”。

在实践中,被告有时候会不就其制造方法举证,而是提供证据证明使用另一种方法也可以制造出相同产品。由于《专利法》第 61 条第 1 款的措辞是被告应当提供“其产品制造方法”不同于专利方法的证明,被告的前述举证行为不符合《专利法》的要求,所以不能认为履行了证明责任。

(四) 现有技术抗辩

正如专利权人在确定他人产品的技术特征时遇到的困难一样,被诉侵权人在进行不侵权的抗辩时往往会感觉权利要求的技术特征难以理解,难以进行有效的反驳。《专利法》第 62 条为被诉侵权人提供了一个摆脱困境的方法,即现有技术的抗辩。这是指对于权利人主张落入专利权保护范围的全部技术特征,如果被诉侵权人能够证明这些技术特征与一项现有技术方案中的相应技术特征相同或者无实质性差异,则不构成侵犯专利权(《最高法专利纠纷解释》14 条)。

现有技术的抗辩有以下特点。一、被诉侵权人可以暂时不理会权利要求的技术特征,集中精力证明自己实施的技术与现有技术一致。二、《专利法》第 22 条第 2 款将现有技术与在先申请进行了区分,现有技术不包括在先申请,因此,被诉侵权人不能依据在先申请,即在涉案专利权的申请日以前提出的申请进行抗辩。即使被诉侵权人主张其实施的是在先申请所披露的技术方案,该抗辩也得不到法院支持。三、现有技术的抗辩具有个案特点，抗辩成立，只意味着被诉侵权人抗辩成功的产品所实施的技术方案属于现有技术，不会对涉案专利权的效力产生任何影响，专利权人仍然可以主张被诉侵权人的其他涉案产品侵犯专利权。四、被诉侵权人可以基于现有技术展开抗辩，但是不可以基于同样的现有技术主张专利权无效。我国的专利侵权诉讼以专利权有效为前提进行，不允许被诉侵权人在侵权诉讼中主张专利权无效，即使被诉侵权人在专利侵权诉讼中向专利复审委员会提出无效宣告请求，并且以此为理由请求法院中止诉讼，法院也可以不中止诉讼(《最高法专利纠纷规定》11 条)。

【思考题】

1. 试论专利权的无效宣告程序。
2. 试论警告函与确认不侵权诉讼的关系。
3. 试论专利侵权诉讼中的举证责任。
4. 试论基于现有技术的抗辩。

第六节 实用新型专利权

引言

依据质量不高、明显存在无效理由的实用新型专利权提起诉讼的现象时有发生。国家知识产权局应专利权人的请求出具的专利权评价报告，有助于提高法院对涉案实用新型专利权的认识，应当进一步完善专利权评价报告的相关制度。

关键词

专利权评价报告 恶意诉讼

一、概论

实用新型专利权与发明专利权一样，保护的是新的技术方案，只不过保护的对象限于产品的形状、构造或者其结合,不包括诸如微生物、化学物质以及方法等可以享受发明专利保护的技术方案。

《专利法》在规定授予专利权的条件时,使用同样的文字对发明及实用新型的新颖性及实用性要求作了规定。在界定创造性时,《专利法》规定,取得实用新型专利权的技术方案必须具有实质性特点和进步,而取得发明专利权的技术方案必须具有"突出的"实质性特点和"显著的"进步(《专利法》22 条 3 款)。由于与发明专利权相比,实用新型专利权对创造性的要求相对较低,将数个现有技术进行简单整合或者修改后的技术方案也许就具有创造性,能够获得实用新型专利权。

实用新型专利权比发明专利权容易获得,不仅是因为低水平的创造性要求,根本原因在于实用新型专利申请只要在初步审查中通过,即可获得专利授权,无须经过实质审查(《专利法》40 条)。没有经过实质审查的实用新型专利权相比于发明专利权来说,在无效宣告程序中被宣告无效的概率更高。然而,实用新型专利权的效力却与发明专利权相同(《专利法》60 条、65 条)。实用新型与发明的相同之处不止于此,《专利法》及《专利法实施细则》的许多条款同时适用于两者。本书在发明专利部分对这些条款所涉及的内容所做的分析,基本上适用于实用新型专利。具体来说,主要包括本章第五节论述的申请程序中的申请号、申请日、单一性规则及分案申请、保密审查、初步审查(驳回理由除外)部分以及复审程序及无效宣告程序(无效理由除外)部分。

二、侵权诉讼

实用新型专利权侵权诉讼的问题点在于权利本身的不稳定性。解决的方法也只有提高法院对涉案权利稳定性的认识程度。

专利权评价报告是提高法院及行政机关对涉案实用新型专利权稳定性认识程度的手段之一。专利权评价报告,指的是专利权人或者利害关系人依据相关规定,请求国家知识产权局对实用新型专利权进行检索、分析和评价后做出的评价报告。对同一项实用新型专利权,国家知识产权局仅做出一份评价报告,任何人都可以查阅或者复制该报告(《专利法实施细则》56 条、57 条)。

为了提高实用新型专利侵权诉讼中牵涉的专利的质量,从而有效利用有限的司法资源,法院及管理专利工作的部门"可以要求"专利权人或者利害关系人出具专利权评价报告,作为审理的证据(《专利法》61 条 2 款)。利害关系人指的是《专利法》第 60 条定义的,可以单独提起专利侵权诉讼或者请求处理专利侵权纠纷的人。

在专利权评价报告中,国家知识产权局依据检索到的文献信息对实用新型专利权进行分析评价。评价的对象包括专利权是否具备新颖性及创造性、说明书的公开是否充分、权利要求是否得到说明书的支持、修改是否超出范围等。

专利权评价报告既不是行政决定,也不是对专利权有效性的正式判定,只是国家知识产权局出具的关于实用新型专利权稳定性的证据,主要作用在于帮助法院或者行政机关决定是否由于被疑侵权人提起专利权无效宣告请求而中止审判程序或者纠纷处理程序。

如果专利权人或者利害关系人拒绝出具专利权评价报告,在现有《专利法》的框架下,法院还是应当以该实用新型专利权有效为前提进行审判。作为通常的诉讼策略,被诉侵权人通常会请求专利复审委员会宣告该实用新型专利无效。这样,侵权诉讼与无效宣告请求将有可能同时进行并且出现截然相反的结果,即法院在专利权有效的基础上判决侵权成立,而专利复审委员做出的无效决定经过行政诉讼得到肯定。如果实用新型专利权人或者利害关系人应法院的要求出具专利权评价报告,法院对其专利权的稳定性有更多了解的话,这样的情形出现的频率将会降低。因此,对于专利权人或者利害关系人的不作为给予一定的惩罚也就在情理之中,但是,《专利法》第 61 条第 2 款没有规定惩罚措施。

请求宣告专利权无效的被告,在答辩期间内提出的,法院应当中止诉讼;在答辩期间届满后提出的,法院不应当中止诉讼(《最高法专利纠纷规定》9 条、10 条)。

【思考题】

试论专利权评价报告的功能和现行制度的不足之处。

第七节 外观设计专利权

引言

司法解释对外观设计相同及近似的判定方法、组装行为的侵权责任做了相应规定,进一步明晰了侵权判定标准。但是,建立在新颖性和创造性基础上的外观设计专利权,由于一些违反诚信的商业手法的存在,与商标权、著作权之间存在紧张关系。

关键词

新颖性　创造性　组装行为　外观近似　权利冲突

一、外观设计的构成要件

外观设计是指对产品的形状、图案或者其结合以及色彩与形状、图案的结合所做出的富有美感并适于工业应用的新设计(《专利法》2 条 4 款)。此定义勾画出外观设计的 4 个构成要件:① 必须是针对产品的新设计;②必须是产品的形状、图案或者其结合以及色彩与形状、图案的结合;③必须富有美感,人的肉眼能够识别;④必须适于工业应用,能够在生产线上进行大量生产。

新设计必须针对产品,是说新设计必须落实在具体的产品上,不能脱离具体的产品空谈新设计。任何新设计都必须与具体的产品相结合,才能成为《专利法》上的外观设计,脱离具体产品的新设计不是外观设计,不能获得专利权。这一点,《专利法》虽然没有明确规定,但可以从相关条文的字里行间品读出来。申请人在申请外观设计专利权时,应当提交外观设计的图片或者照片。图片或者照片应当清楚地显示要求专利保护的"产品的外观设计"(《专利法》27 条 2 款)。这表明要求专利保护的新设计必须与产品结合在一起才能成为保护的对象。外观设计专利权的保护范围以表示在图片或者照片中的"该产品的外观设计"为准(《专利法》59 条 2 款),也表达了同样的道理。

新设计针对的产品必须具有一定的固定形状,液体及气体不属于这里说的产品。平面印刷品虽然也有一定的形状,但如果与其结合的图案、色彩所呈现的设计起到的主要是标识作用,同样不能获得专利权(《专利法》25 条 1 款 6 项)。平面印刷品包括塑料袋、纸袋、瓶贴、标贴等用于装入被销售的商品或者用于附着于其他产品之上、不单独向消费者出售的二维印刷品。曾经有人将塑料袋、纸袋等平面包装袋作为产品与他人的商标、标识或者美术作品相结合获得外观专利设计权后,将该设计作为内装物品的商标进行使用。前述立法的目的之一在于遏制这样的商业手法。

新设计针对的必须是产品而不是产品的局部,我国《专利法》还未允许对产品的局部授予外观设计专利权。

二、获得外观设计专利权的条件

（一）新颖性及创造性

《专利法》第23条规定，授予专利权的外观设计应当不属于现有设计，即不属于申请日以前在国内外为公众所知悉的设计，也没有任何单位或者个人就同样的外观设计在申请日以前向国家知识产权局提出过申请，并记载在申请日以后公告的专利文件中（新颖性）。授予专利权的外观设计与现有设计或者现有设计特征的组合相比，应当具有明显区别（创造性）。

新设计只有同时满足新颖性和创造性两个要求才能获得外观设计专利权。对于新颖性，《专利法》使用同样的文字对发明专利、实用新型专利及外观设计不丧失新颖性的情形做了规定，其中包括申请人可以就未经其同意泄露的外观设计在被泄露后6个月内提出申请（《专利法》24条）。经过申请人同意的披露（比如产品上市）将导致外观设计失去新颖性。

（二）充分披露

外观设计专利权的保护范围以表示在图片或者照片中的产品的外观设计为准，简要说明可以用于解释图片或者照片所表示的产品的外观设计（《专利法》59条2款）。与该条款相呼应，《专利法》对申请人提交的图片、照片以及简要说明做了较为详细的规定，未按规定充分披露的申请将在初步审查中被驳回（《专利法实施细则》44条1款3项）。

具体来说，申请人应当就每件外观设计产品所需要保护的内容提交有关图片或者照片。请求保护色彩的，应当提交彩色图片或者照片（《专利法实施细则》27条）。图片或者照片应当清楚地显示要求专利保护的产品的外观设计（《专利法》27条2款）。简要说明应当写明外观设计产品的名称、用途、外观设计的设计要点，并指定一幅最能表明设计要点的图片或者照片。省略视图或者请求保护色彩的，应当在简要说明中写明。对同一产品的多项相似外观设计提出一件申请的，应当在简要说明中指定其中一项作为基本设计（《专利法实施细则》28条1款、2款）。

此外，国家知识产权局认为必要时，可以要求申请人提交使用外观设计的产品样品或者模型（《专利法实施细则》29条），但违反该条款的申请不会在初步审查中被驳回。

三、权利的效力

（一）组装行为的法律责任

外观设计专利权被授予后，任何单位或者个人未经专利权人许可，都不得实施专利,即不得为生产经营目的制造、许诺销售、销售、进口外观设计专利产品。与发明专利权及实用新型专利权不同,使用行为不构成对外观设计专利权的侵犯。

将侵犯外观设计专利权的产品作为零部件,制造另一产品并销售的行为,到底属于使用行为还是属于销售行为,决定着该行为是否侵权。司法解释认为,此类行为属于销售行为而不是使用行为,构成侵权(《最高法专利纠纷解释》12 条 2 款)。如果上述零部件在另一产品的正常使用中只具有技术功能,不产生视觉效果,则该零部件已经失去外观设计的效果,脱离专利权保护的范围,制造另一产品并销售的行为不构成对外观设计权的侵犯(《最高法专利纠纷解释》12 条 2 款)。

(二) 保护的范围

在判定他人经营的产品是否落入外观设计专利权的保护范围时,应当以表示在图片或者照片中的"该产品的外观设计为准"(《专利法》59 条 2 款)。相比于发明专利权侵权判定要以"权利要求的内容"为准,外观设计专利权侵权判定要以"该产品的外观设计"为准。相比于体现"权利要求的内容"的被诉侵权产品构成对发明专利权的侵害,仅仅体现"外观设计"的被诉侵权产品不构成对外观设计专利权的侵害,只有体现"该产品"的外观设计的被诉侵权产品才构成侵犯外观设计专利权。在外观设计专利权侵权诉讼中,权利人必须同时证明以下两点(《最高法专利纠纷解释》8 条)。一、被诉侵权产品与表示在外观设计专利权的图片或者照片中的"产品"相同或者近似。二、被诉侵权产品的外观与表示在外观设计专利权的图片或者照片中的"外观"相同或者类似。

对于权利人的主张,被诉侵权人如果证明自己经营的产品与表示在外观设计专利权的图片或者照片中的"产品"既不相同也不近似,即使其外观与表示在外观设计专利权的图片或者照片中的"外观"相同或者近似,也不构成对外观设计专利权的侵害。

(三) 产品种类及外观相同或者近似的判定方法

如何判断产品种类是否相同或者相近?司法解释认为,应当根据外观设计产品的用途,认定产品种类是否相同或者相近。确定产品的用途,可以参考外观设计的简要说明、国际外观设计分类表、产品的功能以及产品销售、实际使用的情况等因素(《最高法专利纠纷解释》9 条)。

如何判断外观是否相同或者近似?司法解释认为,应当以产品的一般消费者的知识水平和认知能力，判断外观是否相同或者近似（《最高法专利纠纷解释》10条）。认定外观是否相同或者近似时，应当根据授权外观设计、被诉侵权设计的设计特征，以外观的整体视觉效果进行综合判断；对于主要由技术功能决定的设计特征以及对整体视觉效果不产生影响的产品的材料、内部结构等特征，应当不予考虑。下列情形，通常对外观的整体视觉效果更具有影响。一、产品正常使用时容易被直接观察到的部位相对于其他部位。二、授权外观设计区别于现有设计的设计特征相对于授权外观设计的其他设计特征。被诉侵权设计与授权外观设计在整体视觉效果上无差异的，法院应当认定两者相同；在整体视觉效果上无实质性差异的，应当认定两者近似（《最高法专利纠纷解释》11条）。

【相关案例】

松下电器公司外观设计专利的名称为“美容器”，用途为产生蒸汽、负离子来滋润肌肤和头发等，被控侵权产品同样是离子蒸汽美容器，因此两者属于相同产品。经对比，被控侵权产品与本专利机身形状相同，均为类似半椭圆形向斜上方呈60°角先形成缩紧的颈部再扩张成喇叭状喷嘴，颈部的弧度以及喇叭状的喷嘴形状相同，且两者机身上的控制键与盾形注水口的位置及形状相同。不可否认，被控侵权产品与本专利存在提手、底座环形凹槽、插线口、底座底部支点及散热孔4点区别。但是，支点及散热孔出于底座的底面，不易为消费者注意。本专利的设计要点在形状，而插线口及环形凹槽在机身及底座部位所占比重很小，难以影响到外观设计的整体视觉效果。被控侵权产品虽然加装了提手，但是机身的形状仍然构成整体视觉效果的主要部分，提手的增加并不会导致被控侵权产品与本专利存在明显的差异。因此，被控侵权产品与本专利外观设计存在的差异对两者的整体视觉效果并不产生实质的影响，两者属于相似的外观设计。[①]

（四）民事救济

外观设计专利权受到侵害时，专利权人或者利害关系人可以向法院起诉，要求停止侵害、赔偿损失以及消除影响（《专利法》60条）。同时《专利法》及司法解释对损害赔偿金额的计算方法、诉前停止侵犯专利权以及证据保全做了较为详细的规定（《专利法》65条、66条、67条，《最高法诉前专利规定》以及《最高法专利纠纷规定》20条、21条，《最高法专利纠纷解释》16条）。

---

① 北京知识产权法院民事判决书（2015）京知民初字第266号。

侵犯外观设计专利权的产品为包装物的，人民法院应当按照包装物本身的价值及其在实现被包装产品利润中的作用等因素合理确定赔偿数额（《最高法专利纠纷解释》16 条 3 款）。

【相关案例】

案例 1

本案中松下电器公司为自己的主张并未怠慢，而是积极进行举证，通过公证的方式不仅证明了被告未经许可通过网络销售、许诺销售被控侵权产品，还将淘宝网、京东网、阿里巴巴等主要电商平台上销售被控侵权产品的销售数据进行了固定，证据显示至 2015 年 1 月 7 日显示的销售数量共计达到了 18 411 347 台。松下电器公司购买被控侵权产品的发票，以及网络商铺的标价可以初步证明被控侵权产品平均价格 260 元左右的事实。现有证据可以证明被告销售、许诺销售被控侵权产品的获利，故松下电器公司依据网上显示销量及平均价格，按照上述数据主张 300 万元赔偿数额具有合理的理由。①

案例 2

本田株式会社在双环股份公司已经与其进行沟通协商，并寻求确认不侵害涉案专利权的司法救济，本田株式会社也寻求侵害涉案专利权的司法救济后，继续向涉案汽车的销售商发送侵权警告信，并扩大了被警告经销商的发送范围。侵权警告信中仅记载了涉案专利权的名称、涉嫌侵权的产品名称以及受函客户涉嫌侵权的性质，没有披露主张构成外观设计相近似的具体理由或进行必要的侵权比对，也没有披露其与双环股份公司均已向法院寻求司法救济等其他有助于经销商客观合理判断是否自行停止被警告行为的事实。由于被警告的经销商作为双环股份公司的交易方，也是本田株式会社涉案专利产品的竞争者或客户群，本田株式会社在向这些经销商发送的警告信维护其专利权的同时，也有打击竞争对手、争取交易对象或者商业机会的作用。本田株式会社在没有进一步证据证明存在侵权事实的情况下，以与向制造者发送侵权警告时相同的注意义务，扩大发送内容不明确的警告信，尚难认定其尽到了合理的审慎注意义务，违反了《反不正当竞争法》第 2 条的规定。其行为并非《专利法》所赋予的正当的维权方式，而是有悖于鼓励和保护公平竞争的不正当竞争行为。

---

① 北京知识产权法院民事判决书（2015）京知民初字第 266 号。

虽然没有直接证据证明销售商因收到警告信放弃经销涉案汽车的具体数量以及涉案汽车具体的生命周期，但根据已知事实和日常生活经验，本田株式会社向涉案汽车销售商发送侵权警告信的行为发生的2004年期间，正值该类汽车的市场高速发展期，参照相类似车型的产品周期，涉案汽车上市后销量的减少直至停产与本田株式会社的上述行为存在一定的因果关系，可以推定本田株式会社发送警告信的不当行为对双环股份公司造成了较大的损失，酌定本田株式会社赔偿双环股份公司经济损失人民币1 600万元（含合理维权费用）。[①]

四、相关程序

本章第五节论述的申请与审批程序中的申请号、申请日、本国优先权与外国优先权的部分以及复审程序的部分基本上适用于外观设计。以下聚焦外观设计专利权特有的相关程序进行探讨。

（一）申请与审批

1. 对申请的修改

申请人自申请日起二个月内，可以对外观设计专利申请主动提出修改。申请人在收到国家知识产权局发出的审查意见通知书后对申请文件进行修改的，应当针对通知书指出的缺陷进行修改（《专利法实施细则》51条2款、3款）。对图片或者照片进行修改时，应当按照规定提交替换页（《专利法实施细则》52条）。

2. 单一性规则及分案申请

一件外观设计申请应当限于一项外观设计（单一性规则）。但是，以下两种情况例外。第一，同一产品两项以上的相似外观设计，可以作为一件申请提出（《专利法》31条2款）。但是，对该产品的其他设计应当与简要说明中指定的基本设计相似。一件申请中的相似外观设计不得超过10项（《专利法实施细则》35条1款）。第二，用于同一类别并且成套出售或者使用的产品的两项以上外观设计（成套产品设计），可以作为一件申请提出（《专利法》31条2款）。成套产品设计指的是各产品属于分类表中同一大类，习惯上同时出售或者同时使用，而且各产品的外观设计具有相同的设计构思（《专利法实施细则》35条2款）。分类表是指国家知识产权局公布的外观设计产品分类表。申请人应当使用分类表，写明使用外观设计的产品及其所属类别（《专利法实施细则》47条）。

---

① 最高人民法院民事判决书(2014)民三终字第7号。

一件申请包括两项以上外观设计的,申请人可以在收到专利授权通知之日起二个月的期限届满前,向国家知识产权局提出分案申请。但是,专利申请已经被驳回、撤回或者视为撤回的,不能提出分案申请。国家知识产权局认为一件申请不符合单一性规则的,应当通知申请人在指定期限内对其申请进行修改。申请人期满未答复的,申请视为撤回。分案的申请不得改变原申请的类别(《专利法实施细则》42 条)。

《专利法》对分案申请在时间上设置了限制,但在内容上没有什么限制。申请人可以保留原申请日、可以保留优先权日,但是不得超出原申请公开的范围(《专利法实施细则》43 条 1 款)。

3. 初步审查

对于外观设计专利权申请,国家知识产权局只进行初步审查而不进行实质审查。初步审查的驳回理由有以下几点。一、明显属于《专利法》第 5 条规定的不能获得专利权的对象。二、明显属于对平面印刷品的图案、色彩或者两者的结合做出的主要起标识作用的设计。三、属于无权申请中国专利的外国人或者没有委托依法设立的专利代理机构办理申请的外国人。四、请求书的内容不符合《专利法实施细则》第 16 条要求的申请。五、未就每件产品所需要保护的内容提交图片或者照片的申请。六、简要说明不符合《专利法实施细则》第 28 条要求的申请。七、申请的主题明显不是《专利法》所称的外观设计。八、明显不具备新颖性。九、提交的图片或者照片明显没有达到清楚显示要求保护的产品的外观设计的要求。十、不符合一件申请应当限于一项外观设计的规则(单一性规则)。十一、对申请文件的修改超出原图片或者照片表示的范围。十二、分案申请超出了原申请记载的范围。十三、不符合同样的发明创造只能授予一项专利权规则的申请(《专利法实施细则》44 条 1 款 3 项)。

经过初步审查合格的申请将被登记和公告,外观设计专利权自公告之日生效(《专利法》40 条)。外观设计专利权的期限与实用新型专利权一样为 10 年,自申请日起计算(《专利法》42 条)。

(二) 无效宣告

1. 无效理由

对外观设计专利权提起无效宣告请求的理由包括以下几点。一、主题不是《专利法》所称的外观设计。二、不具备新颖性、创造性。三、与他人在申请日以前已经取得的合法权利相冲突。四、申请人提交的图片或者照片没有清楚地显示要求专利保护的产品的外观设计。五、对申请文件的修改超出图片或者照片表示的范围。六、分案申请超出原申请记载的范围。七、属于《专利法》第 5 条及第 25 条规定的不能获得专利权的对象。八、不符合同样的发明创造只能授予一项专利权规则的申请(《专利法实施细则》65 条 2 款)。

2. 基于权利冲突的无效宣告请求

由于外观设计专利权没有经过实质审查,内容与他人的合法权利相同或者相类似的情形时有发生。《专利法》规定的“授予专利权的外观设计不得与他人在申请日以前已经取得的合法权利相冲突”(《专利法》23 条 3 款)就是针对这种情形,违反该条规定的外观设计将成为他人无效宣告请求的对象。

《专利法》及其细则主要是针对将平面印刷品(塑料袋、纸袋等平面包装袋)与他人的商标、标识或者美术作品相结合取得外观设计专利权后,商标权人及著作权人要求将该外观设计专利权消除的情形。在这种情形下,如果商标权人及著作权人以外观设计专利权缺乏新颖性为理由提出无效宣该请求,就必须提出与该外观设计相同的“设计”。鉴于有观点认为商标、标识或者美术作品不属于“设计”,不能成为请求无效宣告的理由,为了给予商标权人及著作权人对外观设计专利权申请无效宣告的理由,《专利法》在第二次修改时在第 23 条增加了这一条款。①

该条款的立意虽好,但在适用中效果却不甚理想。主要是由于专利复审委员会作为行政机构,往往无法确认有关美术作品的完成时期,也没有资格对外观设计是否与他人的商标权或者著作权相冲突这样一个司法问题进行判断。为了解决这个问题,《专利法实施细则》要求申请人在向《专利法》复审委员会提出无效宣告请求时,必须提交生效的能够证明权利冲突的处理决定或者判决,否则无效宣告申请将不被受理(《专利法实施细则》66 条 3 款)。这就要求商标权人及著作权人在提起无效宣告请求之前,向法院提起诉讼,确认权利之间存在冲突。在审理这样的诉讼时,法院应当保护在先依法享有权利的当事人的合法权益(《最高法专利纠纷规定》15 条)。

【相关案例】

《专利法》第 23 条第 3 款规定,授予专利权的外观设计不得与他人在申请日

---

① 国家知识产权局条法司. 新专利法详解. 北京:知识产权出版社,2001:157.

以前已经取得的合法权利相冲突。如果外观设计专利权人取得外观设计后没有将其投入使用,法院是否可以应在先权利人的请求,确认未使用的外观设计和在先权利相冲突? 一起来看北京市第一中级人民法院判决的一个案子。

在这个案子中,被告在其获得的使用于产品为招牌(西餐厅)的两个外观设计的主视图中,以较大字体标示了“香格里拉”“Shangri-La”文字,但是没有将外观设计实际投入使用。原告(香格里拉国际饭店管理有限公司)拥有核定使用服务为餐厅等、核准使用商标为“SHANGRI-LA”“香格里拉”文字商标。原告起诉称被告的外观设计与其在先取得的商标权存在冲突。

北京市第一中级人民法院判决认为,无论专利权人是否将外观设计专利实际使用,只要其与他人在先取得的合法权利相冲突,该专利就应被宣告无效。在法院关于权利冲突的判决是开始无效宣告程序的前提条件的情况下,法院可以对专利权人未投入实际使用的外观设计专利是否与他人在先取得的合法权利相冲突做出判决。①

3. 无效宣告请求的审理

无效宣告请求被受理后,请求人可以在提出请求之日起 1 个月内增加理由或者补充证据。逾期增加的理由或者补充的证据,专利复审委员会可以不予考虑(《专利法实施细则》67 条)。专利权人在无效宣告程序中,不得修改图片、照片和简要说明(《专利法实施细则》69 条 2 款)。

专利复审委员会根据当事人的请求或者案情需要,可以决定对无效宣告请求进行口头审理。专利权人不参加口头审理的,可以缺席审理(《专利法实施细则》70 条)。专利复审委员会对无效宣告的请求做出决定前,请求人可以撤回请求。无效宣告请求的审查程序随即终止。但是,专利复审委员会认为根据已进行的审查工作能够做出宣告专利权无效或者部分无效的决定的,不终止审查程序(《专利法实施细则》72 条)。

请求人或者专利权人对专利复审委员会宣告专利权无效或者维持专利权的决定不服,可以自收到通知之日起 3 个月内以专利复审委员会为被告,向法院提起行政诉讼,无效宣告程序的对方当事人将作为第三人参加诉讼(《专利法》46 条)。

---

① 北京市第一中级人民法院知识产权庭. 知识产权名案评析 5. 北京:知识产权出版社,2008:224.

（三）侵权诉讼

被诉侵权人有证据证明其实施的设计属于现有设计的，不构成侵犯专利权（《专利法》62条）。现有设计指的是被诉侵权设计与一个现有设计相同或者无实质性差异（《最高法专利纠纷解释》14条2款）。

在侵权诉讼中，法院或者管理专利工作的部门可以要求专利权人或者利害关系人出具由国家知识产权局对该外观设计进行检索、分析和评价后做出的专利权评价报告，作为审理、处理专利侵权纠纷的证据（《专利法》61条2款）。被诉侵权人在答辩期间内请求宣告专利权无效的，法院应当中止诉讼；在答辩期间届满后请求宣告专利权无效的，法院不应当中止诉讼（《最高法专利纠纷规定》9条、10条）。

【相关案例】

被告提交的外观设计专利证书载明的申请日为2013年8月30日，晚于松下电器公司外观设计专利的申请日2011年6月1日，在被控侵权产品的外观设计已被认定与原告本专利的外观设计相近似的情形下，可以认定被告实施其外观设计专利的行为侵犯了原告在先的外观设计专利权。因此，被告的该项抗辩不能成立，本院不予支持。

被告据以抗辩的专利权评价报告并非针对原告松下电器公司的专利权，虽然该专利权评价报告得出结论是被告专利所涉及产品在整体结构、新增提手部位以及喷嘴外圈等设计，导致整体有较大区别的结论，但是该结论的得出并未将松下电器公司专利作为比对的对象涵盖其中，所以，专利权评价报告的结论不能作为本案的证据予以采信。[①]

【思考题】

1. 试论获得外观设计专利权的条件。
2. 试论外观设计专利权与其他权利的冲突。

---

① 北京知识产权法院民事判决书（2015）京知民初字第266号。

第三章　商　标　法

第一节　权利的归属

引言

与专利权相同，商标权的取得需要经过一定的行政审批程序，先申请规则是基本规则。与《专利法》不同，《商标法》没有设立类似职务发明的职务商标制度，没有在法律上对某一类标志的归属进行划分。诚实信用原则是《商标法》的一项总的原则，自愿注册规则是《商标法》贯穿始终的脉络。

关键词

诚实信用原则　自愿注册规则　先申请规则　集体商标　证明商标

一、自愿注册规则

商标权的取得遵循自愿规则，当事人根据需要决定是否就其商品或者服务申请注册商标(《商标法》4 条 1 款)。就商品注册的商标称为商品商标，就服务注册的商标称为服务商标。商标法有关商品商标的规定，适用于服务商标(《商标法》4 条 2 款)。本书有关商品商标的论述亦适用于服务商标。经商标局核准注册的标志为注册商标(《商标法》3 条 1 款)，商标注册人有权标明“注册商标”或者注册标记(《商标法》9 条 2 款)。没有注册的标志，当事人完全可以使用，对于满足一定条件的未注册标志，《商标法》禁止他人将其注册为商标(《商标法》13 条 2 款、32 条)。但是，将未注册标志冒充注册商标使用的，或者使用未注册标志违反《商标法》第 10 条规定的，由地方工商行政管理部门予以制止，限期改正，并可以予以通报，违法经营额 5 万元以上的，可以处违法经营额 20% 以下的罚款，没有违法经营额或者违法经营额不足 5 万元的，可以处 1 万元以下的罚款

(《商标法》52 条)。

对于有些商品,当事人必须申请注册商标,否则不得生产、销售,商品的品目由法律或者行政法规规定,目前仅限于卷烟、雪茄烟和有包装的烟丝(《商标法》6 条、《烟草专卖法》19 条)。违反《商标法》第 6 条规定的,由地方工商行政管理部门责令限期申请注册,违法经营额 5 万元以上的,可以处违法经营额 20% 以下的罚款,没有违法经营额或者违法经营额不足 5 万元的,可以处 1 万元以下的罚款(《商标法》51 条)。

二、先申请规则

(一) 概论

与专利权的取得相似,商标权的取得同样遵循先申请规则。《商标法》规定,两个或者两个以上的商标申请人在同一种商品或者类似商品上,以相同或者近似的标志申请商标权的,初步审定并公告申请在先的标志。同一天申请的,初步审定并公告使用在先的标志,其他申请将被驳回,不予公告(《商标法》31 条)。

商标申请的日期以商标局收到申请文件的日期为准。申请手续必须齐备并按照规定填写申请文件并缴纳费用,否则不被受理。对于申请手续及申请文件基本符合规定,但需要补正的申请,商标局通知申请人限期按照指定内容补正并交回商标局。按期补正并交回商标局的申请保留原来的申请日期(《商标法实施条例》18 条)。

两个或者两个以上的商标申请人在同一种商品或者类似商品上,分别以相同或者近似的标志在同一天申请注册的,各申请人应当自收到商标局通知之日起 30 日内提交其申请注册前在先使用的证据,使用在先的标志,在地位上高于使用在后的标志。同日使用或者均未使用,且各申请人协商不成的情形下,商标局通知各申请人以抽签的方式确定一个申请人,驳回其他人的申请(《商标法》31 条、《商标法实施条例》19 条)。之所以要抽签决定,是为了避免将全部申请驳回后,第三人的在后申请获得商标权的现象。

(二) 本国优先权

标志在中国政府主办或者承认的国际展览会展出的商品上首次使用后,自商品展出之日起 6 个月内,商标申请人可以享有优先权。商标申请人应当在申请时提出书面声明要求优先权,并且在 3 个月内提交展出商品的展览会名称、在展出商品上使用标志的证据、展出日期等证明文件,否则不能享受优先权(《商标法》26 条)。

(三)外国优先权

商标申请人自其标志在外国第一次提出商标申请之日起6个月内,又在中国就相同商品以同一标志提出商标申请的,依照外国同中国签订的协议或者共同参加的国际条约,或者按照相互承认优先权的原则,可以享有优先权,申请人应当在提出商标申请的时候提出书面声明,否则不能享受优先权(《商标法》25条)。

例如,一个美国企业于2017年1月1日在美国提出商标申请后,又于2017年6月30日在中国就相同商品向中国商标局提出同样的商标申请,并要求优先权,该中国商标申请的申请日应当是2017年1月1日,而不是实际申请日2017年6月30日。如果一个中国企业在2017年2月1日向中国商标局提出同样的商标申请,美国企业的申请将被核准,而中国企业的申请因与美国企业的申请冲突将被驳回。

三、诚实信用原则

申请注册和使用商标应当遵循诚实信用原则,商标使用人对其使用商标的商品质量负责,各级工商行政管理部门应当通过商标管理,制止欺骗消费者的行为(《商标法》7条)。通过加强商标管理督促人们在商标申请和使用中遵循诚实信用原则,保障消费者和生产、经营者的利益是《商标法》的立法宗旨。《商标法》第1条规定,为了加强商标管理,保护商标权,促使生产、经营者保证商品和服务质量,维护商标信誉,以保障消费者和生产、经营者的利益,促进社会主义市场经济的发展,特制定本法。全国商标注册和管理的工作由国务院工商行政管理部门商标局主管,商标争议事宜由国务院工商行政管理部门设立的商标评审委员会负责处理(《商标法》2条)。

四、集体商标与证明商标

集体商标是指以团体、协会或者其他组织名义注册,供组织成员在商事活动中使用,以表明使用者在组织中的成员资格的标志(《商标法》3条2款)。

证明商标是指由对某种商品具有监督能力的组织控制,而由组织以外的单位或者个人使用于其商品,用于证明商品的原产地、原料、制造方法、质量或者其他特定品质的标志(《商标法》3条3款)。例如,纯羊毛标志就是一个证明商标。

虽然集体商标和证明商标的注册人都是特定的组织,但是能够使用商标的人却不尽相同。假如一个组织同时拥有集体商标和证明商标,组织成员仅能够使用集体商标，而不能使用证明商标，证明商标是供组织以外的人使用的。

无论是组织成员使用，还是组织成员以外的人使用，注册人本人都不能使用，这一点是集体商标和证明商标的共通之处，也是区别于普通商标的重要之处。普通的商标是由自然人、法人或者其他组织针对“其”商品或服务向商标局申请注册的一种标志（《商标法》4 条）。商标注册人与使用人通常是一致的。

由于集体商标及证明商标与普通商标不尽相同，《中华人民共和国商标法实施条例》第 4 条及国家工商管理总局颁布的《集体商标、证明商标注册和管理办法》对其做了特殊规定，并且对稍后提到的“地理标志”与集体商标、证明商标的关系进行了界定。

五、商标权的共有

两个以上的自然人、法人或者其他组织可以共同向商标局提出申请，共同享有和行使商标权（《商标法》5 条）。共同申请同一商标权或者办理其他共有商标权事宜的，应当在申请书中指定一个代表人，没有指定代表人的，以申请书中顺序排列的第一人为代表人。商标局和商标评审委员会的文件应当送达代表人（《商标法实施条例》16 条）。

六、外国人享有的权利

外国人在中国申请商标权的，应当按所属国和中国签订的协议或者共同参加的国际条约办理，或者按对等原则办理（《商标法》17 条）。如果外国人在中国没有经常居所或者营业所，应当委托依法设立的商标代理机构办理，并在代理委托书中载明委托人的国籍，外国人的代理委托书及与其有关的证明文件的公证、认证手续按照对等原则办理（《商标法》18 条 2 款、《商标法实施条例》5 条）。

【思考题】

1. 试论先申请规则与优先权。
2. 试论诚实信用原则。

第二节 权利的对象

引言

注册商标权的专用权以核准注册的商标和核定使用的商品为限。因此,核准注册的商标和核定使用的商品构成商标权的权利对象。任何与他人的商品区别开的标志均可以作为商标申请注册。商标注册申请人可以通过一份申请就多个类别的商品申请注册同一商标。商品的类别依据商品分类表而定。

关键词

声音　标志　一标多类　商品分类表

一、核准注册的商标

任何能够与他人的商品或者服务项目区别开来的标志均可以注册为商标,一旦标志被核准注册为商标,注册人就应当严格对其进行管理,不得自行改变标志或者注册人信息。

(一)标志

任何能够将自然人、法人或者其他组织的商品或者服务项目与他人的商品或者服务项目区别开的标志,包括文字、图形、字母、数字、三维标志、颜色组合和声音以及上述要素的组合,均可以作为商标申请注册(《商标法》8条)。

能够成为受《商标法》保护的标志包括以下8种。一、文字标志,例如“娃哈哈”“可口可乐”。二、图形标志,例如鳄鱼形状的标志、奔驰汽车的星形标志。三、字母,例如“TCL”“Cartier”。四、数字。五、三维标志,也称立体标志,例如可口可乐的饮料瓶、海尔兄弟图形。六、颜色组合,例如加油站常见的壳牌的红黄组合。七、声音,例如《新闻联播》前奏音乐。八、上述要素的组合,例如吉利汽车的“Geely”与图形的组合。

《商标法》对立体标志、颜色组合及声音标志注册为商标有特殊规定。对于三维标志来说,仅由商品自身的性质产生的形状、为获得技术效果而需有的商品的形状或者使商品具有实质性价值的形状,不得注册为商标(《商标法》12 条)。以三维标志申请注册商标时,申请人应当在申请书中予以声明,并提交能够确定三维形状的图样(《商标法实施条例》13 条 3 款)。对于颜色组合来说,申请人应当在申请书中予以声明,并提交文字说明(《商标法实施条例》13 条 4 款)。对于声音标志来说,应当在申请书中予以声明,提交符合要求的声音样本,对申请注册的声音商标进行描述,说明商标的使用方式。对声音商标进行描述,应当以五线谱或者简谱对申请用作商标的声音加以描述并附加文字说明;无法以五线谱或者简谱描述的,应当以文字加以描述;商标描述与声音样本应当一致(《商标法实施条例》13 条 5 款)。

(二) 商标的改变

自行改变注册商标,将致使商标局撤销该商标(《商标法》49 条 1 项)。要想改变注册商标,只有重新提出注册申请(《商标法》24 条)。同样,自行改变注册人名义、地址或者其他注册事项,也会致使商标局撤销商标(《商标法》49 条 1 项)。当事人应当提出变更申请,进行相应的变更(《商标法》41 条)。

二、核定使用的商品

(一) 一标多类

申请人在申请商标时,应当慎重划定使用商标的商品类别和商品名称,按规定的商品分类表填写(《商标法》22 条 1 款)。关于商品分类表,国际上有公约规定,即商标注册用商品和服务国际分类尼斯协定,我国商标局根据尼斯协定制定了类似商品和服务区分表。该表将商品分为 34 类、服务分为 11 类,共计 45 类。

商标注册申请人可以通过一份申请就多个类别的商品申请注册同一商标(《商标法》22 条 2 款)。例如,门、窗分属于第 6 类、第 19 类两个不同的类别,第 6 类是金属门、窗,第 19 类是非金属门、窗。既生产铝合金门、窗,又生产高强度塑料(塑钢)门、窗的申请人,可以通过一份申请注册同一商标。

核定使用商品的名称一旦定下来,要想在核定使用范围之外的其他商品上取得商标专用权,应当另外提出注册申请(《商标法》23 条)。例如,在第 6 类的金属管上获得的注册商标,要想在同一类的保险箱上取得商标专用权,需要另外提出申请。

(二) 商品分类表的法律地位

商品分类表只是商标申请手续中的一个表格,作用在于方便商品分类。对于商品分类表,应当注意以下两点:①不能在商标评审中,将商品分类表作为判定申请人的商品与在先商标权的核定使用商品是否类似的依据;②不能在侵权诉讼中,将商品分类表作为判定被诉侵权人的商品与系争商标权的核定使用商品是否类似的依据。对于②,司法解释已经有所明确,即商品分类表仅可以作为判断类似商品的参考(《最高法商标解释》12 条)。由于在商品分类表中所处的位置与两种商品是否类似是截然不同的两个概念,在商品分类表中属于同一类别的两种商品不一定类似,而在商品分类表中属于不同类别的商品与服务之间如果存在特定联系,容易使相关公众混淆,将被认为相类似(《最高法商标解释》11 条 3 款)。

【思考题】

1. 试论声音标志。
2. 试论商品分类表的法律地位。
3. 试论一标多类的意义。

第三节 获得商标权的条件

引言

申请注册的标志要想获得商标权,需要经过商标局的审查。商标局主要审查标志本身是否具备显著特征及识别力,是否属于损害他人合法利益的申请,是否属于损害公共利益的申请。

关键词

显著特征　识别力　个案审查原则　通用名称　立体标志　叙述性标志　地理标志　在先权利　未注册标志　驰名商标　越权申请　公共利益

一、不属于损害公共利益的申请

《商标法》第 10 条第 1 款规定,下列标志由于损害公共利益不能注册为商标。一、同中国的国家名称、国旗、国徽、国歌、军旗、军徽、军歌、勋章相同或者近似的标志。二、同中央国家机关的名称、标志及其所在地特定地点的名称或者标志性建筑物的名称、图形相同的标志。但是,“中南海”牌香烟属于早已注册的商标,可以继续使用。三、同外国的国家名称、国旗、国徽、军旗相同或者近似的标志,但是该国政府同意的除外。四、同政府间国际组织的名称、旗帜、徽记相同或者近似的标志,但是经该组织同意或者不易误导公众的除外。五、与表明实施控制,予以保证的官方标志、检验印记相同或者近似的标志,但是经授权的除外。六、同红十字、红新月的名称、标志相同或者近似的标志。七、带有民族歧视性的标志。八、带有欺骗性、容易使公众对商品的质量等特点或者产地产生误认的。九、有害于社会主义道德风尚或者有其他不良影响的标志。

注册商标被撤销、被宣告无效或者期满不再续展的,自撤销、宣告无效或者注销之日起1年内,商标局对与该商标相同或者近似的商标注册申请,不予核准(《商标法》50条)。

二、具备显著特征及识别力

申请注册的商标应当有显著特征,便于识别,并不得与他人在先取得的合法权利相冲突(《商标法》9条1款)。显著特征及识别力是某个标志获得商标权的必要条件,判断某个标志是否具有显著特征及识别力,需要进行个案考量,即在审查中不考虑其他国家是否核准注册该商标,也不考虑其他近似标志是否已经被我国核准注册为商标。《商标法》没有对显著特征及识别力作进一步的解释,而是采用排除法,列举了以下几种不具有显著特征及识别力的情形。缺乏显著特征的标志经过使用取得显著特征,并便于识别的,可以作为商标注册(《商标法》11条2款)。

【相关案例】

西门子公司申请注册的“LOGO”商标是否因其在外国已被核准注册,或者“LOGOS”等标志已被我国核准注册为商标而应当被核准注册?北京市高级人民法院认为,申请商标是否予以注册应依据我国《商标法》的规定审查,其他国家是否对申请商标予以核准注册,对本案申请商标的审查判断并无影响。商标核准注册的判断标准虽然有原则性和一致性,但是,基于商标个案审查原则,其他商标获准注册与否与本案申请商标的显著性判断并无直接的关联性。①

① 北京市高级人民法院知识产权庭. 知识产权经典判例4. 北京:知识产权出版社,2009:190.

(一) 通用名称、图形、型号

《商标法》禁止下列标志作为商标注册。一、仅有该商品的通用名称的标志,例如"手表"牌手表。二、仅有该商品的图形的标志,例如将电视机形状的图形标志用于电视机。三、仅有该商品型号的标志(《商标法》11 条 1 款)。

(二) 叙述性标志

《商标法》禁止注册的标志还包括下列标志。一、仅直接表示商品质量的标志,例如"质优"牌电脑、"香梨"牌鸭梨。二、仅直接表示商品的主要原料。例如"丝绸"牌衬衣。三、仅直接表示商品的功能,例如"生鲜制冷"牌冰箱。四、仅直接表示商品的用途,例如"照明"牌台灯。五、仅直接表示商品的重量、数量及其他特点的标志,例如"10 公斤"牌大米、"20 支"牌粉笔(《商标法》11 条 1 款)。

这些标志描述的仅是商品的特性,一般来说不具有识别力,人们在商品流通及交易中经常要用到它们,它们与人们的生活息息相关,把它们从公共领域分割出去,给予某特定人以排他的商标权将对公共利益产生不良影响,我们把这些标志称为叙述性标志。

叙述性标志只有经过使用取得显著特征并便于识别后才可作为商标获得注册(《商标法》11 条 2 款)。例如,"草珊瑚"和"两面针"本来是对牙膏的主要原料的描述,不具有显著特征。但由于大量的使用、大规模的宣传,使消费者看到"草珊瑚""两面针"时,想到的是特定的牙膏,而不是制造牙膏的原料,"草珊瑚"和"两面针"因此具备识别力,可以获得注册。

判断某个标志是否属于叙述性标志,要结合相应的商品进行考量。商品实际上是否具有标志描述的特性并不重要,重要的是商品的消费者及流通中牵涉的其他经营者(相关公众)一般来说是否会认为商品具有标志描述的特性。如果相关公众一般来说会产生这种认识,即使商品实际上不具有标志描述的特性,标志同样也属于叙述性标志。换而言之,判断某个标志是否属于叙述性标志的标准,不是产品客观上是否具有标志描述的特性,而是相关公众主观上是否会认为其具有这种特性。比如说,即使"丝绸"牌衬衣的原料实际上不是丝绸而是腈纶,由于相关公众主观上会认为衬衣的原料是丝绸,所以该标志仍旧属于叙述性标志,不具有显著特征。

(三) 其他缺乏显著特征的标志

《商标法》第 11 条第 1 款第 3 项规定,"其他"缺乏显著特征的标志不得注册,使通用名称和叙述性标志成为缺乏显著特征的代表性例子,逻辑更加严谨。

该条成为因缺乏显著特征而不能注册为商标的兜底条款,《商标法》禁止注册的三维标志和地名都可以理解为此类标志。

（四）三维标志

三维标志可以申请注册商标,但是下列三种形状不能获得注册。一、仅由商品自身的性质产生的形状,例如,指定使用商品为鸭梨的鸭梨图形。二、为获得技术效果而需有的商品形状,例如,指定使用商品为牙刷的牙刷头部图形。三、使商品具有实质性价值的形状(《商标法》12 条)。其他形状的立体标志要想获得注册,需要具备显著特征及识别力,缺乏显著特征及识别力的形状,同样不能获得注册。例如,指定使用商品为白酒的普通的酒瓶形状,这样的形状仅是将商品形状或者商品容器的形状以普通形式表现出来而已,缺乏显著特征及识别力。但是,缺乏显著特征的标志可以在使用中取得显著特征(《商标法》11 条 2 款)。例如,可口可乐的饮料瓶形状,经过长年规范使用、大量销售、大规模宣传,可以说具备较强的识别力。

（五）地名

县级以上行政区划的地名或者公众知晓的外国地名,不得作为商标,但是,地名具有其他含义或者作为集体商标、证明商标组成部分的除外;已经注册的使用地名的商标继续有效(《商标法》10 条 2 款)。在判断地名能否注册为商标时,应当特别注意以下几点。一、地名不得作为商标的仅限于我国县级以上行政区划名。二、外国地名不得作为商标的仅限于我国公众知晓的地名,与行政区划无关。三、仅以省、自治区、直辖市、省会、省辖市名称的英文构成的标志视为行政区划名称,不能注册为商标,例如“PEKING”“SHANGHAI”。四、仅以省、自治区、直辖市行政区划或者大城市的简称构成的标志视为行政区划名称,不能注册为商标,例如“京”“沪”“穗”。五、构成地名的文字具有其他含义,并且该含义强于地名的含义的,可以注册为商标,例如“朝阳”“长安”。六、集体商标和证明商标中可以包含有地名。七、单独的地名已经被注册为商标的,继续有效,例如“青岛”啤酒、“北京”香烟。

（六）地理标志

《商标法》中与地名密切相关的一个概念是地理标志。地理标志是指标示某商品来源于某地区,该商品的特定质量、信誉或者其他特征,主要由该地区的自然因素或者人文因素所决定的标志。商标中有商品的地理标志,而该商品并非来源于该标志所标示的地区,误导公众的,不予注册并禁止使用,但是,已经善意取得注册的继续有效(《商标法》16 条)。既然地理标志是表示某商品来源于某地区的标志,其主要构成部分应该是地名与商品通用名称。

《商标法》以单独的条文对地理标志进行了界定,没有将其与商标的显著特征及识别力联系起来。由于显著特征及识别力是某个标志成为商标的必要条件,地理标志要成为商标就必须满足该条件,但是,一般的地理标志恰恰很难具有显著特征及识别力。例如,"兴庆湖大闸蟹"中的"兴庆湖"是地名,"大闸蟹"是商品的通用名称,相关公众对于"兴庆湖大闸蟹"的理解为"产于兴庆湖的大闸蟹",因此不具有显著特征及识别力,属于叙述性标志。缺乏显著特征是地理标志的先天不足,是将地理标志注册为商标时的瓶颈。

恰恰因为地理标志很难具有显著特征及识别力,很难满足《商标法》对商标的要求,《商标法》第 16 条才要对其进行单独规定,以期弥补这些先天不足。但是,该条款以及相关的部门规章中还存在一些值得商榷的问题。

第一,地理标志的概念本身不是很清晰。地理标志这一概念在《商标法实施条例》第 4 条中得到进一步的演绎。该条款允许地理标志作为集体商标或者证明商标注册。从其内容来看,"地理标志"一词完全可以被置换为"地名加商品通用名称标志"等概念。以下是该条款的内容。括弧内是置换后的概念。"《商标法》第 16 条规定的地理标志(地名加商品通用名称标志),可以依照《商标法》和本条例的规定,作为证明商标或者集体商标申请注册。以地理标志(地名加商品通用名称标志)作为证明商标注册的,其商品符合使用该地理标志条件(证明商标)的自然人、法人或者其他组织可以要求使用该证明商标,控制该证明商标的组织应当允许。以地理标志(地名加商品通用名称标志)作为集体商标注册的,其商品符合使用该地理标志条件(集体商标)的自然人、法人或者其他组织,可以要求参加以该地理标志(地名加商品通用名称标志)作为集体商标注册的团体、协会或者其他组织,该团体、协会或者其他组织应当依据其章程接纳为会员;不要求参加以该地理标志(地名加商品通用名称标志)作为集体商标注册的团体、协会或者其他组织的,也可以正当使用该地理标志(地名),该团体、协会或者其他组织无权禁止。"

上述条文最后的"地理标志"一词意为地名并非本书杜撰,而是部门规章的明确诠释。《集体商标、证明商标注册和管理办法》第 18 条第 2 款指出,《商标法实施条例》第 4 条中的"正当使用该地理标志是指正当使用该地理标志中的地名"。显然,"地理标志"的含义根据前后文不同而变化。如果说"地理标志"与

“地理标志条件”含义不同还可以理解，同是“地理标志”却有“地名加商品通用名称标志”以及“地名”两种含义实在令人困惑。

第二，地理标志的外延存在扩张的危险。《集体商标、证明商标注册和管理办法》第 8 条规定“作为集体商标、证明商标申请注册的地理标志，可以是该地理标志标示地区的名称”。这就相当于给以单纯地名申请集体商标及证明商标的单位开了绿灯，让单纯的地名堂而皇之地注册为商标。

《商标法》对此又是如何规定的呢？《商标法》第 10 条第 2 款对集体商标、证明商标做了例外规定，地名被允许成为集体商标、证明商标的“组成部分”。也就是说，地名可以成为地名加商品通用名称这样一种组合中的“组成部分”。地名仅仅能够以“组成部分”的形式出现在商标中，而不能单独成为商标，这是《商标法》对地名纳入商标时划定的底线。

上述部门规章逾越的恰恰是这条底线，其结果是将《商标法》留给公众自由使用的领域划归商标权的射程范围，将广阔的公共领域拱手让与私权的辖区，《商标法》构建的秩序被打乱，部门规章与《商标法》之间产生冲突。如何解决地理标志内在的上述问题？本书认为，应当从以下几个方面入手。

第一，考虑停止使用含义不明晰的“地理标志”概念，转为使用“地名加商品通用名称标志”，提高概念的精确度。第二，保护方式应当回归正统，将“地名加商品通用名称标志”纳入《商标法》第 11 条规制的范畴，从商标的本质特征（识别力）出发对“地名加商品通用名称标志”进行规制。具体来说，鉴于多数“地名加商品通用名称标志”难以达到现行《商标法》第 11 条对识别力的要求，应当新增一例外条款，适当降低对识别力的要求。同时，应当严格限定“地名加商品通用名称标志”的范围，防止其在部门规章层面被扩大化。例如，受保护的标志必须由地名“加”商品通用名称构成，只有这样的标志才能适用《商标法》第 11 条的例外条款。其他标志例如单独的地名或者商品通用名称、不包含地名或者商品通用名称的标志，除了地名及商品通用名称外还包含商品的特点（等级、图形、型号等）的标志（如“兴庆湖特级大闸蟹”），仍然缺乏显著特征，不能注册为商标。之所以要强调这一点，是因为单独的地名曾经被注册为商标，“青岛”啤酒、“北京”香烟就是典型的例子。它们作为已经注册的商标继续有效（《商标法》10 条 2 款），但是，继续允许地名本身成为商标，将大大萎缩公共领域，应当严格禁止。

三、不属于损害他人合法利益的申请

他人的合法利益包括他人的在先权利、他人的未注册标志、他人已在中国注

册的驰名商标等。

(一) 商标注册中的商标近似判定标准

无论是在先权利、未注册标志,还是已注册驰名商标,申请人的标志是否损害他人合法利益,关键在于争议的两个标志是否近似。国家工商行政管理总局和商标评审委员会联合发布的商标审查标准对此做了原则性的规定,“近似”是指两个标志使用在同一种或者类似商品上,易使相关公众对商品的来源产生误认。在实务中,商标是否近似需要具体情况具体分析,除了就商标本身是否近似进行研究外,还要结合商标附着的商品进行认定。对于贵重商品,消费者在购买时,通常会倍加小心,即使标志本身非常近似,也能够加以区分,不产生误认。例如,日本本田汽车公司的“H”标志与韩国现代汽车公司的斜体“H”标志,即使非常近似,也被允许并存。①

(二) 不得越权申请

《商标法》第15条第1款规定,未经授权,代理人或者代表人以自己的名义将被代理人或者被代表人的商标进行注册,被代理人或者被代表人提出异议的,不予注册并禁止使用。代理人不仅包括接受商标注册申请人或者商标注册人委托、在委托权限范围内代理商标注册等事宜的商标代理人,而且还包括销售代理、加盟连锁以及广告代理中的代理人。代表人不仅包括代表本企业办理商标注册和从事其他商标事宜的人,还包括代表企业从事各项商务活动的人。②

(三) 不得损害在先权利

申请注册的商标同他人在同一种商品或者类似商品上已经注册的或者初步审定的商标相同或者近似的,由商标局驳回申请,不予公告(《商标法》30条),在先注册的商标以及初步审定的商标成为在先权利的一部分。《商标法》界定的在先权利,涵盖更为宽泛的领域。《商标法》第9条第1款规定,申请注册的商标“不得与他人在先取得的合法权利相冲突”;《商标法》第32条规定“申请商标注册不得损害他人现有的在先权利”。这里讲的在先权利,包括外观设计专利权、实用新型专利权、美术作品、摄影作品、姓名、肖像、企业名称等。

为了避免商标申请因损害他人在先权利而被驳回,申请人通常会进行商标检索,检索的范围一般限定在已经注册或者初步审定的商标。这是因为检索时

---

① 中华全国律师协会知识产权专业委员会. 商标业务指南. 北京:中国法制出版社,2007:56.

② 北京市第一中级人民法院知识产权庭. 商标确权行政审判疑难问题研究. 北京:知识产权出版社,2008:53.

使用的商标局计算机数据库容纳的就是这些信息。那些申请在先,还未初步审定的商标由于还没有被输入数据库,通常会成为商标检索的盲区。[①] 同样,美术作品、摄影作品、姓名、肖像等在先权利,不以公告为条件而自然成立,也难以检索。

【相关案例】

案例 1

法院认定商标是否近似,既要考虑商标构成要素及其整体的近似程度,也要考虑相关商标的显著性和知名度、所使用商品的关联程度等因素,以是否容易导致混淆作为判断标准。本案中,引证商标申请日为 1996 年 10 月 10 日,核准注册日为 1997 年 10 月 28 日,核定使用在第 33 类的含酒精饮料(啤酒除外)商品上,注册人为拉菲酒庄,由外文文字“LAFITE”构成。争议商标由中文文字“拉菲庄园”构成,“庄园”用在葡萄酒类别上显著性较弱,“拉菲”系争议商标的主要部分,判断争议商标与引证商标是否构成近似,关键在于判断“拉菲”与“LAFITE”是否构成近似或者形成较为稳定的对应关系。在争议商标申请日前各类宣传报道中即有将引证商标“LAFITE”音译为“拉菲”的情况,且《新快报》《扬子晚报》《北京日报》等刊物属于消费者容易接触到的,受众面较大的宣传媒介。相关媒体所载文章均对“LAFITE”葡萄酒给予了极高评价,由此可见,引证商标具有较高的知名度。从拉菲酒庄及其相关销售商对“拉菲”这一中文名称的使用情况来看,至少在 2003 年起其已经在相关销售宣传单上以“拉菲”指代“LAFITE”。拉菲酒庄通过多年的商业经营活动,客观上在“拉菲”与“LAFITE”之间建立了稳固的联系,争议商标与引证商标构成近似商标。

金色希望公司与拉菲酒庄为同行业经营者,理应知晓拉菲酒庄的引证商标及其音译情况,其在申请争议商标注册时应当合理避让,但仍然在葡萄酒等相同或类似商品上申请注册与引证商标近似的争议商标,行为难谓正当。金色希望公司在推广宣传中,明确使用拉菲酒庄的法文或中文名称,具有明显与拉菲酒庄生产的葡萄酒相混淆的恶意,难以使相关公众识别两者的产品来源不同。[②]

案例 2

自然人就特定名称主张姓名权保护时,应当满足的必要条件有:①特定名称

---

① 中华全国律师协会知识产权专业委员会. 商标业务指南. 北京:中国法制出版社,2007:56.

② 最高人民法院行政判决书(2016)最高法行再 34 号。

具有一定知名度、为相关公众所知悉;②相关公众用特定名称指代自然人;③特定名称与自然人之间已建立稳定的对应关系,不要求对应关系达到“唯一”的程度。外国人就其外文姓名的部分中文译名主张姓名权保护时,如符合前述三项条件,可以依法主张姓名权的保护。

乔丹公司申请注册争议商标时是否存在主观恶意,是认定争议商标的注册是否损害姓名权的重要考量因素。乔丹公司在明知再审申请人及其姓名“乔丹”具有较高知名度的情况下,并未与再审申请人协商、谈判以获得其许可或授权,而是擅自注册包括争议商标在内的大量与再审申请人密切相关的商标,放任相关公众误认为标记有争议商标的商品与再审申请人存在特定联系的损害结果,使得乔丹公司无须付出过多成本,即可实现由再审申请人为其“代言”等效果。乔丹公司的行为有违诚实信用原则,其对于争议商标的注册具有明显的主观恶意。

姓名权为人身权,虽然姓名权可以含有经济利益,例如权利人可以将其姓名许可给他人进行商业利用,但姓名权本身既不能与权利人的人身完全分离,也不能完全转让。因此,即使再审申请人将姓名独家许可给耐克公司商业使用,其本人仍然享有姓名权,有权单独就争议商标提出撤销申请。

在保护他人在先姓名权时,相关公众是否容易误认为标记有争议商标的商品或者服务与自然人存在代言、许可等特定联系,是认定争议商标的注册是否损害自然人姓名权的重要因素。自然人有权就其未主动使用的特定名称获得姓名权的保护。这不仅有利于保护自然人的人格尊严及姓名所蕴含的经济利益,也有利于防止相关公众误认,借以保护消费者的合法权益。

商标评审委员会、乔丹公司主张的市场秩序或者商业成功并不完全是乔丹公司诚信经营的合法成果,而是一定程度上建立于相关公众误认的基础之上。维护此种市场秩序或者商业成功,不仅不利于保护姓名权人的合法权益,而且不利于保障消费者的利益,更不利于净化商标注册和使用环境。乔丹公司的经营状况,以及乔丹公司对其企业名称、有关商标的宣传、使用、获奖、被保护等情况,均不足以使得争议商标的注册具有合法性。[①]

(四) 不得与未注册标志相同或者近似

保护在先权利的条款是一把双刃剑,如果被人以不正当手段利用,将会对竞

---

① 最高人民法院行政判决书(2016)最高法行再26号。

争秩序产生不良影响。典型的例子就是将他人还未注册但已经使用并有一定影响的标志或者类似标志抢先注册后，要求在先使用人以高价购买该注册商标或者阻止在先使用人就其正在使用的标志取得商标权。如果在先注册商标的存在能够阻止在先使用人对其有一定影响力的标志获取商标权，在先使用人可能不得不出高价购买抢注商标。针对在先权利的保护条款可能带来的负面影响，《商标法》对未注册标志采用了两种模式进行保护。第一种模式针对有一定影响力的标志；第二种模式针对驰名商标，两种保护模式关注的焦点都在抢注人的商标（抢注商标）上，通过对抢注商标的异议和宣告无效程序来实现对被抢注人的救济。

1. 未注册标志

《商标法》第 32 条后段规定，不得以不正当手段抢先注册他人已经使用并有一定影响的商标。在先使用人在依据该条款提起异议时，需要证明在先使用的标志满足下列三点。第一，标志能够将在先使用人的商品与其他人的商品识别开来，具备显著特征。第二，标志在被异议商标申请日前已经有一定影响。第三，由于标志的知名度，他人应当知晓，却故意抢先注册，他人的行为因此构成不正当手段。《商标法》第 15 条第 2 款规定，就同一种商品或者类似商品申请注册的商标与他人在先使用的未注册商标相同或者近似，申请人与该他人具有合同、业务往来关系或者其他关系而明知该他人商标存在，该他人提出异议的，不予注册。

如果被抢注人没有及时发现抢注人的申请，没有在异议期限内提起异议，结果导致抢注人抢注成功，被抢注人可以依据《商标法》第 45 条第 1 款的规定，请求商标评审委员会宣告该商标无效，该请求必须在商标注册之日起 5 年内提出，但是驰名商标所有人对于恶意注册行为不受 5 年时间限制。

2. 未在中国注册的驰名商标

如果被抢注人的标志是驰名商标，那么不论抢注人的行为是否构成不正当手段，只要其就相同或者类似商品申请注册的商标属于复制、模仿或者翻译被抢注人未在中国注册的驰名商标，容易导致混淆，被抢注人就可以向商标局请求认定其商标驰名并驳回抢注人的申请，即使在审查过程中商标局没有驳回抢注人的申请，该商标也被禁止使用（《商标法》13 条 2 款）。

与《商标法》第 32 条保护的未经注册的有一定影响的商标一样，本条款保护的同样是未在中国注册的商标，只不过商标必须有更大影响力，达到驰名的程度。相比于有一定影响力的商标,驰名商标享有更多保护,被抢注人无须证明抢注人的行为构成不正当手段,抢注人不能使用抢注成功的商标。驰名商标应当根据当事人的请求,作为处理涉及商标案件需要认定的事实进行认定,应当考虑的因素包括:与标志所标示的商品有关的消费者以及与该商品的营销有密切关系的其他经营者对该标志的知晓程度;该标志使用的持续时间;该标志的宣传工作的持续时间、程度和地理范围;该标志作为驰名商标受保护的纪录;该标志驰名的其他因素。商标局、商标评审委员会和最高人民法院指定的法院根据案件的需要,可以对商标驰名情况做出认定(《商标法》14 条)。

被抢注的驰名商标权利人在依据《商标法》第 13 条第 2 款寻求停止侵害救济时,可以请求工商行政管理部门处理。经商标局认定为驰名商标的,由工商行政管理部门责令停止使用商标的行为,收缴、销毁商标标志,如果商标标志与商品难以分离,应当与商品一起收缴、销毁(《商标法实施条例》72 条)。驰名商标注册人也可以直接请求法院禁止抢注人使用该商标。被抢注人必须在抢注商标注册之日起 5 年内行使该权利,否则法院对其请求不予支持(《最高法驰名商标解释》11 条 1 项)。如果被抢注人能够证明抢注人的行为构成"恶意注册",则不受 5 年的时间限制。判断被抢注人的标志是否驰名的时点是抢注商标的申请时,在该时点不满足驰名商标条件的标志,被抢注人不享有停止侵害请求权(《最高法驰名商标解释》11 条 2 项)。

由于认定驰名应当考虑的因素随时间的推移而变化,在特定时间被认定为驰名的商标可能在一定时间后变得不驰名,所以无论是商标局还是法院做出的认定都只针对个案,对其他案件不具有约束力。对于曾经被工商行政管理部门或者法院认定的驰名商标提出的保护请求,对方当事人可以提出异议,法院应当依照《商标法》第 14 条的规定审查(《最高法商标解释》22 条 3 款)。

(五)不得与已在中国注册的驰名商标相同或者近似

《商标法》对未在中国注册的驰名商标给予的保护限于相同或者类似的商品。如果抢注人对既不相同又不类似的商品申请商标,即使其申请的商标与该未注册驰名商标相同或者近似也不属于《商标法》第 13 条第 2 款规制的范围。但是,如果驰名商标已经在中国注册,那么抢注人就不相同或者不相类似的商品申请注册的商标如果是复制、模仿或者翻译该驰名商标,误导公众,致使驰名商标注册人的利益可能受到损害的话,驰名商标注册人可以向商标局请求在认定其商标驰名的基础上驳回抢注人的申请(《商标法》13 条 3 款)。与未注册驰名商标相同,已注册驰名商标的权利人可以请求工商行政管理部门或法院禁止抢注人使用商标。

（六）非混淆理论

无论是一般的未注册标志还是未注册的驰名商标,在先使用人均可通过异议和宣告无效程序达到阻止抢注商标成立或者将已成立的抢注商标撤销的目的。但是,驰名商标的在先使用人可以请求抢注人停止使用抢注商标,而一般的未注册标志的在先使用人不享有该权利。即使存在一些不同之处,两种模式在本质上也是相同的,它们关注的焦点都是如何否定抢注商标,在程序上均需耗费大量的时间。

如何才能有效保障被抢注人的合法利益？日本的知识产权高等法院在这方面进行了一定的探索。在一起商标行政诉讼案中,法国皮埃尔·巴尔曼公司(PIERRE BALMAIN)就其举世公认的时尚品牌——BALMAIN 提出的商标申请,被日本专利商标局驳回。驳回的理由包括:①BALMAIN 与在先注册的 VALMAN 商标的日式发音相同;②两者的指定使用商品(服装)相同。皮埃尔·巴尔曼公司随后向日本知识产权高等法院提出申诉。该法院在认定两者的日式发音相同的基础上,依据下列理由,于 2005 年 4 月 19 日做出了有利于皮埃尔·巴尔曼公司的判决。①

第一,BALMAIN 与在先注册的 VALMAN 注册商标在外形上有差别。第二,普通的消费者接触到两者后留下的印象不同。由于 BALMAIN 品牌的号召力,接触到 BALMAIN 标志的消费者即使不知道 BALMAIN 就是一个商标,也会将其和享誉全球的 BALMAIN 品牌及其商品联系起来。相反,VALMAN 注册商标不具备知名度,不能使消费者将其和特定的商品联系起来。第三,消费者及经营者的交易习惯决定他们不会产生混淆和误认。消费者在选购 BALMAIN 品牌的服装时,总是会亲手触摸商品,在确认品牌、样式、颜色、尺寸、质地、价格后,才决定是否购买。BALMAIN 品牌服装的经营者在相互间交易时,使用的是商品的条码,而不是依据商品的商标进行交易。因此,即使 BALMAIN 和 VALMAN 的日式发音相同,外形的不同及给消费者留下的印象也不同,加上综合考虑消费者及经营者的特定的交易习惯,法院认为,经营者及消费者在经营、选购 BALMAIN 品牌的服装及 VALMAN 品牌的服装时,能够将两者区别开来,不会产生混淆和误认。既

① 案例载于 http://shohyo.hanrei.jp/hanrei/tm/513.html,最后访问时间：2017-6-9.

然 BALMAIN 和 VALMAN 标志使用在相同的商品上不会引起混淆和误认,两者就不属于近似商标。VALMAN 注册商标的存在,不能阻止 BALMAIN 标志获得商标权。

【思考题】

1. 试论显著特征及识别力。
2. 试论《商标法》对在先权利的保护。
3. 试论《商标法》对未注册标志的保护。

【案例分析】

西安小肥羊烤肉馆在先使用"小肥羊"标志,内蒙古小肥羊公司注册"小肥羊"文字商标是否构成抢注?北京市高级人民法院判决认为,被抢注人应当证明以下几点。第一,在先使用的商标应当具有可注册性,法律规定禁止注册的不在此限;第二,注册人主观上具有恶意;第三,至申请注册时该在先使用的商标具有一定的影响,以至于注册人知道或者应当知道该商标的存在。

本案中,"小肥羊"文字在一定程度上确实表示了涮羊肉这一餐饮服务行业的内容和特点,故内蒙古小肥羊公司的前身包头市小肥羊酒店于 1999 年 12 月 14 日在第 42 类上申请"小肥羊及图"商标,西安小肥羊烤肉馆于 2000 年 10 月 23 日在 42 类上申请"小肥羊及图"商标,商标局对于"小肥羊"文字均不予批准。这就是说,"小肥羊"文字作为商标注册缺乏固有显著性,因此,西安小肥羊烤肉馆关于内蒙古小肥羊公司抢先注册其在先使用并具有一定影响的未注册商标的主张不能成立。

但是,这并不排除"小肥羊"文字可以通过使用和宣传获得第二含义和显著性。实际上,内蒙古小肥羊公司自 2001 年 7 月成立后,采用连锁加盟的经营方式,服务的规模和范围急剧扩张,2001 年年度即被评为中国餐饮百强企业,2002 年年度又位列中国餐饮百强企业第 2 名,至其申请注册的商标于 2003 年审定公告时,在全国具有很高的知名度,从而使"小肥羊"标志与内蒙古小肥羊公司形成密切联系,起到区分服务来源的作用,应当准予作为商标注册。[①]

---

① 北京市高级人民法院知识产权庭. 知识产权经典判例 4. 北京:知识产权出版社,2009:227.

问题：

1. 在先使用的商标是否具有可注册性，判定时点是什么？

2. 从不可注册的“小肥羊”到可注册的“小肥羊”，是什么促使商标局改变了观点？

3. 结合本案，试论商标审查中的个案审查原则。

第四节　商标权的效力

引言

商标侵权行为主要有10种，侵权诉讼主要围绕被诉侵权人的行为是否属于这10种行为展开。无论是哪种行为，法院在认定侵权是否成立时，都必须对下列事项做出判断：争议商标是否被作为商标使用，是否具有识别商品的效果；争议商标是否与注册商标相同或者近似；争议商标依附的商品是否与注册商标权人的核定使用商品相同或者类似。

关键词

作为商标使用　商标的近似　知名度　未使用商标的效力　涉外承揽加工　商品的类似　商标的正当使用

一、保护的范围

商标注册人享有商标权，受法律保护（《商标法》3条1款）。商标权的保护以核准注册的商标和核定使用的商品为限（《商标法》56条）。核准注册的商标与核定使用的商品界定商标权的效力范围，他人的使用行为落入这个范围才可能构成对商标权的侵犯。

如果他人在类似的商品上使用与核准注册的商标相同或者相类似的标志，因其没有落入商标权的效力范围，不属于对商标权的侵害，这无异于鼓励模仿行为或者打擦边球的行为。为了赋予商标权应有的效力，《商标法》第57条规定下列7种行为均属侵犯商标权。所谓“均属”，其意义在于将一些没有落入商标权效力范围的行为,视为侵犯商标权。

第一,未经商标注册人的许可,在同一种商品上使用与其注册商标相同或者近似的商标的行为。第二,未经商标注册人的许可,在同一种商品上使用与其注册商标近似的商标,或者在类似商品上使用与其注册商标相同或者近似的商标,容易导致混淆的行为。第三,销售侵犯注册商标权的商品的行为。第四,伪造、擅自制造他人注册商标标志或者销售伪造、擅自制造的注册商标标志的行为。第五,未经商标注册人同意,更换其注册商标并将该更换商标的商品又投入市场的行为。第六,故意为侵犯他人商标权行为提供便利条件,帮助他人实施侵犯商标权的行为。第七,给他人商标权造成其他损害的行为。

"提供便利条件"是指为侵犯他人商标权提供仓储、运输、邮寄、印刷、隐匿、经营场所、网络商品交易平台等行为;在同一种商品或者类似商品上将与他人注册商标相同或者近似的标志作为商品名称或者商品装潢使用,误导公众的,属于《商标法》第57条第2项规定的侵犯注册商标专用权的行为(《商标法实施条例》75条、76条)。

其中第七种行为的内涵,司法解释认为至少包括以下三种行为。第八,复制、模仿、翻译他人注册的驰名商标或其主要部分在不相同或者不相类似商品上作为商标使用,误导公众,致使该驰名商标注册人的利益可能受到损害的行为。第九,将与他人注册商标相同或者相近似的文字作为企业的字号在相同或者类似商品上突出使用,容易使相关公众产生误认的行为。第十,将与他人注册商标相同或者相近似的文字注册为域名,并且通过该域名进行相关商品交易的电子商务,容易使相关公众产生误认的行为(《最高法商标解释》1条)。第九种和第十种的行为有可能同时属于第一种或第二种行为,法院需要依据各自的构成要件,结合案件事实分别进行判断。商标权侵权诉讼主要围绕被诉侵权人的行为是否属于上述10种行为展开,主要考量下列两点:第一,被诉侵权人使用系争标志的方式是否属于将其作为商标使用;第二,系争标志和商品是否与注册商标和商品相同或者类似。

【相关案例】

案例1

被告在其获得的使用于产品为招牌(西餐厅)的两个外观设计的主视图中,以较大字体标示了"香格里拉""Shangri-La"文字,但是没有将外观设计实际投入使用。被告的行为是否构成对核定使用服务为餐厅等、核准使用商标为“SHANGRI-LA”“香格里拉”文字商标的侵犯？北京市第一中级人民法院判决认为，无论专利权人是否将外观设计专利实际使用，只要其与他人在先取得的合法权利相冲突，该专利就应被宣告无效。在法院关于权利冲突的判决是开始无效宣告程序的前提条件的情况下，法院可以对专利权人未投入实际使用的外观设计专利是否与他人在先取得的合法权利相冲突做出判决。同时认为，如果被告将其外观设计投入实际使用，会致使一般消费者产生混淆和误认，给原告的商标权造成损害，属于“给他人商标专用权造成其他损害的行为”，因此被告不得使用其外观设计专利产品。①

案例 2

被告将“路易威登”文字标志及“LV”图形标志在其外观设计专利产品（手提袋）的主视图上突出使用的行为，是否侵犯路易威登马利蒂公司的核定使用商品为手提包等，核准使用商标为“路易威登”文字商标及“LV”图形商标？北京市高级人民法院判决认为，被诉侵权人在“其外观设计专利产品上的这种突出使用行为起到标示商品来源的作用，已经构成在同一种和类似商品上使用与路易威登马利蒂公司上述注册商标相同商标的行为”，支持北京市第一中级人民法院做出的禁止被告使用其外观设计产品的判决。②

二、作为商标使用

《商标法》所称的商标使用，是指将商标用于商品、商品包装或者容器以及商品交易文书上，或者用于广告宣传、展览以及其他商业活动中，用于识别商品来源的行为（《商标法》48 条）。《商标法》保护的是注册商标的具体功能，尤其是将商标权人的商品和其他商品识别开的功能。如果被诉侵权人对标志的使用不具有识别商品的效果，其行为对注册商标的识别功能的影响也就无从谈起，即使被诉侵权人用的标志和注册商标相同，商标侵权也不成立。

《商标法》的相关规定体现了这一精神。《商标法》规定，侵权行为必须是在同一种商品或者类似商品上使用和注册商标相同或者近似的“商标”（《商标法》57 条 1 项、2 项）。商标必须是能够将商品区别开的标志（《商标法》8 条）。这就意味着，被诉侵权人必须将标志作为商标使用，使其具有识别功能，才构成商标

① 北京市第一中级人民法院知识产权庭．知识产权名案评析 5．北京：知识产权出版社，2008：224．

② 北京市高级人民法院民事判决书（2008）高民终字第 114 号。

侵权。

涉案标志的使用形式是否具有识别商品的效果?这是判定商标侵权时必须回答的问题,各级法院在判决中对个案进行有益的探讨,积累了一些典型案例,对案例进行分类可以提炼出可资借鉴的规律。

(一)判定涉案标志的使用形式不具有识别商品的效果案例及其分析

1. 作为宣传口号的使用

百事可乐公司在促销活动中将“蓝色风暴”标志在“百事可乐”注册商标的两侧上方进行使用的行为,是否侵害核准使用商品为可乐等的“蓝色风暴”注册商标?杭州市中级人民法院判决认为,商标是直接表示商品的不同来源的标志,其根本目的和基础作用在于识别和区分来源,“只有起到识别和区分来源的标志方能视为商标”。具体到本案,第一,“蓝色风暴”的字面含义并不能与饮料产品产生任何联想。第二,“蓝色风暴”与百事可乐已经树立的蓝色基调的品牌包装相结合,能将百事可乐公司张扬其蓝色的百事可乐像风暴一样席卷市场的愿望彰显出来,起到宣示作用。第三,相关公众已经了解或习惯百事公司通过不同的营销口号来积极推动产品销售的营销方式,会据此将“蓝色风暴”视为一种宣传口号或装潢。第四,百事可乐商标的巨大驰名度以及突出的显著特征,在商品醒目位置的突出使用,足以使消费者根据“百事可乐”商标而不是“蓝色风暴”标志区分商品来源。据此,法院判定,“蓝色风暴”在百事可乐商品上的使用不能起到区分商品来源的作用,不属于商标使用,应属于为识别与美化而在商品和包装上附加的文字,即商品包装装潢。①

2. 作为规格、款式名称的使用

从事瓷砖生产的被告为了标注产品的规格,在产品包装箱的右上角不显著位置加印“维纳斯”文字,在其下方标注艺术体“Venus”英文缩写,并在宣传册中有关“维纳斯”规格产品的宣传页的右上顶端标注“维纳斯”文字等行为,是否侵害核准使用商品为瓷砖的“维纳斯”注册商标权?最高人民法院判决认为,被告在产品包装箱和宣传册上使用“维纳斯”文字时,突出自己的“亚细亚”图形及文字注册商标,并标明生产企业的名称,未突出使用“维纳斯”,而是将其作为“亚细亚”商标商品项下一种规格、款式名称,不是作为商标使用,不构成商标侵权。②

---

① 杭州市中级人民法院民事判决书(2005)杭民三初字第429号。

② 最高人民法院民事判决书(2004)民三终字第2号。

3. 在消费者视野之外的使用

将近似于指南针形状的浅蓝色菱形药片装入不透明包装材料进行制造及销售的行为，是否侵害核准使用商品为药品等的深蓝色菱形立体注册商标权？北京市第一中级人民法院判决认为，商标的功能和价值不仅体现在销售环节中用以区分不同的生产者，还在于体现生产者的信誉和商品声誉，知道原告瑞辉公司立体商标的消费者在看到被告联环公司的产品时，会因为两者的形状、颜色近似而认为被告产品与原告存在某种联系，进而产生误认，因此被告的行为构成对商标权的侵害。

但是，北京市高级人民法院判决依据以下理由，判定被告的使用行为不构成侵犯商标权。第一，被告联环公司的产品在销售时，药片包装盒正、反面标有“伟哥”和“TM”（案外人许可被告使用的商标）、生产厂家为“江苏联环药业股份有限公司”的字样。第二，盒内药片的包装为不透明材料，其上亦印有“伟哥”和“TM”“江苏联环药业股份有限公司”的字样，即药片包装盒和药片包装已明显起到表明商品来源和生产者的作用。第三，虽然该药片的包装有与药片形状相应的菱形突起、包装盒上“伟哥”两字有土黄色的菱形图案作为衬底，但消费者在购买时并不能据此识别药片的外部形态，即便该药片的外部形态与原告瑞辉公司的涉案立体商标相同或者近似，但消费者在购买该药片时不会与瑞辉公司的涉案立体商标相混淆，也不会认为该药品与瑞辉公司存在某种联系进而产生误认。[①]

4. 贴附在全数出口境外的商品上

在商标侵权诉讼中，如果被诉侵权人接受境外订单进行承揽加工的产品上附着与中国注册商标相同或者近似的标志，而境外委托商就涉案标志在境外拥有商标权，制造这些产品并全部出口境外的行为是否构成对中国商标权的侵害？最高人民法院认为此类行为不属于商标使用，不构成商标侵权，以下是判决要旨。

储伯公司系墨西哥“PRETUL”和“PRETUL 及椭圆图形”注册商标权利人，亚环公司受储伯公司委托，按照其要求生产挂锁，在挂锁上使用“PRETUL”相关标志并全部出口至墨西哥，该批挂锁并不在中国市场上销售，也就是该标志不会在中国境内发挥商标的识别功能，不具有使中国的相关公众将贴附该标志的商品

---

① 北京市第一中级人民法院知识产权庭．知识产权名案评析 5．北京：知识产权出版社，2008：204.

与莱斯公司生产商品的来源产生混淆和误认的可能性。商标作为区分商品来源的标志,基本功能在于识别性,亚环公司依据储伯公司的授权使用“PRETUL”标志的行为,在中国境内仅属物理贴附行为,为储伯公司在其享有商标权的墨西哥使用其商标提供必要的技术性条件,在中国境内并不具有识别商品来源的功能。因此亚环公司在委托加工产品上贴附的标志,既不具有区分所加工商品来源的意义,也不能实现该商品来源的功能,不具有商标的属性,在产品上贴附标志的行为亦不能被认定为商标意义上的使用行为。是否破坏商标的识别功能,是判断是否构成侵害商标权的基础。在商标不能发挥识别作用,并非《商标法》意义上的商标使用的情况下,判断是否在相同商品上使用相同的商标,或者判断在相同商品上使用近似的商标,或者判断在类似商品上使用相同或者近似的商标是否容易导致混淆,都不具实际意义。①

5. 不具有识别效果的使用与商标正当使用之间的关系

如果被诉侵权人使用标志的方式不具有识别效果,则该使用不属于作为商标使用,不构成对注册商标权的侵害。如果被诉侵权人使用的标志属于注册商标中含有的“商品的通用名称、图形、型号,或者直接表示商品的质量、主要原料、功能、用途、重量、数量及其他特点”,则其行为有可能同时属于对注册商标的正当使用。

例如,从事冰箱生产的被告在冰箱内部保鲜室面板上标注“Bio fresh”文字,在冰箱外包装箱侧面加贴“BIO-Fresh 生物保鲜”小标签的行为,是否侵害核准使用商品为制冷设备等的“BIOFRESH”注册商标?上海市高级人民法院判决认为,从被告在冰箱上对相关文字的使用方式、使用部位、使用目的、使用后果等方面综合进行判断,被告的行为系对冰箱的功能进行表述,不会引起相关公众对冰箱来源产生混淆或误认,不构成商标侵权。法院特别指出,被告使用的“Bio fresh”及“BIO-Fresh”和原告“BIOFRESH”注册商标的书写方式并不完全相同,加之和中文含义“生物保鲜”并列使用,起到的是说明商品功能的作用。在该案中,法院在判定被告使用“Bio fresh”及“BIOFRESH 生物保鲜”标志的方式不具有识别效果的同时,认为被告的标志只不过是为了说明冰箱的功能,属于对注册商标的正当使用。②

---

① 最高人民法院民事判决书(2014)民提字第 38 号。

② 上海市高级人民法院民事判决书(2008)沪高民三(知)终字第 61 号。

6. 小结

如果被诉侵权人使用标志的方式不具有识别效果，那么相关公众就不可能因为被诉侵权人的标志产生混淆或者误认，被诉侵权人对标志的使用也就不属于“作为商标使用”。法院考量的事实包括下列几种。第一，相关公众已经了解或习惯被诉侵权人通过不同的营销口号来积极推动产品销售的营销方式的事实。第二，被诉侵权人的标志使用在消费者看不到的地方的事实。第三，在出现注册商标的地方，被诉侵权人自身的公司名称及注册商标被突出使用的事实。第四，被诉侵权人使用的英文标志与注册商标的书写方式不完全相同，加之和中文含义并列使用的事实。第五，被诉侵权人的商品全部出口境外的事实。

（二）判定涉案标志的使用形式具有识别商品效果的案例及其分析

1. 作为节目名称的突出使用

相关标志具有节目名称的属性并不能排斥标志作为商标的可能性，而被诉标志在电视节目上的显示位置及样式是否固定、使用的同时是否还使用其他标志，亦非否定被诉标志作为商标性使用的充分理据。判断被诉“非诚勿扰”标志是否属于商标性使用，关键在于相关标志的使用是否为了指示相关商品/服务的来源，起到使相关公众区分不同商品/服务的提供者的作用。

本案中，“非诚勿扰”原是江苏电视台为了区分其台下多个电视栏目而命名的节目名称，但从本案的情况来看，江苏电视台对被诉“非诚勿扰”标志的使用，并非仅仅为概括具体电视节目内容而进行的描述性使用，而是反复多次、大量地在其电视、官网、招商广告、现场宣传等商业活动中单独使用或突出使用，使用方式上具有持续性与连贯性，其中“非诚勿扰”标志更在整体呈现方式上具有一定独特性，这显然超出对节目或者作品内容进行描述性使用所必需的范围和通常认知，具备区分商品/服务的功能。

江苏电视台在播出被诉节目同时标注“江苏卫视”台标的行为，客观上并未改变“非诚勿扰”标志指示来源的作用和功能，反而促使相关公众更加紧密地将“非诚勿扰”标志与江苏电视台下属频道“江苏卫视”相联系。随着该节目持续热播及广告宣传，被诉“非诚勿扰”标志已具有较强显著性，相关公众看到被诉标志，将联想到该电视节目及其提供者江苏电视台下属江苏卫视，客观上起到了指示商品/服务来源的作用。而且，江苏电视台在不少广告中，将被诉“非诚勿扰”标志与“江苏卫视”台标、“途牛”“韩束”等品牌标志并列进行宣传，在再审审查程序中提交的证据表明江苏电视台曾就该标志的使用向华谊公司谋求商标授权,以上均直接反映江苏电视台主观上也存在将被诉标志作为识别来源的商标使用、作为品牌而进行维护的意愿。因此,江苏电视台仅以“非诚勿扰”属于节目名称、同时标注台标明晰来源为由,否认相关行为属于商标性使用,不能成立。[①]

2. 具有冲淡注册商标识别效果的标志不显著

从事汽车发动机零部件滤清器的制造、销售及进出口业务的被告,在其制造并出口的呈圆柱形滤清器柱面的显著位置印有“C”形图形标志,在该图形标志之下标有“FOR CATERPILLAR”字样的显著字体,在圆柱体侧面附有的粘贴可揭的银白色激光标签上印有其被合法授权使用的白色“OK”标志,在滤清器包装纸盒盒体上印有大量“OK Original China FILTER”字样。被告的行为是否侵犯核定使用商品为发动机的注册商标“CATERPILLAR”及核定使用商品为通用机器的“C”图形商标?

上海市浦东新区人民法院在认定原告的“C”图形商标受到侵犯的基础上,对“CATERPILLAR”注册商标是否受到侵犯作了以下分析。一、“FOR CATERPILLAR”在涉案滤清器产品显著位置以深黑色加粗黑体字呈现,其中的“FOR”在英文中有“为了”“对于”“因为”“作为”等多种含义。二、上述文字紧靠在“C”图形标志之下,而该“C”图形标志系原告注册商标。三、涉案滤清器产品上所附激光标签系粘贴可揭,底色为银白,其上英文字母也为白色,且字体小。四、上述激光标签上的 Tarabichi 公司简称标记隐蔽,被告代理人经本院询问于当庭仔细辨认后也未能指出。五、涉案滤清器产品上并无其他表示商品来源的标记。六、原、被告的滤清器产品外观相同、颜色相近。

根据上述情节,法院判定被告在其生产的滤清器显著位置以较大的字体突出使用“FOR CATERPILLAR”文字,同时又未以相应方式如实表述产品来源,而且所附激光标签系粘贴,可以较为方便地揭去,这种使用方式客观上易使相关公众联想到该产品的来源与“CATERPILLAR”商标注册人之间存在某种联系,涉案产品对“FOR CATERPILLAR”文字的使用不属于对注册商标的合理使用,构成对原告注册商标权的侵犯。[②]

在本案中,被告虽然使用 FOR、OK、Tarabichi 等具有冲淡注册商标的识别效果的标志,但是由于这些标志不显著,不能充分地起到表述产品来源的效果。吸

---

① 广东省高级人民法院民事判决书(2016)粤民再 447 号。

② 上海市浦东新区人民法院民事判决书(2006)浦民三(知)初字第 122 号。

引相关公众注意力的仍然是“CATERPILLAR”及“C”等注册商标。因此,被告的使用行为属于将原告注册商标“作为商标使用”。

3. 误导公众作为商品名称或者商品装潢的使用

在同一种或者类似商品上,将与他人注册商标相同或者近似的标志作为商品名称或者商品装潢使用,误导公众的行为属于侵犯商标权的行为(《商标法实施条例》76条)。

作为这一类型案例的典型,一起来看一下最高人民法院判决的日本YAMAHA株式会社案。在该案中,被诉侵权人以伪造貌似企业名称的“日本YAMAHA株式会社”的方式,将雅马哈发动机株式会社在摩托车相关市场内具有较高知名度的“YAMAHA”注册商标包含在其中,在被控侵权的摩托车商品上标注,还以较大字体突出其中的“日本YAMAHA”字样。法院认为,被诉侵权人的行为显然具有误导相关公众,将被诉侵权商品与“YAMAHA”注册商标联系起来的意图,客观上也足以在摩托车相关市场内使人产生商品来源的混淆,构成对“YAMAHA”注册商标权的侵犯。①

被诉侵权人使用与注册商标相同或者近似的标志形式,不仅包括将其作为商品名称使用,还包括将其作为商品装潢使用。例如,被诉侵权人澳灵顿公司在其网站上对墨水等产品作的宣传中,尽管在产品与外包装盒上均标注了“ORINTON”标志,但是墨水及其外包装盒上印制的“HP”“HEWLETT PACKARD”等字样的字体明显大于其他文字,尤其是墨水外包装盒上印制的“HP”字体比被诉侵权人澳灵顿公司自身的标志“ORINTON”的字体还略大。上海市高级人民法院判决认为,被诉侵权人的使用形式属于将“HP”及“HEWLETT PACKARD”注册商标作为其产品的包装装潢突出使用,易使消费者误认为被诉侵权人的产品与原告惠普公司的产品之间存在某种特定的联系,侵犯了核定使用商品为墨盒,核准使用商标为“HP”及“HEWLETT PACKARD”的商标权。②

4. 容易使相关公众产生误认作为企业字号的使用

将与他人注册商标相同或者相近似的文字作为企业的字号在相同或者类似商品上突出使用,容易使相关公众产生误认的行为,构成侵犯商标权(《最高法商标解释》1条1项)。突出使用是指以一种非常醒目或者显著的方式使用,目的

① 最高人民法院民事判决书(2006)民三终字第1号。

② 上海市高级人民法院民事判决书(2006)沪高民三(知)终字第20号。

是引起消费者的注意,从而达到混淆的结果。最常见的“突出使用”是将企业字号以不同的字体、字号或者颜色突出出来,区别于企业名称中的其他部分。例如,对于企业名称“江苏省灌南县汤沟曲酒厂”,侵权人在其商品(白酒)的外包装盒的显著位置标注“汤沟曲酒厂”,并有意将“汤沟”与“曲酒厂”作不同的底色处理,故意突出“汤沟”二字,淡化“曲酒厂”三字。这种行为被认为意在攀附知名度较高的“汤沟”商标。①

突出使用不仅仅限于以上方式使用,在某些情况下,使用者虽然使用相同的字体、字号和颜色,也可能会构成突出使用。例如,被诉侵权人青岛星巴克公司虽然在经营场所外墙上悬挂的是企业全称“青岛星巴克公司”,但是由于字体较大,颜色为绿色,整个企业的名称非常醒目和突出。消费者在看到该企业名称时,注意到的会是其中的字号即“星巴克”,并将其作为区别于其他咖啡餐饮业的标志。而“星巴克”是原告的注册商标,同样是该公司赖以区别其他咖啡餐饮业的重要标志。消费者在接受两者服务时,无法将两者正确区别开来,对商品和服务来源的误认不可避免会产生。因此,即使被诉侵权人使用的是其企业名称的全称,该使用形式仍然构成突出使用。②

5. 小结

综上所述,涉案标志的使用形式具有识别商品效果的情形主要包括下列几种。第一,具有冲淡注册商标识别效果的标志不显著。第二,误导公众作为商品名称或者商品装潢的使用。第三,容易使相关公众产生误认作为企业字号的使用。第四,作为节目名称在商业活动中反复、大量、突出使用。

三、注册商标与近似商标

(一) 概论

商标相同是指被诉侵权标志与注册商标相比较,两者在视觉上基本无差别。商标近似是指被诉侵权标志与注册商标相比较,其文字的字形、读音、含义或者图形的构图及颜色,或者其各要素组合后的整体结构相似,或者其立体形状、颜色组合近似,易使相关公众对商品的来源产生误认或者认为其来源与原告注册商标的商品有特定的联系(《最高法商标解释》9 条)。

司法解释描述的商标近似判定标准,建立在相关公众对商品来源的误认及

---

① 法律出版社法规中心. 中华人民共和国知识产权法律法规全书(含司法解释). 北京:法律出版社,2010:327.

② 山东省高级人民法院民事判决书(2006)鲁民三终字第 30 号。

联系上。但是,误认及联系不需要实际已经发生,有可能发生即可。权利人证明了相关公众有可能对来源产生误认,或者有可能将被诉侵权人产品与权利人的商品联系起来,就可达到要求。司法解释中的“易使”二字,本书认为应当作上述解释。

司法解释描述的商标近似判定标准,明确将判定的对象锁定在注册商标上。即使权利人注册商标的实际使用形态与注册形态不一致,也应当以注册形态与被诉侵权标志进行对比,而不是以实际使用形态与被诉侵权标志对比。

对比时应当遵循哪些原则?司法解释认为,法院应当依照下列原则对商标相同或者近似进行认定。一、以相关公众的一般注意力为标准。二、既要进行对商标的整体比对,又要进行对商标主要部分的比对,比对应当在比对对象隔离的状态下分别进行。三、应当考虑请求保护注册商标的显著性和知名度(《最高法商标解释》10条)。

(二)字形、读音、含义相似

依据上述标准及方法,最高人民法院2001年12月5日判决在判定被诉侵权人使用的标志“老糟坊”与原告注册商标“老槽房”近似的案件中,认为“老槽房”与“老糟坊”三个文字之间,均有相同的“老”字,“槽”与“糟”“房”与“坊”在字形及发音上近似,三个文字的组合顺序又基本相同,普通消费者施以一般注意力,可能混淆两者之间的差别,容易对两者的商品来源产生误认。[①] 此外,在以往的判决中下列标志被判定为近似。“denghaoli”与注册商标“dunhill”近似,“保圣皇”与注册商标“保圣”近似,“SPAZIO 简易·极家”与注册商标“SPAZIO”近似,“NORCA eSSIIOR”与注册商标“eSSIIOR”近似。

(三)知名度及驰名商标保护

注册商标或者其主要部分的知名程度,是决定争议标志是否近似的因素之一。知名程度高,符合驰名商标的要求,受到的保护更为宽泛,但是生产、经营者不得将“驰名商标”字样用于商品、商品包装或者容器上,或者用于广告宣传、展览以及其他商业活动中(《商标法》14条)。

被诉侵权人将“嘉峪长城及图”标志依附在葡萄酒上的行为是否侵害核定使用商品为葡萄酒,核准使用商标为“长城牌”的注册商标权?最高人民法院判决认为,两者均系由文字和图形要素构成的组合商标,其整体外观具有一定的区

---

① 最高人民法院民事判决书(2001)民三终字第9号。

别。但是,“长城牌”注册商标因其注册时间长、市场信誉好等,而具有较高的市场知名度,被国家工商行政管理部门认定为驰名商标。对于在特定市场范围内具有驰名度的注册商标,给予与其驰名度相适应的强度较大的法律保护,有利于激励市场竞争的优胜者、鼓励正当竞争和净化市场秩序,防止他人不正当地攀附其商业声誉,从而可以有效地促进市场经济有序和健康地发展。尽管在现代汉语中“长城”的原意是指我国伟大的古代军事工程万里长城,但原告的“长城牌”注册商标中的“长城”文字因其驰名度而取得较强的显著性,使其在葡萄酒相关市场中对于其他含有“长城”字样的商标具有较强的排斥力,应当给予强度较大的法律保护。据此,法院认定被告使用的“嘉裕长城及图”商标与原告的“长城牌”注册商标构成近似。[①]

(四) 未使用商标的效力

如果注册商标没有被使用,相关公众对其认知不足,其效力往往会大打折扣。例如,被诉侵权人可口可乐公司将酷儿(繁体卡通体)标志依附在橙汁等饮料上的行为,是否侵害原告未使用的,核定使用商品为果汁等饮料,核准使用商标为酷孩(简体行楷)的文字注册商标权?

上海市高级人民法院在比较两者的读音、字形及含义后,认为两者有明显区别,不易导致相关公众对商品的来源产生误认或者认为被诉侵权人商品的来源与原告注册商标的商品有特定的联系。在此基础上,法院进一步分析认为,商标的保护程度取决于其显著性和知名度,而显著性和知名度则受到商标的独创性、商标使用及其广告促销的规模和长短、商标的声誉等因素影响。商标的显著性和知名度并非固定不变,而是一个随着商标权人的具体使用行为而不断发生变化的过程。原告的“酷孩”注册商标,经国家商标局核准注册,具有一定的显著性。但由于原告未能提供证据证明该商标在注册后曾进行使用,因此,他人在同一种或类似商品上使用其他文字商标,与其引起混淆或借用其知名度的可能性较低。而被诉侵权人使用的“酷儿”商标,虽未经注册,但随着大量的使用行为,已经在市场上积累一定的知名度,能够标志其产品的来源并使相关公众将其产品与同类产品区别开来。因此,从商标的显著性和知名度角度看,被诉侵权人使用的“酷儿”商标与原告的“酷孩”注册商标不构成近似商标,被诉侵权人的行为

---

① 最高人民法院民事判决书(2005)民三终字第5号。

不构成对原告注册商标权的侵害。原告对此判决提出再申申请，但被驳回。[①]

因此，如果商标权人不能证明商标在注册后曾使用，商标的显著性和知名度将受到一定影响，排斥他人使用行为的效力也会削弱。但是，事情也不是绝对的。为了取得宽泛的保护范围，注册商标权人可能会对多个领域的商品申请商标权并取得以这些商品为核定使用商品的商标权，但是产品也许不会延及所有的核定使用商品。对于这些未延及的核定使用商品，不能简单地认为注册商标没有被使用而否定商标权的效力。

例如，以自行车等为核定使用商品的 CASIO 商标权人，在没有生产自行车的情况下，是否可以禁止他人将卡西欧及 KAXIOU 标志附着在电动自行车上？上海市高级人民法院认为，被诉侵权人在电动自行车商品上使用的“KAXIOU”及“卡西欧”标志，不但均与原告“CASIO”商标读音近似，而且“卡西欧”是原告“CASIO”商标相对应的中文汉字，“KAXIOU”则是“卡西欧”文字的汉语拼音。因此，被诉侵权人在与原告“CASIO”商标注册类似商品上使用“KAXIOU”及“卡西欧”商标，易使相关公众对其商品的来源产生误认或者认为其商品与原告“CASIO”注册商标的商品有特定联系，已经构成对原告“CASIO”注册商标权的侵犯。至于原告在注册“CASIO”商标后，是否在自行车商品中实际使用该商标，并非其在自行车商品上享有商标权的前提。

综上所述，法院在判定商标近似时，一般以音、形、义是否相似为主线，同时考虑注册商标的显著性和识别力。注册商标未使用的事实会影响其显著性和识别力，但是，注册商标是否在某项核定使用商品上使用，并非注册商标权人在该商品上享有商标权的前提。

四、核定使用商品与类似商品

商标侵权的主要表现形式是将与注册商标相同或者近似的标志，作为商标，使用在相同或者类似的商品上。如果法院根据当事人的请求和案件的具体情况，认定注册商标是驰名商标，则商标的保护范围可以扩大到不相同或者不相类似商品上（《最高法商标解释》1 条 2 项、22 条）。

（一）服务的类似

法院认定商品及服务是否类似，应当以相关公众对商品及服务的一般认识综合判断。《商标注册用商品和服务国际分类尼斯协定》以及商标局根据尼斯协

---

① 最高人民法院民事裁定书(2008)民申字第 594 号。

定制定的《类似商品和服务区分表》可以作为判断类似商品及服务的参考(《最高法商标解释》12 条)。“相关公众”是指商标所标识的某类商品及服务有关的消费者和与该商品及服务的营销有密切关系的其他经营者(《最高法商标解释》8 条)。

服务相类似包括两种情形(《最高法商标解释》11 条 2 款)。第一种是在服务的目的、内容、方式、对象等方面相同的服务,例如“茶馆”与“咖啡馆”“保险服务”与“金融服务”。第二种是相关公众一般认为存在特定联系、容易造成混淆的服务,例如“服装设计”与“服装出租”。服务不仅会与其他服务相类似,还会与之存在特定联系,容易使相关公众混淆的商品相类似(《最高法商标解释》11 条 3 款),例如“汽车”与“汽车维修”“食品”与“饭店”“洗发液”与“美容美发”。

【相关案例】

案例 1

客观要素的相近似并不等同于《商标法》意义上的近似。《商标法》所要保护的并非仅以注册行为所固化的商标标志本身,而是商标所具有的识别和区分商品/服务来源的功能。如果被诉行为并非使用在相同或类似商品/服务上,或者并未损害涉案注册商标的识别和区分功能,也未因此导致市场混淆后果的,不应认定构成商标侵权。

对于被诉《非诚勿扰》节目是否与第 45 类中的“交友服务、婚姻介绍”服务相同或类似,不能仅看其题材或表现形式来简单判定,应当根据商标在商业流通中发挥识别作用的本质,结合相关服务的目的、内容、方式、对象等方面情况并综合相关公众的一般认识,进行综合考量。以相关公众的一般认知,能够清晰区分电视文娱节目的内容与现实中的婚介服务活动,不会误以为两者具有某种特定联系,两者不构成相同服务或类似服务。

即使认定两者的服务类似,但因被诉行为不会导致相关公众对服务来源产生混淆误认,也不构成商标侵权。《商标法》保护的是商标具有的识别和区分来源功能,故必须考虑涉案注册商标的显著性与知名度,在确定保护范围与保护强度的基础上考虑相关公众混淆、误认的可能性。本案中,金阿欢涉案注册商标中的“非诚勿扰”文字本系商贸活动中的常见词汇,用于婚姻介绍服务领域显著性较低,亦未经过金阿欢长期、大量的使用而获得后天的显著性。故本案对该注册商标的保护范围和保护强度,应与金阿欢对该商标的显著性和知名度所做出的贡献相符。反观被诉《非诚勿扰》节目,其将“非诚勿扰”作为相亲、交友题材节目的名称具有一定合理性,经过长期热播,作为娱乐、消遣的综艺性文娱电视节目为公众所熟知。即使被诉节目涉及交友方面的内容,相关公众也能够对该服务来源做出清晰区分,不会产生两者误认和混淆,不构成商标侵权。[①]

案例 2

经营房地产开发与商品房销售的被告,将其开发的项目命名为“云会里 远流清园(诚品建筑)”,并在楼盘的建筑工地树立有“诚品建筑”字样的大幅公告牌及“诚品”售楼处。原告诚品股份有限公司拥有核准使用商标为“诚品”,核定服务范围为“建筑物的营建”的商标权。对于被告所提供的服务是否和原告商标的核定服务范围相似,北京市第一中级人民法院和北京市高级人民法院分别做出了不同的判断。

北京市第一中级人民法院认为,原告注册商标核定的服务范围包括建筑物的营建、建筑,而被告在其开发的楼盘中使用“诚品建筑”字样,足以使一般公众认为两者存在特定联系,容易造成混淆,故两者是相类似的服务。北京市高级人民法院在二审中认为,被告的楼盘名称(诚品建筑)已经有关行政主管部门登记确认。商品房是一种特殊的商品,其生产开发不具有重复性。“诚品建筑”这一楼盘名称既不是特定商品房的商品商标,也不是特定房地产开发商的服务商标,而是经有关行政主管部门确认的地名符号,具有唯一性,不能重复使用。被告在经营中使用“诚品建筑”的行为即使属于商标性使用,由于被告的服务(出售商品房)属于《类似商品和服务区分表》的第 36 类,原告注册商标的核定服务范围(建筑物的营建)属于该区分表的第 37 类,两者不构成类似服务。[②]

(二) 商品的类似

类似商品包括两种情形。第一种是在功能、用途、生产部门、销售渠道、消费对象等方面与核定使用商品相同的情形。第二种是相关公众一般认为系争商品与核定使用商品之间存在特定联系、容易造成混淆的情形(《最高法商标解释》11 条 1 款)。落入其中任何一种情形的商品,均属类似商品。

仔细解读上述两种情形,可以发现第二种情形明确将混淆作为构成要件,而第一种情形无此要求。本书认为,当权利人证明系争商品与核定使用商品在功

---

① 广东省高级人民法院民事判决书(2016)粤民再 447 号。

② 北京市第一中级人民法院知识产权庭. 知识产权名案评析 5. 北京:知识产权出版社,2008:211.

能、用途等方面相同时,法院可以推定其有可能造成混淆,对于这种推定,被诉侵权人可以通过证明混淆不会发生来推翻法院的推定。

第二种情形中的混淆建立在系争商品与核定使用商品之间存在特定联系的基础上。不难想象,成品与配件之间在实际使用中存在相互依存、配合使用的关系。这样的关系应当满足要求。[①] 当这种特定的联系有可能造成混淆,即可认为两种商品类似。权利人仅需证明混淆的可能性,不需要证明混淆已经发生。本书认为,此乃司法解释之"容易"二字的应有之意。

由于第一种情形列举了法院认定类似商品时应当考量的五个要素,当事人在诉讼中,应当围绕这些要素进行举证。这五个要素可以分为不变的要素与可变的要素。一般来说,商品的功能及用途属于商品本身的特性,不会因外界环境的变化而发生改变。衣服是用来穿的,化妆品及首饰是用来打扮的。这些在人类几千年的文明史中已经得到验证。然而,生产部门、销售渠道以及消费对象,这三个要素与市场经济活动紧密相关,往往会随着制造企业、销售企业以及消费者的市场战略及价值取向变化而改变。它们属于可变的要素。

可变的要素往往是难以把握的。可变的要素加大了类似商品的认定难度。在个案中,可变要素的张力能够将以前被认为不属于类似的商品,推入类似商品的范畴。例如,为了拓展发展空间,服装企业进军化妆品、钟表、首饰等领域的现象已不足为奇。伴随服装企业业务范围的扩展,服装与化妆品、钟表、首饰等商品相类似的现象终将出现。

【相关案例】

北京市第二中级人民法院认为,被告生产销售的涉案商品被褥与原告涉案驰名商标"顺美"核定使用的商品服装,并非同一类别,而且从功能、用途、生产部门、销售渠道、消费对象等方面考查,亦不相同,属于非类似商品。[②]

五、权利的限制

《商标法》对商标权的限制表现在两个方面。一是允许行为人正当使用商标。二是限定商标的有效期为10年。

(一) 通用名称等的正当使用

注册商标中含有的本商品的通用名称、图形、型号,或者直接表示商品的质

---

① 中华全国律师协会知识产权专业委员会. 商标业务指南. 北京:中国法制出版社,2007:27.

② 北京市高级人民法院知识产权庭. 知识产权经典判例4. 北京:知识产权出版社,2009:146.

量、主要原料、功能、用途、重量、数量及其他特点，或者含有地名，商标权人无权禁止他人正当使用(《商标法》59 条 1 款)。三维标志注册商标中含有的商品自身的性质产生的形状、为获得技术效果而需有的商品形状或者使用商品具有实质性价值的形状，商标权人无权禁止他人正当使用(《商标法》59 条 2 款)。对于通用名称等上述标志，他人可以使用，但是使用的方式必须属于正当使用，即，使用要出于善意，不是作为自己商品的商标使用，并且使用只是为了说明或者描述自己的商品。

【相关案例】

案例 1

被上诉人在其生产的白酒上标注“京都甑馏酒”字样的行为(“京都”二字相对“甑馏酒”突出)，是否构成对核定使用商品为酒类，核准使用商标为“甑流”的侵害？北京市高级人民法院判决认为，商品的通用名称通常是指国家标准、行业标准规定的或者行业中约定俗成的名称，包括全称、简称、缩写、俗成等。本案中，1939 年编撰 1990 年出版的《北京市志稿》已经确切表明，净流(或称甑流甑馏)是一种特定白酒的通用名称，此称谓通行于北京乃至华北地区，且积年已久。上诉人虽对“甑流”文字享有商标权，但无权禁止他人在自己的产品及宣传中将“甑馏”作为特定产品的通用名称加以使用，被上诉人为说明产品的性质及特点而使用“京都甑馏酒”字样属于正当使用，并非商标意义上的使用。①

案例 2

被告在其生产的薰衣草手帕纸、面巾纸等产品上标注“薰衣草”标志，是否构成对原告拥有的核定使用商品为纸手帕、核准注册商标为“薰衣草及图”商标的侵犯？北京市第一中级人民法院判决认为，被控侵权产品的包装上，凡出现“薰衣草”标志的位置近旁，必定标示有更醒目的原告的“心相印”注册商标，“薰衣草”标志不会引起混淆，也不会使消费者误认被告与原告之间存在联系。原告标注“薰衣草”的行为，是为了直接说明商品本身特征、描述该商品的香型，属于正当使用行为。②

案例 3

被上诉人在白酒外包装盒上突出使用“汤沟”字样，是为了表明商品产地的

① 北京市高级人民法院知识产权庭．知识产权经典判例 4．北京：知识产权出版社，2009：146．

② 北京市第一中级人民法院知识产权庭．知识产权名案评析 5．北京：知识产权出版社，2008：235．

需要,还是构成对上诉人拥有的核定使用商品为酒类、核准注册商标为TG加文字“汤沟”(繁体)组合的图形商标权的侵犯?江苏省高级人民法院判决认为,由于上诉人在酒类商品上作为商标的长期使用,“汤沟”作为酒类商标的知名度已明显高于其作为地名的知名度。被上诉人在其产品包装的合理位置已明确标注其厂址,足以表明商品产地的情况下,又在产品包装的中部使用较大的字体标注“汤沟”,并且使用和上诉人商标相同的繁体字。这些事实表明被上诉人对“汤沟”的使用,主观上不是出于标明其商品产地、来源的正当目的,不属于正当使用。[①]

(二)先使用权

商标注册人申请商标注册前他人已经在同一种商品或者类似商品上先于商标注册人使用与注册商标相同或者近似并有一定影响的商标的,商标权人无权禁止该使用人在原使用范围内继续使用该商标,但可以要求其附加适当区别标志(《商标法》59条3款)。

(三)保护期限

注册商标的有效期为10年,自核准注册之日起计算。商标权人可以在有效期满前12个月内提出续展注册申请或者在有效期满后6个月内提出宽展申请,将注册商标的有效期续展10年(《商标法》39条、40条)。专利权在有效期满后不能延长,排他权射程之内的领地回归公共领域,任何人都可以自由使用。与此不同,商标权保护的是标志识别商品的功能,只要标志还具有识别功能,就应当继续对其保护。之所以要设定10年的期限,意在通过续展及宽展手续将不需要的商标剔除出去,扩展公共领域的范围。商标注册人或者利害关系人在注册商标续展及宽展期内提出续展申请,未获核准前,以他人侵犯其注册商标权提起诉讼的,法院应当受理(《最高法商标解释》5条)。

六、民事责任

商标侵权纠纷由当事人协商解决,不愿协商或者协商不成的,商标权人或者利害关系人可以向法院起诉,也可以请求工商行政管理部门处理(《商标法》60条)。利害关系人包括商标权的继承人和商标使用许可合同的被许可人,其中独占使用许可合同的被许可人可以向法院起诉;排他使用许可合同的被许可人可以和商标权人共同起诉,也可以在商标权人不起诉的情况下自行起诉;普通使用

---

① 法律出版社法规中心. 知识产权法律法规全书(含司法解释). 北京:法律出版社,2010:327.

许可的被许可人经商标权人明确授权,可以起诉(《最高法商标解释》4 条)。当事人向法院起诉的,一般涉及以下几个方面的问题。

(一) 损害赔偿数额的计算

侵犯商标权的赔偿数额,按照权利人因被侵权所受到的实际损失确定;实际损失难以确定的,可以按照侵权人因侵权所获得的利益确定;权利人的损失或者侵权人获得的利益难以确定的,参照商标许可使用费的倍数合理确定。对恶意侵犯商标权,情节严重的,可以在按照上述方法确定数额的 1 倍以上 3 倍以下确定赔偿数额。赔偿数额应当包括权利人为制止侵权行为所支付的合理开支。法院为确定赔偿数额,在权利人已经尽力举证,而与侵权行为相关的账簿、资料主要由侵权人掌握的情况下,可以责令侵权人提供与侵权行为相关的账簿、资料;侵权人不提供或者提供虚假的账簿、资料的,法院可以参考权利人的主张和提供的证据判定赔偿数额。权利人因被侵权所受到的实际损失、侵权人因侵权所获得的利益、商标许可使用费难以确定的,由法院根据侵权行为的情节判决给予300 万元以下的赔偿(《商标法》63 条)。

商标权人请求赔偿,被控侵权人以商标权人未使用商标提出抗辩的,法院可以要求商标权人提供此前 3 年内实际使用商标的证据。商标权人不能证明此前3 年内实际使用过该商标,也不能证明因侵权行为受到其他损失的,被控侵权人不承担赔偿责任。销售不知道是侵犯商标权的商品,能证明商品是自己合法取得并说明提供者的,不承担赔偿责任(《商标法》64 条)。

(二) 临时保护措施和证据保全

商标权人或者利害关系人有证据证明他人正在实施或者即将实施侵犯商标权的行为,如不及时制止将会使其合法权益受到难以弥补损害的,可以依法在起诉前向法院申请采取责令停止有关行为和财产保全的措施(《商标法》65 条)。

为制止侵权行为,在证据可能灭失或者以后难以取得的情况下,商标权人或者利害关系人可以在起诉前向法院申请保全证据(《商标法》66 条)。

(三) 民事制裁

法院在处理商标侵权纠纷时,可以判决侵权人停止侵害、排除妨碍、消除危险、赔偿损失、消除影响等民事责任,还可以做出罚款,收缴侵权商品、伪造的商标标志和专门用于生产侵权商品的材料、工具、设备等财物的民事制裁决定。工商行政管理部门对同一侵犯商标权行为已给予行政处罚的,法院不再予以民事制裁(《最高法商标解释》21 条)。

(四) 消除影响

关于在商标侵权案件中是否应判令侵权人承担赔礼道歉、消除影响的民事责任,有判决认为,鉴于商标权系财产性权利,并不具有人身权的属性,原告要求被告承担公开赔礼道歉、消除影响的法律责任,依据不足,不予支持。[①] 也有判决认为,鉴于商标权人未举证证明涉案侵权行为对其商誉造成的损害,因此其要求被告承担消除影响、赔礼道歉的法律责任,法律及事实依据不足,不予支持。[②] 同时有观点认为商标权是一种具有财产价值的权利,因此在商标侵权案件中,不应判令侵权人承担赔礼道歉、消除影响的民事责任[③]。

【相关案例】

案例1

被诉侵权人证明自己没有故意和过失的方法多种多样。法院在具体案例中认可的证明方法包括,通过证明侵权产品的名称已经政府监管部门审批来证明被诉侵权人尽到合理的审查义务。一起来看北京市第一中级人民法院判决的一个案子。

中国银行北京市西城区支行代理被告销售"天同180指数证券投资基金""天同保本增值证券投资基金"。原告拥有核定使用服务为资本投资、基金投资等、核准使用商标为"天同"的注册商标。北京市第一中级人民法院判决认为,中行西城区支行的行为构成对原告商标权的侵犯,但是,由于被告发行、管理基金是经过有关证券监督管理机构批准的,中国银行北京市西城区支行是依据中国银行与被告签订的销售代理协议,在审查被告发行基金的资格后进行销售的,并不知道销售的基金侵犯他人的商标权,故不应承担赔偿责任。[④]

案例2

在商标纠纷中,诉讼时效会因当事人向工商行政管理部门请求处理纠纷而中断。从中断起,时效重新计算。一起来看北京市第一中级人民法院判决的一个案子。

在该案中,蒙牛乳业公司先后于2002年6月29日和2004年3月10日向内

① 北京市高级人民法院知识产权庭. 知识产权经典判例4. 北京:知识产权出版社,2009:121.

② 北京市高级人民法院知识产权庭. 知识产权经典判例4. 北京:知识产权出版社,2009:136.

③ 北京高院商标解答.

④ 北京市第一中级人民法院知识产权庭. 知识产权名案评析5. 北京:知识产权出版社,2008:239.

蒙古工商局请求协调处理其与蒙牛酒业公司间关于“蒙牛”标志纠纷后，于2006年2月7日提起诉讼。对于原告的起诉是否超过诉讼时效，北京第一中级人民法院判决认为，即便是从2002年6月30日起算诉讼时效二年，至2004年6月30日时效届满，也因蒙牛乳业公司2004年3月10日再次提起请求，而中断了时效的计算。从中断时起，诉讼时效重新计算，自2004年3月11日起至2006年3月11日止为重新起算后的诉讼期间，蒙牛乳业公司的起诉未超过诉讼时效。[①]

案例3

关于庆丰餐饮公司在其网站、经营场使用“庆丰”文字的行为是否侵害庆丰包子铺商标权的问题。首先，关于庆丰餐饮公司对“庆丰”文字的使用状况。庆丰餐饮公司在其公司网站上开设“走进庆丰”“庆丰文化”“庆丰精彩”“庆丰新闻”等栏目，在经营场所挂出“庆丰餐饮全体员工欢迎您”的横幅，相关公众会将“庆丰”文字作为区别商品或者服务来源的标志，庆丰餐饮公司的使用行为属于对“庆丰”商标标志的突出使用，其行为构成商标性使用。其次，关于庆丰包子铺涉案注册商标的知名度情况。庆丰包子铺的“慶豐”商标自1998年1月28日核准注册至庆丰餐饮公司2009年6月24日成立，已经10多年的时间；庆丰包子铺的“老庆丰 + laoqingfeng”商标的核准注册时间也比庆丰餐饮公司成立时间早近6年。庆丰包子铺的连锁店于2007年被北京市商务局认定为“中国风味特色餐厅”。庆丰包子铺于2007年在北京广播电台、电视台投入的广告费用为131万余元，2008年至庆丰餐饮公司成立之前，其在上述媒体上投入的广告费用为322万余元。庆丰包子铺采用全国性连锁经营的模式，经过多年诚信经营和广告宣传，取得了较高的显著性和知名度。再次，关于庆丰餐饮公司使用的“庆丰”文字与涉案注册商标的近似性判断。庆丰包子铺在餐馆服务上注册的“慶豐”商标及在方便面、糕点、包子等商品上注册的“老庆丰 + laoqingfeng”商标，在全国具有较高的知名度和影响力。“慶豐”与“庆丰”是汉字繁体与简体的一一对应关系，其呼叫相同；“老庆丰 + laoqingfeng”完全包含“庆丰”文字。庆丰餐饮公司将“庆丰”文字商标性使用在与庆丰包子铺的上述两注册商标核定使用的商品或服务类似的餐馆服务上，容易使相关公众对商品或服务的来源产生误认或者认为其来源庆丰餐饮公司与庆丰包子铺之间存在某种特定的联系，可能导致相关公众的混淆和误认。最后，关于庆丰餐饮公司使用“庆丰”文字的合理性判断。庆丰

① 北京市高级人民法院知识产权庭. 知识产权经典判例4. 北京：知识产权出版社，2009：165.

餐饮公司主张其对“庆丰”文字的使用属于合理使用其企业字号,且系对其公司法定代表人徐庆丰名字的合理使用。对此,本院认为,庆丰餐饮公司的法定代表人为徐庆丰,其姓名中含有“庆丰”二字,徐庆丰享有合法的姓名权,当然可以合理使用自己的姓名。但是,徐庆丰将其姓名作为商标或企业字号进行商业使用时,不得违反诚实信用原则,不得侵害他人的在先权利。徐庆丰曾在北京餐饮行业工作,应当知道庆丰包子铺商标的知名度和影响力,却仍在其网站、经营场所突出使用与庆丰包子铺注册商标相同或相近似的商标,明显具有攀附庆丰包子铺注册商标知名度的恶意,容易使相关公众产生误认,属于给他人注册商标专用权造成其他损害的行为,其行为不属于对该公司法定代表人姓名的合理使用。

关于庆丰餐饮公司民事责任的承担问题。庆丰餐饮公司的被诉侵权行为构成侵害庆丰包子铺注册商标专用权的行为,应当承担停止上述行为并赔偿损失的民事责任。因庆丰包子铺未提供因庆丰餐饮公司上述侵权行为所遭受的损失或庆丰餐饮公司所获利润的证据,故本院结合侵权行为的性质、程度及庆丰餐饮公司上述侵权行为的主观心理状态等因素,酌定庆丰餐饮公司赔偿庆丰包子铺经济损失及合理费用人民币5万元。因庆丰包子铺未举证证明其商标商誉及企业信誉因庆丰餐饮公司的侵权和不正当竞争行为受到的损害,本院对其要求庆丰餐饮公司在《济南日报》上发表声明消除影响的诉讼请求不予支持。[①]

七、行政责任

对侵犯商标权的行为,工商行政管理部门有权依法查处,涉嫌犯罪的,应当及时移送司法机关依法处理(《商标法》61 条)。县级以上工商行政管理部门根据已经取得的违法嫌疑证据或者举报,对涉嫌侵犯商标权行为进行查处时,可以行使的职权有:询问有关当事人,调查与侵犯他人商标权有关的情况;查阅、复制当事人与侵权活动有关的合同、发票、账簿以及其他有关资料;对当事人涉嫌从事侵犯商标权活动的场所实施现场检查;检查与侵权活动有关的物品,对有证据证明是侵犯商标权的物品,可以查封或者扣押。对于工商行政管理部门行使职权,当事人应当予以协助、配合,不得拒绝、阻挠。在查处过程中,对商标权属存在争议或者权利人同时向法院提起商标侵权诉讼的,工商行政管理部门可以中止案件的查处,中止原因消除后,应当恢复或者终结案件查处程序(《商标法》62 条)。

---

① 最高人民法院民事判决书(2016)最高法民再238号。

工商行政管理部门处理商标侵权纠纷时,认定侵权成立的,责令立即停止侵权行为,没收、销毁侵权商品和主要用于制造侵权商品、伪造商标标志的工具,违法经营额5万元以上的,可以处违法经营额5倍以下的罚款,没有违法经营额或者违法经营额不足5万元的,可以处25万元以下的罚款。对5年内实施两次以上商标侵权行为或者有其他严重情节的,应当从重处罚。销售不知道是侵犯商标权的商品,能证明商品是自己合法取得并说明提供者的,由工商行政管理部门责令停止销售。对侵犯商标权的赔偿数额的争议,当事人可以请求工商行政管理部门调解,经调解未达成协议或者调解书生效后不履行的,当事人可以向法院起诉(《商标法》60条)。

生产、经营者不得将"驰名商标"字样用于商品、商品包装或者容器上,或者用于广告宣传、展览以及其他商业活动中(《商标法》14条5款)。违反本规定的,由地方工商行政管理部门责令改正,处10万元罚款(《商标法》53条)。

八、刑事责任

假冒注册商标罪、销售假冒注册商标的商品罪以及非法制造、销售非法制造的注册商标标志罪是刑法规定的与商标相关的罪名,作为侵犯知识产权罪的一个类别,在管辖、证据、非法经营数额、共犯等方面的规定与著作权相关犯罪有一致之处,在此不再赘述。

(一)非法经营数额

在计算制造、存储、运输和未销售的假冒注册商标侵权产品价值时,对于已经制作完成但尚未附着(含加贴)或者尚未全部附着(含加贴)假冒注册商标标志的产品,如果有确实、充分证据证明该产品将假冒他人注册商标,其价值计入非法经营数额(《最高法最高检公安部知识产权刑事意见》7条)。

(二)假冒注册商标罪

未经注册商标所有人许可,在同一种商品上使用与其注册商标相同的商标,情节严重的,处3年以下有期徒刑或者拘役,并处或者单处罚金;情节特别严重的,处3年以上7年以下有期徒刑,并处罚金(《刑法》213条)。

"同一种商品"是指名称相同的商品以及名称不同但指同一事物的商品,在认定过程中,应当在权利人注册商标核定使用的商品和行为人实际生产销售的商品之间进行比较。"名称"是指《商标注册用商品和服务国际分类》中规定的商品名称。"名称不同但指同一事物的商品"是指在功能、用途、主要原料、消费对象、销售渠道等方面相同或者基本相同,相关公众一般认为是同一种事物的商品。具有下列情形之一,可以认定为“与其注册商标相同的商标”:改变注册商标的字体、字母大小写或者文字横竖排列,与注册商标之间仅有细微差别的;改变注册商标的文字、字母、数字等之间的间距,不影响体现注册商标显著特征的;改变注册商标颜色的;其他与注册商标在视觉上基本无差别、足以对公众产生误导的商标(《最高法最高检公安部知识产权刑事意见》5 条、6 条)。

“情节严重”是指非法经营数额在 5 万元以上或者违法所得数额在 3 万元以上的情形;假冒两种以上注册商标,非法经营数额在 3 万元以上或者违法所得数额在 2 万元以上的情形。“情节特别严重”是指非法经营数额在 25 万元以上或者违法所得数额在 15 万元以上的情形;假冒两种以上注册商标,非法经营数额在 15 万元以上或者违法所得数额在 10 万元以上的情形(《最高法最高检知识产权刑事解释》1 条)。

(三) 销售假冒注册商标的商品罪

销售明知是假冒注册商标的商品,销售金额数额较大的,处 3 年以下有期徒刑或者拘役,并处或者单处罚金;销售金额数额巨大的,处 3 年以上 7 年以下有期徒刑,并处罚金(《刑法》214 条)。

“数额较大”是指销售金额在 5 万元以上的情形。“数额巨大”是指销售金额在 25 万元以上的情形(《最高法最高检知识产权刑事解释》2 条)。“销售金额”是指销售假冒注册商标的商品后所得和应得的全部违法收入。“明知”是指知道自己销售的商品上的注册商标被涂改、调换或者覆盖的情形;因销售假冒注册商标的商品受到过行政处罚或者承担过民事责任、又销售同一种假冒注册商标商品的情形;伪造、涂改商标注册人授权文件或者知道该文件被伪造、涂改的情形(《最高法最高检知识产权刑事解释》9 条)。

销售明知是假冒注册商标的商品,具有下列情形之一的,以销售假冒注册商标的商品罪(未遂)定罪处罚:①假冒注册商标的商品尚未销售,货值金额在 15 万元以上的;②假冒注册商标的商品部分销售,已销售金额不满 5 万元,但与尚未销售商品的货值金额合计在 15 万元以上的。假冒注册商标的商品尚未销售,货值金额分别达到 15 万元以上不满 25 万元的,分别依照《刑法》第 214 条规定的各法定刑幅度定罪处罚。销售金额和未销售货值金额分别达到不同的法定刑幅度或者均达到同一法定刑幅度的,在处罚较重的法定刑或者同一法定刑幅度内酌情从重处罚(《最高法最高检公安部知识产权刑事意见》8 条)。

实施假冒注册商标犯罪又销售该假冒注册商标的商品,构成犯罪的,应当以假冒注册商标罪定罪处罚。实施假冒注册商标犯罪又销售明知是他人的假冒注册商标的商品,构成犯罪的,应当实行数罪并罚(《最高法最高检知识产权刑事解释》13 条)。

（四）非法制造、销售非法制造的注册商标标志罪

伪造、擅自制造他人注册商标标志或者销售伪造、擅自制造的注册商标标志、情节严重的,处 3 年以下有期徒刑、拘役或者管制,并处或者单处罚金;情节特别严重的,处 3 年以上 7 年以下有期徒刑,并处罚金(《刑法》215 条)。

"情节严重"是指伪造、擅自制造或者销售伪造、擅自制造的注册商标标志数量在 2 万件以上,或者非法经营数额在 5 万元以上,或者违法所得数额在 3 万元以上的情形;伪造、擅自制造或者销售伪造、擅自制造两种以上注册商标标志数量在 1 万件以上,或者非法经营数额在 3 万元以上,或者违法所得数额在 2 万元以上的情形。"情节特别严重"是指伪造、擅自制造或者销售伪造、擅自制造的注册商标标志数量在 10 万件以上,或者非法经营数额在 25 万元以上,或者违法所得数额在 15 万元以上的情形;伪造、擅自制造或者销售伪造、擅自制造两种以上注册商标标志数量在 5 万件以上,或者非法经营数额在 15 万元以上,或者违法所得数额在 10 万元以上的情形(《最高法最高检知识产权刑事解释》3 条)。"件"是指标有完整商标图样的一份标志(《最高法最高检知识产权刑事解释》12 条 3 款)

具有下列情形之一的,以销售非法制造的注册商标标志罪(未遂)定罪处罚:①尚未销售他人伪造、擅自制造的注册商标标志数量在 6 万件以上的;②尚未销售他人伪造、擅自制造的两种以上注册商标标志数量在 3 万件以上的;③部分销售他人伪造、擅自制造的注册商标标志,已销售标志数量不满 2 万件,但与尚未销售标志数量合计在 6 万件以上的;④部分销售他人伪造、擅自制造的两种以上注册商标标志,已销售标志数量不满 1 万件,但与尚未销售标志数量合计在 3 万件以上的(《最高法最高检公安部知识产权刑事意见》9 条)。

九、商标代理机构的责任

商标代理机构知道或者应当知道委托人申请注册的商标属于《商标法》第 15 条和第 32 条规定情形的,不得接受委托;商标代理机构除对其代理服务申请商标注册外,不得申请注册其他商标;商标代理机构办理商标事宜过程中,不得伪造、变造或者使用伪造、变造的法律文件、印章、签名,不得以诋毁其他商标代理机构等手段招徕商标代理业务或者以其他不正当手段扰乱商标代理市场秩序。违反以上规定的,由工商行政管理部门责令限期改正,给予警告,处 1 万元

以上10万元以下的罚款;对直接负责的主管人员和其他直接责任人员给予警告,处5千元以上5万元以下的罚款;构成犯罪的,依法追究刑事责任(《商标法》68条1款)。商标代理机构有以上违反行为的,由工商行政管理部门记入信用档案,情节严重的,商标局、商标评审委员会可以决定停止受理其办理商标代理业务,予以公告(《商标法》68条2款)。商标代理行业组织应当按照章程规定,对违反行业自律规范的会员实行惩戒并及时向社会公布(《商标法》20条)。

【思考题】

1. 试论"作为商标使用"的含义。
2. 试论商标近似的判定标准。
3. 试论商品·服务类似的判定标准。
4. 试论商标的正当使用。

【案例分析】

案例1

北京市高级人民法院判决认为,普拉达公司邮寄给秀水街公司的律师函中已经列明销售侵犯商标权的李某的具体摊位,要求秀水街公司积极采取措施,如有问题可与律师联系,并提供了详细联系方式。但秀水街公司收到律师函后未及时与律师取得联系,亦未采取任何有效措施制止涉案侵权商品的销售,致使李某仍能在此后一段时间内继续实施销售侵权商品的行为。秀水街公司主观上存在故意,客观上为李某的侵权行为提供了便利,构成对商标权的侵犯。秀水街公司有关律师函中没有附授权书、销售凭证等证据,不能确定律师是否有明确授权以及是否确实存在销售侵犯他人商标权商品的情形的上诉主张不能成立。[①]

案例2

浙江省高级人民法院判决认为,百事可乐公司在促销活动中将"蓝色风暴"标志在"百事可乐"注册商标两侧上方进行使用的行为,侵害了核准使用商品为可乐等的"蓝色风暴"注册商标。同时认为,百事可乐公司对"蓝色风暴"的使用,使其具有很强的显著性,使原告(浙江蓝野酒业有限公司)与其注册的"蓝色风暴"商标的联系被割裂,失去基本的识别功能。原告寄予其商标谋求市场声

---

① 北京市高级人民法院知识产权庭. 知识产权经典判例4. 北京:知识产权出版社,2009:122.

誉，拓展企业发展空间，塑造良好企业品牌的价值将受到抑制，原告因此受到的利益损失是明显的。

关于损害赔偿金额，法院认为："由于百事可乐公司在二审庭审时仅说明了'蓝色风暴'商品的生产时间和销售区域，未提供其侵权产品的具体生产、销售数量、销售利润等证据，故其侵权行为的具体获利数额难以确定。根据百事可乐公司提供的'蓝色风暴'宣传计划、实施方案、促销宣传投入的资金、有关促销活动取得的成功报道、百事可乐作为世界上最成功的消费品牌之一的市场声誉等证据，可以认定百事可乐公司生产、销售'蓝色风暴'产品，确实带来了巨大的利润，综合考虑百事可乐公司的市场声誉、营销能力、生产销售时间、销售范围、2005 年企业整体利润及蓝野酒业公司注册、使用商标及维权费用等因素，本院确定百事可乐公司应赔偿蓝野酒业公司的经济损失为人民币 300 万元"。[①]

第五节　相关程序

引言

申请程序、审批程序、无效宣告程序、撤销程序以及注销程序，覆盖商标权的取得及消灭的整个过程。在这个过程中，前四个程序显得尤为重要。在这部分程序中，商标局与商标评审委员会承担着不同的职责。商标局负责审查商标申请、裁定商标异议、宣告注册商标无效、撤销不当注册或者不当使用的商标。商标评审委员会负责对商标局做出的决定或者裁定进行复审，同时也可以应请求人的请求宣告注册商标无效和撤销不当注册的商标。商标评审委员会与商标局同为国家工商行政管理总局下设的行政执法机构，级别相同，互不隶属，对于商标评审委员会做出的决定，商标局应当执行。商标评审委员会依据《商标评审规则》进行复审、无效宣告程序及撤销程序。

① 浙江省高级人民法院民事判决书(2007)浙民三终字第 74 号。

关键词

商标异议　异议复审　宣告注册商标无效　商标撤销　撤销复审　商标的不使用　商标注销

一、商标的申请

(一) 申请材料及补正

商标注册申请人应当按照规定的商品分类表填报使用商标的商品类别和商品名称,提出注册申请(《商标法》22 条 1 款)。每一件商标注册申请都应当向商标局提交《商标注册申请书》1 份、商标图样 1 份;以颜色组合或者着色图样申请商标注册的,应当提交着色图样,并提交黑白稿 1 份;不指定颜色的,应当提交黑白图样。以三维标志申请注册商标的,应当在申请书中声明,说明商标的使用方式,并提交能够确定三维形状的图样,提交的商标图样应当至少包含三面视图。以颜色组合申请注册商标的,应当在申请书中声明,说明商标的使用方式。以声音标志申请注册商标的,应当在申请书中声明,并提交符合要求的声音样本。申请注册集体商标、证明商标的,应当在申请书中声明,并提交主体资格证明文件和使用管理规则。商标为外文或者包含外文的,应当说明含义(《商标法实施条例》13 条)。

商标局受到申请材料后,会审查其形式是否符合要求。根据形式审查的结果,决定受理、不予受理,或者要求申请人补正。不予受理的申请,即使在之后的重新申请中被受理,其原来的申请日也不复存在;需要补正的申请,在规定期限内,按照商标局的要求补正的,保留原来的申请日期(《商标法实施条例》18 条)。对申请注册的商标,商标局应当自收到商标注册申请文件之日起 9 个月内审查完毕,符合《商标法》有关规定的,予以初步审定公告(《商标法》28 条)。

(二) 申请的代理

申请注册的国内申请人可以自己直接到商标局办理注册申请手续,也可以委托依法设立的商标代理机构办理。外国人或者外国企业在我国申请注册商标和办理其他商标事宜的,应当委托依法设立的商标代理机构代理(《商标法》18 条)。当事人委托商标代理机构申请商标注册或者办理其他商标事宜,应当提交代理委托书。代理委托书应当载明代理内容及权限;外国人或者外国企业的代理委托书还应当载明委托人的国籍(《商标法实施条例》5 条)。

商标代理机构应当遵循诚实信用原则，遵守法律、行政法规，按照被代理人的委托办理商标注册申请或者其他商标事宜；对在代理过程知悉的被代理人的商业秘密，负有保密义务。委托人申请注册的商标可能存在《商标法》规定不得注册情形的，商标代理机构应当明确告知委托人。商标代理机构知道或者应当知道委托人申请注册的商标属于《商标法》第 15 条和第 32 条规定情形的，不得接受其委托。商标代理机构除对其代理服务申请商标注册外，不得申请注册其他商标（《商标法》19 条）。

二、驳回及驳回复审

商标注册申请被受理后，商标局会对其进行审查。对于不符合《商标法》规定的申请，予以驳回，并书面通知申请人理由（《商标法》28 条、30 条、31 条、34 条，《商标法实施条例》21 条）。什么理由构成驳回理由？《商标法》及《商条例实施条例》没有特别规定。可以理解为，《商标法》中的强制性规定，勾画出了驳回理由的范围。如何判断哪些规定属于强制性规定？本书认为，包含下列词语的条文均属强制性规定，例如“不得作为商标”“不得作为商标注册”“不得注册”“不予注册”“不得作为商标使用”“公告申请在先的商标”“不得……相冲突”“由商标局驳回申请”“不得损害……在先权利”“不得……抢先注册”。如此看来，驳回理由主要包括下列 6 种。一、缺乏显著特征及识别力（《商标法》10 条 2 款、11 条、12 条、16 条 1 款）。二、损害公共利益（《商标法》10 条 1 款）。三、违反先申请规则（《商标法》31 条）。四、损害他人在先权利（《商标法》9 条、30 条、32 条）。五、与未注册标志相同或者近似（《商标法》13 条 2 款、32 条）。六、与已在中国注册的驰名商标相同或者近似（《商标法》13 条 3 款）。越权申请只有在被代理人或者被代表人提出异议后，才禁止注册（《商标法》15 条）。越权申请本身不构成驳回理由。在实践中，商标局的驳回理由集中在缺乏显著特征及识别力、损害公共利益、他人已就相同或者近似商标提出申请、与已经注册或者初步审定的商标相同或者近似。

对商标局的驳回决定不服的申请人，可以自收到通知之日起 15 日内向商标评审委员会申请复审，商标评审委员会应当自收到申请之日起 9 个月内做出决定，并书面通知申请人。有特殊情况需要延长的，经国务院工商行政管理部门批准，可以延长 3 个月。对商标评审委员会的决定不服的当事人可以自收到通知之日起 30 日内向法院起诉（《商标法》34 条）。

申请人在驳回复审中，应当针对商标局的驳回理由提出反驳，并提供证据材料。证据材料包括书证、物证、视听资料、证人证言、当事人陈述、鉴定结论等。在我国领域外形成的证据,应当经所在国公证机关证明,并经我国驻该国使馆认证,方为有效。外文证据应附有中文译文。[①]

三、异议及异议复审

(一) 程序及理由

商标局对于在审查中未发现驳回理由的申请,会予以公告(《商标法》28条)。自公告之日起3个月内,在先权利人、利害关系人认为违反《商标法》第13条第2款和第3款、第15条、第16条第1款、第30条、第31条、第32条规定的,或者任何人认为违反《商标法》第10条、第11条、第12条规定的均可提出异议。公告期满无异议的商标将获得注册(《商标法》33条)。

对初步审定公告的商标提出异议的,商标局应听取异议人和被异议人陈述事实和理由,经调查核实后,自公告期满之日起12个月内做出是否准予注册的决定,并书面通知异议人和被异议人。有特殊情况需要延长的,经国务院工商行政管理部门批准,可以延长6个月。商标局做出准予注册决定的,发给商标注册证,并予公告。异议人不服的,可以向商标评审委员会请求宣告该注册商标无效。

商标局做出不予注册决定,被异议人不服的,可以自收到通知之日起15日内向商标评审委员会申请复审。商标评审委员会应当自收到申请之日起12个月内做出复审决定,并书面通知异议人和被异议人。有特殊情况需要延长的,经国务院工商行政管理部门批准,可以延长6个月。被异议人对商标评审委员会的决定不服的,可以自收到通知之日起30日内向法院起诉。法院应当通知异议人作为第三人参加诉讼。

商标评审委员会在复审的过程中所涉及的在先权利的确定必须以法院正在审理或者行政机关正在处理的另一案件的结果为依据的,可以中止审查。中止原因消除后,应当恢复审查程序(《商标法》35条)。

如果当事人在法定期限内对商标局做出的驳回申请决定、不予注册决定不申请复审或者对商标评审委员会做出的复审决定不起诉的,驳回申请决定、不予注册决定或者复审决定生效。经审查异议不成立而准予注册的商标,商标注册申请人取得商标权的时间自初步申请公告3个月期满之日起计算,自该商标公

---

① 中华全国律师协会知识产权专业委员会. 商标业务指南. 北京:中国法制出版社,2007:66.

告期满之日起至准予注册决定做出前，对他人在同一种或者类似商品上使用与该商标相同或者近似的标志的行为不具有追溯力；但是，因该使用人的恶意给商标注册人造成的损失，应当给予赔偿(《商标法》36 条)。

（二）被异议人的救济制度

在实务中，存在他人恶意提起异议，阻止商标申请人获得商标权的现象。这种行为有悖于异议程序本来的目的。对于这种扰乱异议程序的行为，《商标法》不是没有未雨绸缪，而是做得不够。为了避免异议程序推后商标权的取得时间，《商标法》规定，异议不成立而核准注册的商标，商标权成立的时间不是异议程序结束后实际核准注册的时间，而是最初公告后 3 个月期满之日(《商标法》36 条)。但是，在实践中，有的企业(X 企业)在抢注他人(Y 企业)未注册标志后，又将该抢注商标作为引证商标，对他人就其标志提出的商标注册申请提出异议。对于 Y 企业来说，在异议程序中失去的不仅是获得商标注册的时间，还有就抢注商标注册的商品类别获得商标权的机会。应该建立完善与异议程序相配套的被异议人救济制度。例如，对于抢注商标，否认其作为引证商标的资格。

四、无效宣告

由于申请人或者商标注册机关等多方面的原因，可能导致部分不具备注册条件的商标被允许合法注册，注册商标的无效宣告是弥补商标注册工作失误的一项重要制度。依照《商标法》第 44 条、第 45 条的规定，宣告无效的注册商标由商标局予以公告，该注册商标权视为自始即不存在。宣告注册商标无效的决定或者裁定，对宣告无效前法院做出并已执行的商标侵权案件的判决、裁定、调解书和工商行政管理部门做出并已执行的商标侵权案件的处理决定以及已经履行的商标转让或者使用许可合同不具有追溯力。但是，因商标注册人的恶意给他人造成的损失，应当给予赔偿(《商标法》47 条 2 款)。依照前款规定不返还商标侵权赔偿金、商标转让费、商标使用费，明显违反公平原则的，应当全部或者部分返还。

（一）侵害他人民事权益商标的无效宣告程序

注册商标侵害他人民事权益情况下的无效宣告，基于《商标法》第 45 条第 1 款的规定：①请求人必须是在先权利人或者利害关系人；②自商标注册之日起 5 年内向商标评审委员会提出请求(驰名商标所有人对恶意抢注的商标提出请求时，可不受此限制)；③已经注册的商标违反《商标法》第 13 条第 2 款和第 3 款、第 15 条、第 16 条第 1 款、第 30 条、第 31 条及第 32 条的规定。

商标评审委员会收到宣告注册商标无效的申请后,应当书面通知有关当事人,并限期提出答辩。商标评审委员员应当自收到申请之日起12个月内做出维持注册商标或者宣告注册商标无效的裁定,并书面通知当事人。有特殊情况需要延长的,经国务院工商行政管理部门批准,可以延长6个月。当事人对商标评审委员会的裁定不服的,可以自收到通知之日起30日内向法院起诉。法院应当通知商标裁定程序的对方当事人作为第三人参加诉讼(《商标法》45条2款)。

商标评审委员会在依照前款规定对无效宣告请求进行审查的过程中,所涉及的在先权利的确定必须以法院正在审理或者行政机关正在处理的另一案件的结果为依据的,可以中止审查。中止原因消除后,应当恢复审查(《商标法》45条3款)。

(二)注册不当商标的无效宣告程序

注册商标不涉及侵害他人民事权益情况下的无效宣告,基于《商标法》第44条第1款的规定:①任何人均可在任何时间向商标评审委员会提出请求;②商标局可在任何时间启动无效宣告程序;③已经注册的商标违反《商标法》第10条、第11条、第12条,或者属于以欺骗手段或者其他不正当手段取得注册的。

商标局做出宣告注册商标无效的决定,应当书面通知当事人。当事人对商标局的决定不服的,可以自收到通知之日起15日内向商标评审委员会申请复审。商标评审委员会应当自收到申请之日起9个月内做出决定,并书面通知当事人。有特殊情况需要延长的,经国务院工商行政管理部门批准,可以延长3个月。当事人对商标评审委员会的决定不服的,可以自收到通知之日起30日内向人民法院起诉(《商标法》44条2款)。

其他单位或者个人请求商标评审委员会宣告该注册商标无效的,商标评审委员会收到申请后,应当书面通知有关当事人,并限期提出答辩。商标评审委员应当自收到申请之日起9个月内做出维持注册商标或者宣告注册商标无效的裁定,并书面通知当事人。有特殊情况需要延长的,经国务院工商行政管理部门批准,可以延长3个月。当事人对商标评审委员会的裁定不服的,可以自收到通知之日起30日内向法院起诉。法院应当通知商标裁定程序的对方当事人作为第三人参加诉讼(《商标法》44条3款)。

五、撤销与复审

商标审查及异议程序的目的在于排除不符合《商标法》要求的申请,保证核准注册商标的质量。但总有一些不符合《商标法》要求的申请由于种种原因被核准注册。撤销程序成为排除这些商标的最后一道屏障。商标局与商标评审委员会都拥有撤销商标的权利,撤销可以限于部分指定商品,对于其他指定商品,商标权仍然有效(《商标法实施条例》68 条)。无效宣告程序与注册商标的撤销程序均可能导致商标权人不再有商标权的结果,但是前者通常导致商标权自始无效,后者导致商标权从撤销之日起丧失效力。

商标注册人在使用注册商标的过程中,自行改变注册商标、注册人名义、地址或者其他注册事项的,由地方工商行政管理部门责令限期改正;期满不改正的,由商标局撤销其注册商标。注册商标成为其核定使用商品的通用名称或者没有正当理由连续 3 年不使用的,任何单位或者个人可以向商标局申请撤销该注册商标。商标局自收到申请之日起 9 个月内做出决定。有特殊情况需要延长的,经国务院工商行政管理部门批准,可以延长 3 个月(《商标法》49 条)。被撤销的注册商标,由商标局予以公告,该注册商标专用权自公告之日起终止(《商标法》55 条 2 款)。

当事人不服撤销决定,可以自收到商标局通知之日起 15 日内向商标评审委员会申请复审,由商标评审委员会收到申请 9 个月内做出决定,并书面通知申请人。有特殊情况需要延长的,经国务院工商行政管理部门批准,可以延长 3 个月。当事人对商标评审委员会的决定不服的,可以自收到通知之日起 30 日内向法院起诉(《商标法》54 条)。

连续 3 年不使用,将导致商标被撤销。不仅商标局可以依职权主动撤销,任何人均可以向商标局申请撤销。商标局收到撤销申请后,应当通知商标权人,限其在收到通知之日起两个月内提交该商标在撤销申请提出前使用的证据材料,或者说明不使用的正当理由。使用既包括商标权人自己对商标的使用,也包括许可他人使用商标(《商标法实施条例》66 条)。不可抗力、政策性限制、破产清算等属于不使用的正当理由(《商标法实施条例》67 条)。

六、注销

商标权作为一种民事权利,权利人可以放弃。商标权人放弃商标权,需要履行一定的手续,应当向商标局提交商标注销申请书,申请将其注册商标在全部或者部分指定使用商品上注销,同时交回商标注册证。注册商标权在全部或者部分指定使用商品上的效力,自商标局收到注销申请之日起终止(《商标法实施条例》73 条)。

七、商标的有效期及续展

注册商标的有效期为 10 年,自核准注册之日起计算(《商标法》39 条)。经审查异议不成立而准予注册的商标,商标注册申请人取得商标权的时间自初步审定公告 3 个月期满之日起计算(《商标法》36 条 2 款)。有效期满,需要继续使用的,商标注册人应当在期满前 12 个月按照规定办理续展手续,在此期间未能办理的,可以给予 6 个月的宽展期。每次续展注册的有效期为 10 年,自商标上一届有效期满次日起计算。期满未办理续展手续的,注销商标(《商标法》40 条)。

八、商标的转让及许可使用

转让注册商标的,转让人和受让人应当签订转让协议,并共同向商标局提出申请。受让人应当保证使用注册商标的商品质量。在同一种商品上注册的近似商标,或者在类似商品上注册的相同或者近似商标应当一并转让。对容易导致混淆或者有其他不良影响的转让,商标局不予核准,书面通知申请人并说明理由。转让注册商标经核准后,予以公告,受让人自公告之日起享有商标权(《商标法》42 条)。

商标注册人可以通过签订商标使用许可合同,许可他人使用注册商标。许可人应当监督被许可人的商品质量,并将许可合同报商标局备案,由商标局公告,未经备案的商标许可使用不得对抗善意第三人。被许可人应当保证商品质量并在商品上标明自己的名称和商品产地(《商标法》43 条)。

【思考题】

1. 试论商标的不使用与撤销。
2. 试论商标宣告无效程序。

第四章　其他知识产权法

第一节　《商标法》的相关领域

引言

域名、企业名称与姓名以及知名商品的名称、包装、装潢，常常成为消费者及经营者识别商品或者服务的依据，因此与商标有着密切关系。反不正当竞争法赋予这些标识以一定程度的保护。

关键词

域名　企业名称　姓名　字号　知名商品特有的名称、包装、装潢

一、域名

计算机网络域名的注册、管理、域名争议解决机构的指定以及争议解决的程序等，遵循的是工业和信息产业部颁布的部门规章《中国互联网络域名管理办法》以及该部下属的中国互联网络信息中心制定的《中国互联网络信息中心域名争议解决办法》。但是，域名争议解决机构做出的裁决只涉及域名持有者信息的变更，不会对域名的注册、使用是否构成侵权或者不正当竞争做出认定。如果当事人对于裁决不服，可以向法院提起诉讼，在诉讼期间，裁决暂停执行。因此，域名纠纷的最终解决还有赖于法院对被告注册、使用域名的行为是否构成侵权或者不正当竞争做出认定。

（一）侵权及不正当竞争的构成要件

法院审理域名纠纷案件，对符合以下各项条件的，应当认定被告注册、使用域名的行为构成侵权或者不正当竞争：一是原告请求保护的民事权益合法有效；二是被告域名或者其主要部分构成对原告驰名商标的复制、模仿、翻译或音译或

者与原告的注册商标、域名等相同或近似,足以造成相关公众的误认;三是被告对域名或其主要部分不享有权益,也无注册、使用域名的正当理由;四是被告对域名的注册、使用具有恶意(《最高法域名解释》4 条)。

(二) 恶意

与一般的侵权责任中要求的故意、过失不同,只有域名纠纷的被告有恶意,才构成侵权或者不正当竞争。什么样的行为才构成恶意?司法解释列举了 5 种行为:一是为商业目的将他人驰名商标注册为域名;二是为商业目的注册、使用与原告的注册商标、域名相同或近似的域名,故意造成与原告提供的产品、服务或者原告网站的混淆,误导网络用户访问其网站或其他在线站点;三是曾要约高价出售、出租或者以其他方式转让域名获取不正当利益;四是注册域名后自己并不使用也未准备使用,而有意阻止权利人注册域名的行为;五是具有其他恶意情形的行为(《最高法域名解释》5 条)。如果存在以上行为,法院应当认定被告具有恶意,如果被告举证证明在纠纷发生前其所持有的域名已经获得一定的知名度,且能与原告的注册商标、域名等相区别,或者具有其他情形足以证明其不具有恶意的,法院可以不认定被告具有恶意(《最高法域名解释》5 条)。

(三) 民事责任

被告的行为构成侵权或者不正当竞争的,法院可以判令被告停止侵权、注销域名,或者依原告的请求判令由原告注册使用域名,被告的行为给权利人造成实际损害的,法院可以判令被告赔偿损失(《最高法域名解释》8 条)。

(四) 域名的法律性质

《反不正当竞争法》界定的不正当竞争行为中,没有一种针对的是域名,因此域名还不是《反不正当竞争法》明确保护的权益。但是,司法解释给予域名一定的保护,如果原告注册、使用的域名合法有效,且被告恶意注册、使用相同或近似域名,足以造成相关公众误认的,被告的行为构成不正当竞争。此时,判定被告行为构成不正当竞争的法律依据是《反不正当竞争法》第 2 条第 1 款,即"经营者在市场交易中,应当遵循自愿、平等、公平、诚实信用的原则,遵守公认的商业道德"。

【相关案例】

案例 1

经被告(飞利浦公司)投诉,世界知识产权组织(WIPO)的仲裁与调解中心裁决，将原告注册的 philipscis. com 域名转移给被告。原告遂向上海市第一中级人民法院起诉，请求撤销或停止执行 WIPO 的裁决，并将域名 philipscis. com 判归原告所有。原告起诉后，域名注册机构已暂停执行 WIPO 的裁决。经查明，原告 philipscis. com 对应的英文网页的页面中央标有"Communication, Security & Imaging"字样，左上角设有"ABOUT PHILIPSCSI"的链接，右上角标有"let's make things better"字样。该网站主要销售被告 CSI 部门的产品。

关于原告的行为是否具有恶意，法院认为：①PHILIPS 商标于 1980 年在中国注册后，经被告的努力，目前在我国已有相当的知名度。原告注册的域名，前 7 个字母与 PHILIPS 商标完全相同，后 3 个字母虽与被告的部门简称 CSI 顺序不同，但该域名对应的网站却主要销售被告 CSI 部门的产品；②在争议域名对应的网站首页页面上，不仅出现了被告的宣传标语，而且多处出现 CSI 字样。法院据此认定，原告注册该域名意在借被告的知名度，误导并吸引互联网用户访问其网站，怀有侵犯被告合法权益的恶意。①

案例 2

《最高法域名解释》4 条之目的在于保护在先权利，被告注册域名的行为被认定为侵权或者不正当竞争的前提是被告的域名晚于原告的域名注册。本案中，2003 年 6 月 6 日"quna. com"域名初次登记注册，广州到哪公司于 2009 年 7 月 3 日经受让取得该域名；2005 年 5 月 9 日"qunar. com"域名被注册并创建网站，北京趣拿公司于 2006 年 3 月 17 日成立后经受让取得该域名。由此可见，"qunar. com"域名的注册时间较"quna. com"域名的注册时间晚了近两年，广州到哪公司受让并使用域名"quna. com"的行为不符合上述司法解释规定中应当被认定为侵权或不正当竞争的条件。"quna. com"域名的在先注册具有正当性，广州到哪公司合法受让该在先注册的域名本身并无过错，有权继续使用该域名。"123quna. com""mquna. com"为广州到哪公司登记注册并使用的域名，相较北京趣拿公司"qunar. com"域名而言，"123quna. com""mquna. com"域名与广州到哪公司使用的"quna. com"域名更为近似，而广州到哪公司对"quna. com"享有来源合法的域名权益，其随后注册和使用"123quna. com""mquna. com"域名的行为具有正当理由，有权继续使用上述域名。由于广州到哪公司域名"quna. com"与北京趣拿公司域名"qunar. com"仅相差一个字母"r"，两者构成近似，在实际使用中

---

① 法律出版社法规中心. 知识产权法律法规全书(含司法解释). 北京:法律出版社,2010:450.

可能会产生混淆,而北京趣拿公司使用的“去哪儿”“去哪儿网”“qunar. com”已构成知名服务的特有名称,因此,广州到哪公司在使用“quna. com”“123quna. com”“mquna. com”域名时,不得恶意攀附北京趣拿公司的商誉以谋取不正当的商业利益,其有义务在与域名相关的搜索链接及网站上加注区别性标识,以使消费者将上述域名与北京趣拿公司“去哪儿”“去哪儿网”“qunar. com”等知名服务特有名称相区分。与此同时,北京趣拿公司对广州到哪公司使用“quna. com”“123quna. com”“mquna. com”域名的行为也应给予合理容忍和尊重,其关于广州到哪公司使用上述域名的行为构成不正当竞争的再审申请理由不成立,本院不予支持。①

二、企业名称与姓名

(一)不正当竞争行为的构成要件

经营者不得擅自使用他人的企业名称或者姓名,引人误认为是他人的商品(《反不正当竞争法》5 条 3 项)。“企业名称”是指企业登记主管机关依法登记注册的企业名称,在中国境内进行商业使用的外国(地区)企业名称以及具有一定的市场知名度、为相关公众所知悉的企业名称中的字号;“姓名”是指自然人的姓名,具有一定的市场知名度、为相关公众所知悉的自然人的笔名、艺名等;“使用”是指将企业名称、姓名用于商品、商品包装以及商品交易文书上,或者用于广告宣传、展览以及其他商业活动中(《最高法不正当竞争解释》6 条、7 条)。

字号是企业名称中最具识别力的部分,例如,在“内蒙古蒙牛乳业(集团)股份有限公司”中,“蒙牛”是字号,字号以外的部分表述的是企业的地址及行业等叙述性信息,通常不具备识别力。由于司法解释将受保护的范围限定于具有一定的市场知名度的字号,在诉讼中,原告就需要证明其字号具有知名度。如果原告的商标与字号使用共同的文字,原告可以举证证明商标具有较高的知名度,从而证明字号具有知名度。一旦字号被认定为有知名度,那么原告离胜诉也就不远了。这是因为,对于有名的字号,在后注册企业名称的人应该避让,否则就构成明知故犯,属于“擅自”使用原告企业名称的行为。当然,被告擅自使用原告字号的行为是否构成不正当竞争,还取决于被告行为的后果是否会造成误认或者存在误认的可能性。这就需要对当事人经营的商品进行具体分析。如果当事人经营的商品相同或者类似,产生误认的可能性就相当大。

---

① 最高人民法院民事裁定书(2014)民申字第 1414 号。

（二）民事责任

被诉企业名称侵犯商标权或者构成不正当竞争的，法院可以根据原告的诉讼请求和案件具体情况，确定被告承担停止使用、规范使用字号等责任（《最高法权利冲突规定》4 条）。造成损害的，被诉侵权人应当承担损害赔偿责任，损失难以计算的，赔偿额为被诉侵权人在侵权期间因侵权所获得的利润，被诉侵权人同时应当承担原告因调查该不正当竞争行为所支付的合理费用（《反不正当竞争法》20 条 1 款）。一般来说，字号受到侵害的当事人难以获得赔礼道歉的救济。有判决认为，字号属于工商标记，本质上属于财产权范畴，不具备人身权、人格权等精神权利属性，没有采纳原告要求被告就其侵权行为在报刊上刊登声明公开赔礼道歉的主张。①

【相关案例】

案例 1

关于庆丰餐饮公司将“庆丰”文字作为企业字号注册并使用的行为是否构成不正当竞争的问题。庆丰包子铺自 1956 年开业，1982 年 1 月 5 日起开始使用“庆丰”企业字号，至庆丰餐饮公司注册之日止已逾 27 年，属于具有较高的市场知名度、为相关公众所知悉的企业名称中的字号，庆丰餐饮公司擅自将庆丰包子铺的字号作为字号注册使用，经营相同的商品或服务，具有攀附庆丰包子铺企业名称知名度的恶意，行为构成不正当竞争。山东庆丰餐饮管理有限公司于本判决生效之日起立即停止在其企业名称中使用“庆丰”字号的不正当竞争行为。②

案例 2

原告“内蒙古蒙牛乳业（集团）股份有限公司”的“蒙牛”文字不仅用于商标设计，而且用于企业字号。当商标有较高知名度时，也同时带来企业及其名称的知名度。被告在后注册含有与原告企业字号相同的企业名称“呼和浩特经济技术开发区蒙牛酒业有限公司”，应当主动避让。被告明知故犯，注册取得其企业名称，借合法形式故意制造混淆与冲突，侵占原告商誉，其注册行为已经构成对原告的不正当竞争。③

---

① 北京市高级人民法院知识产权庭. 知识产权经典判例 4. 北京：知识产权出版社，2009：171.

② 最高人民法院民事判决书（2016）最高法民再 238 号。

③ 北京市高级人民法院知识产权庭. 知识产权经典判例 4. 北京：知识产权出版社，2009：171.

案例3

"宏济堂"老字号在公私合营之后,其资产及业务分别划归不同企业进行管理和发展,并分别历经分立、合并、整合、改制和更名等多次调整,宏济堂制药集团公司与宏济堂阿胶公司的母公司宏济堂医药集团公司都与宏济堂老字号存在一定的历史渊源。"宏济堂"老字号分立时的资产及业务划分格局并不能作为现在或将来限制宏济堂制药集团公司或宏济堂医药集团公司经营范围的依据。宏济堂制药集团公司受让第5类的"宏济堂"商标,及其后注册其他类别的商标,与宏济堂医药集团公司的下属企业在第35类注册的"宏济堂"商标及使用相关字号,均有历史上的原因,有关各方在使用"宏济堂"字号及"宏济堂"商标进行生产经营活动时,均应遵守诚实信用、公平竞争原则,不仅应该共同维持"宏济堂"字号和"宏济堂"商标的良好形象和声誉,而且应该善意区分各自的产品及服务,尊重历史并善意地处理竞争中出现的字号及商标之间的冲突,避免造成相关公众的混淆误认。宏济堂阿胶公司系宏济堂医药集团公司投资设立,虽然成立时间较晚,但使用"宏济堂"作为字号,属于有正当理由。宏济堂阿胶公司注册使用的域名中"hjtej"是"宏济堂阿胶"的拼音首字母,也具有合理性。二审判决认定宏济堂阿胶公司使用"宏济堂"字号及相关域名不构成侵权,适用法律并无不当。

宏济堂阿胶公司在涉案阿胶产品上标注的"东流水"注册商标处于包装正面的中心位置,字号较大,比处于包装最下面的公司名称更加突出,具有更显著的识别作用。虽然该公司在包装上标注公司名称时对"宏济堂"三个字与其他字的大小、字体、颜色进行了特别处理,而且在该公司名称下面用小号字体标注的"原宏济堂阿胶厂"也与历史事实不完全相符,但是根据原审法院查明的事实,"原宏济堂阿胶厂"并非指向宏济堂制药集团公司或其他现存的市场主体,综合本案的事实来看,该行为尚不至于使相关公众产生误认,且本案没有证据表明宏济堂阿胶公司的行为有恶意攀附宏济堂制药集团公司商誉的不正当意图,也没有证据表明该公司的行为给宏济堂制药集团公司的商标权造成实际损害后果。因此,二审判决在指出宏济堂阿胶公司产品包装标注上的不当之处并要求其规范标注行为的基础上,综合考虑本案的事实,未认定该公司的上述行为构成对宏济堂制药集团公司的不正当竞争行为或商标侵权行为,认定事实及适用法律并无不当。[①]

---

① 最高人民法院民事裁定书(2014)民申字第1192号。

三、知名商品特有的名称、包装、装潢

经营者不得擅自使用知名商品特有的名称、包装、装潢，或者使用与知名商品近似的名称、包装、装潢，造成和他人的知名商品相混淆，使购买者误认为是该知名商品(《反不正当竞争法》5 条 2 项)。对于这一类的不正当竞争行为，可以从以下几个方面进行理解。

(一) 知名商品

知名商品是指在中国境内具有一定的市场知名度，为相关公众所知悉的商品。在具体判断中，法院应考虑下列因素：①涉案商品的销售时间、销售区域、销售额和销售对象；②进行任何宣传的持续时间、程度和地域范围；③作为知名商品受保护的情况。涉案商品是否具有一定的市场知名度，举证责任由原告承担(《最高法不正当竞争解释》1 条 1 款)。

在诉讼中，通常原告和被告对于涉案的商品名称、包装、装潢均投入一定力量进行宣传，使得涉案商品名称、包装、装潢在案件审理时，客观上具有一定市场知名度。有判决认为，谁率先进行有力的广告宣传活动，谁就有权依据反不正当竞争法提出主张；如果原告进行广告宣传的时间滞后于被告，即使原告实际使用涉案商品名称、包装、装潢的时间先于被告，也不能提出侵权主张；原告必须在被告进行广告宣传之前，通过自己的宣传活动使得涉案商品名称、包装、装潢具备知名度，其商品才属于《反不正当竞争法》上所说的“知名商品”。否则，原告的侵权主张就缺乏依据，不予支持。①

(二) 善意使用

中国幅员辽阔、市场广大，在不同地域范围内使用相同或者近似的知名商品特有的名称、包装、装潢的现象时有发生。如果在后使用者能够证明其是善意使用的，不构成不正当竞争行为(《最高法不正当竞争解释》1 条 2 款)。司法解释没有将该解释所针对的法律条文的文字加以明确。本书认为，该解释可以归结为对“擅自”二字做出的诠释。如果在后使用者是出于善意，则不属于“擅自”使用知名商品特有的名称、包装、装潢的情形，自然就不构成不正当竞争。

中国境内各地区间的经济交往日益频繁，起初仅在某一地域范围内进行的商业活动，随着客户群体的扩大，进入其他地区的现象屡见不鲜。如果在后的善意使用者的商品进入与知名商品相同的地域范围，造成混淆的，知名商品的权利

---

① 北京市高级人民法院知识产权庭. 知识产权经典判例 4. 北京：知识产权出版社，2009：426.

人可以请求法院责令在后的使用者附加足以区别商品来源的其他标识(《最高法不正当竞争解释》1 条 2 款)。

(三) 显著特征

知名商品的装潢包括“由经营者营业场所的装饰、营业用具的式样、营业人员的服饰等构成的具有独特风格的整体营业形象”(《最高法不正当竞争解释》3 条)。知名商品“特有”的名称、包装、装潢,是指具有区别商品来源的显著特征的名称、包装、装潢。缺乏显著特征的,不在此列,例如:①商品的通用名称、图形、型号;②仅仅直接表示商品的质量、主要原料、功能、用途、重量、数量及其他特点的商品名称;③仅由商品自身的性质产生的形状,为获得技术效果而需有的商品形状以及使商品具有实质性价值的形状;④其他缺乏显著特征的商品名称、包装、装潢(《最高法不正当竞争解释》2 条 1 款)。

可以发现,上述几种情形均属于《商标法》勾画的不具备显著特征的情形,上述司法解释沿袭了《商标法》界定显著特征的手法。《商标法》同时又规定,上述①、②、④情形下的标识,可以经过使用取得显著特征。上述司法解释又一次沿袭了《商标法》的做法,允许经过使用取得显著特征的上述①、②、④情形下的名称、包装、装潢,作为“特有”的名称、包装、装潢,享受《反不正当竞争法》的保护(《最高法不正当竞争解释》2 条 2 款)。

(四) 正当使用

《商标法》第 59 条第 1 款规定商标的正当使用条款,被复制成为知名商品特有的名称、包装、装潢的正当使用条款。具体条文如下:知名商品特有的名称、包装、装潢中含有本商品的通用名称、图形、型号,或者直接表示商品的质量、主要原料、功能、用途、重量、数量以及其他特点,或者含有地名,他人因客观叙述商品而正当使用的,不构成不正当竞争行为(《最高法不正当竞争解释》2 条 3 款)。

(五) 混淆和误认

混淆是指在相同商品上使用相同或者视觉上基本无差异的商品名称、包装、装潢。购买者误认是指使相关公众对商品的来源产生误认,包括误认为与知名商品的经营者具有许可使用、关联企业关系等特定联系(《最高法不正当竞争解释》4 条 1 款、2 款)。

上述司法解释还在以下三个方面沿袭《商标法》的相关规定:①商品的名称、包装、装潢属于《商标法》第 10 条第 1 款规定的不得作为商标使用的标志,当事人请求依照《反不正当竞争法》予以保护的,法院不予支持(《最高法不正当竞争解释》5 条)；②认定与知名商品特有名称、包装、装潢相同或者近似，可以参照商标相同或者近似的判断原则和方法(《最高法不正当竞争解释》4 条 3 款)；③确定不正当行为所造成的损害金额，可以参照确定侵犯注册商标权的损害金额的方法进行(《最高法不正当竞争解释》17 条 1 款)。

【相关案例】

案例 1

北京趣拿公司使用的“去哪儿”“去哪儿网”“qunar. com”是否构成知名服务的特有名称？北京趣拿公司经营的网站“去哪儿”网，于 2005 年 6 月以域名 qunar. com 上线运营，并自 2005 年起使用“去哪儿”或“Qunar”作为北京趣拿公司的代称对外签署合作协议、网络服务合同或进行宣传。2005—2009 年，“去哪儿”“qunar. com”“去哪儿网”等服务标识通过较大范围的网络宣传、传播、长期使用，在中国境内具有一定的市场知名度，为相关公众所知悉。公司主营收入 2007 年年度为 285 万余元，2008 年年度为 380 万余元，2009 年年度攀升为 1 078 万余元，2010 年年度更达到 2 129 万余元，间接证实“去哪儿”“qunar. com”“去哪儿网”等服务标识知名度的提升，因此上述服务应当认定为知名服务。“去哪儿”“去哪儿网”“qunar. com”等服务标识不属于通用名称，而是具有区别服务来源的显著特征的服务名称，应当认定为《反不正当竞争法》规定的知名服务的特有名称。

广州去哪公司使用“去哪”作为企业字号是否构成不正当竞争行为。广州去哪公司曾用名为广州市龙游仙踪旅行社有限公司，成立于 2003 年 12 月 10 日。2009 年 5 月 26 日，该公司经过工商登记变更名称为含有“去哪”字号的现名。广州去哪公司辩称，其使用“去哪”作为企业字号原因是该公司享有“quna. com”域名，“去哪”是根据域名的拼音而确定的，故具有合法依据。本院认为，该公司的理由不能成立。理由是：①广州去哪公司变更企业名称时间为 2009 年 5 月 26 日，而该公司经受让取得“quna. com”域名的时间为 2009 年 7 月 3 日，因此该公司取得域名与变更企业名称之间不具有直接的因果关系。②广州去哪公司与北京趣拿公司同属提供旅游业网络服务类的企业，且双方曾经有业务合作关系，广州去哪公司对北京趣拿公司享有的“去哪儿”等服务名称并不陌生。由于“quna. com”域名的拼音与“去哪”文字并不具有一一对应的关系，当广州去哪公司选择变更公司名称时，对于“去哪儿”等知名服务的特有名称，有依法规避的义务。③广州去哪公司未经许可，使用与知名服务特有名称“去哪儿”相近似的“去哪”

文字注册为企业字号,客观上造成和他人的知名服务相混淆,使消费者误认为是该知名服务的后果。广州去哪公司攀附"去哪儿"知名服务特有名称市场知名度的主观故意非常明显,违反诚实信用原则,构成不正当竞争。人民法院可以根据原告的诉讼请求和案件具体情况,确定被告承担停止使用、规范使用等民事责任。[①]

案例 2

重庆加多宝公司将"加多宝"作为企业名称中的字号进行使用的行为是否构成不正当竞争。《商标法》第 58 条规定,将他人注册商标、未注册的驰名商标作为企业名称中的字号使用,误导公众,构成不正当竞争行为的,依照《反不正当竞争法》处理。涉案"加多宝"商标的注册时间为 2002 年 1 月 7 日,"加多宝"红罐凉茶投放市场的时间是 2012 年年初,并在 2012 年年初至 2012 年 8 月期间在全国范围内进行较为广泛的宣传,故至 2012 年 8 月时,涉案"加多宝"商标已经具有一定的市场知名度。重庆加多宝公司原名中澳美浓生物技术有限公司,于 2012 年 6 月 1 日将企业名称变更为重庆加多宝公司。也就是说,"加多宝"商标注册时间在先,且在重庆加多宝公司将企业名称中的字号变更为"加多宝"之时,"加多宝"注册商标已经具有一定的市场知名度,故应作为合法的在先权利予以保护。因此,在"加多宝"注册商标的知名度已经为相关公众所知悉的情况下,重庆加多宝公司将"加多宝"作为企业名称中的字号进行登记并实际使用的行为,损害加多宝中国公司的合法权益,并可能产生市场混淆的后果,构成《反不正当竞争法》所禁止的不正当竞争行为。

关于重庆加多宝公司承担停止侵权的法律责任的具体方式。一审法院认为,因重庆加多宝公司的经营范围除饮料生产外,还包括推广生物工程技术、食品工程技术等其他经营项目,在这些项目中使用企业名称不会对商品来源产生混淆并扰乱市场经济秩序,故重庆加多宝公司仅需在饮料生产经营活动中停止使用"加多宝"字号即可。

对此本院认为:从重庆加多宝公司企业名称的构成来看。根据《企业名称登记管理规定》第 7 条的规定,企业名称由字号、行业或者经营特点、组织形式。本案中,重庆加多宝公司企业名称的全称为"重庆加多宝饮料有限公司",很明显,"饮料"所表述的是重庆加多宝公司所处行业或经营特点,因此,重庆加多宝公司

---

① 广东省高级人民法院民事判决书(2013)粤高法民三终字第 565 号。

的生产经营活动以饮料生产为重心而展开，其生产经营活动的性质和特点与“加多宝”商标核定使用的商品范围具有密切的关联性。一审法院未考虑重庆加多宝公司企业名称的构成和由此反映出的经营和行业特点，仅根据具体经营项目而对停止使用的范围进行限定的做法缺乏事实与法律依据，也无法避免市场混淆后果的发生，本院予以纠正。

从重庆加多宝公司变更企业名称的时间来看。重庆加多宝公司的企业名称是2012年6月1日由“重庆中澳美浓生物技术有限公司”变更而来，两企业名称前后变化巨大，且企业名称中的经营特点亦由“生物技术”变化为“饮料”。由于“加多宝”本身为臆造词，具有较强的固有显著性，而重庆加多宝公司选择在“加多宝”商标在中国大陆地区已经具有一定知名度的情况下，将企业名称中的字号变更为“加多宝”，并同时将经营特点及行业性质变更为与“加多宝”商标所涉商品类别相同的“饮料生产”，上述行为难谓巧合，重庆加多宝公司也未对此做出合理的解释。故重庆加多宝公司变更企业名称，并将“加多宝”作为企业名称中的字号进行使用的行为，具有明显攀附“加多宝”商标商业信誉的主观恶意。

从一审、二审判决确定的责任承担方式所可能产生的问题来看。本案中，根据一审、二审法院的判决内容，重庆加多宝公司所要承担的是在饮料生产经营活动中停止使用企业名称的法律责任。按照此判决内容，重庆加多宝公司在其生产的全部饮料商品上将不得使用该企业名称。根据《中华人民共和国产品质量法》第27条的规定，产品或其包装上必须标注真实的中文生产厂名、厂址。《中华人民共和国产品质量法》的上述规定属于强制性法律规范，经营者违反上述法律规定将导致严重的法律后果。因此，按照一审、二审判决确定的法律责任承担方式，重庆加多宝公司对判决内容的执行将直接导致违反国家强制性法律规定，上述判决所确定的法律责任承担方式明显不当。

综上，根据重庆加多宝公司的经营特点、行业特征，结合其变更企业名称的时间及主观过错程度，为从根本上杜绝本案市场混淆后果的产生，应判决重庆加多宝公司立即停止使用含有“加多宝”字号的企业名称的行为。一审、二审法院判决重庆加多宝公司在部分商品上停止使用企业名称的行为，缺乏事实与法律依据，本院对此予以纠正。①

---

① 最高人民法院民事判决书(2015)最高法民再375号。

案例3

关于桂林南药公司生产销售的乳酶生片与桂林制药厂生产的乳酶生片是否为同一种商品的问题。桂林南药公司是由桂林制药厂划出部分厂房、车间、产品等生产经营性资产与其所属的桂林市第二制药厂,联合其他企业经资产重组而成,且划出的产品仍在原有厂房、车间生产。原属桂林制药厂生产的包括乳酶生片产品在内的72个品种的生产单位自2001年12月1日起变更为桂林南药公司,后桂林制药厂又被桂林南药公司吸收合并。桂林南药公司和桂林制药厂生产的乳酶生片的名称和规格均相同。此外,桂林南药公司还提交了其于2002—2009年销售乳酶生片的购销合同原件,证明其一直在生产销售乳酶生片。以上事实和证据足以证明桂林南药公司一直在生产销售乳酶生片,而且该乳酶生片与桂林制药厂生产的乳酶生片为同一种商品,药品批准文号的变化并不足以证明两者不是同一种商品。

关于桂林南药公司能否承继桂林制药厂所有的知名商品特有的包装、装潢权益的问题。知名商品特有的包装、装潢属于《反不正当竞争法》保护的财产权益,应当可以转让和承继。在桂林制药厂生产的乳酶生片为知名商品的情形下,其生产的0.15克袋装乳酶生片的包装、装潢应当属于知名商品特有的包装、装潢。基于桂林南药公司和桂林制药厂本身具有较为特殊的承继关系且两者生产的乳酶生片为同一种商品,加之桂林南药公司和桂林制药厂在0.15克袋装乳酶生片上使用的包装、装潢并无实质性差别,桂林南药公司应当有权承继桂林制药厂所拥有的上述知名商品特有的包装、装潢权益,桂林南药公司生产销售的0.15克袋装乳酶生片的包装、装潢属于知名商品特有的包装、装潢。①

【思考题】

1. 试论字号的保护。
2. 试论知名商品特有的名称、包装、装潢的保护。
3. 试论关于域名的法律纠纷。

---

① 最高人民法院民事判决书(2013)民提字第163号。

第二节 《专利法》的相关领域

引言

《商标法》的相关领域集中在《反不正当竞争法》保护的范畴。《专利法》的相关领域分散在多个法规之中，主要包括《反不正当竞争法》保护的商业秘密、《集成电路布图设计保护条例》保护的布图设计以及《植物新品种保护条例》保护的植物品种。

关键词

集成电路布图设计 布图设计专有权 独创性 复制 商业利用 商业秘密 保密措施实用性 不为公众所知悉 直接获得者 间接获得者 植物新品种 品种权 繁殖材料

《专利法》的相关领域至少包括集成电路布图设计、商业秘密和植物新品种。世界贸易组织管理的《与贸易有关的知识产权协定》（简称《TRIPS》）第2章共8节，依次规定了著作权及著作邻接权、商标、原产地标志、外观设计、发明专利、集成电路布图设计、未披露过的信息的保护、妨碍竞争的知识产权许可条款。从条文的先后次序来看，发明专利、集成电路布图设计、商业秘密三者前后相连。从条文的内在联系来看，集成电路布图设计的保护条款沿袭了《专利法》的相关内容；商业秘密保护条款的存在，使得发明人可以不选择将发明公开以获得专利权的保护，而选择将发明保密以获得商业秘密的保护。因此，《TRIPS》第2章的条文不是杂乱无章而是井然有序，在体例上，我们可以认为，集成电路布图设计和商业秘密是作为《专利法》的相关领域出现在《TRIPS》之中的。

《TRIPS》第2章第27条在规定可获专利的对象时，允许缔约国将植物品种排除在可获专利的对象之外，但同时要求缔约国为植物品种量身定做一套保护制度。植物新品种要在我国享受保护，必须满足新颖性、特异性、一致性等条件。某个植物品种是否符合这些条件，要经过行政部门的初步审查及实质审查后方能得知,审查通过的申请人可以获得品种权,品种权的内容将被公告,这些方面与《专利法》存在相似之处。因此,我们有理由认为,植物新品种和集成电路布图设计、商业秘密一样,属于《专利法》的相关领域。

一、集成电路布图设计

集成电路是指以半导体材料为基片,将至少有一个是有源元件的两个以上元件和部分或者全部互连线路集成在基片之中或者基片之上,以执行某种电子功能的中间产品或者最终产品。集成电路中的元件制造技术方案满足新颖性、创造性等条件的,可以成为《专利法》保护的对象。但是,元件和线路的三维配置往往满足不了新颖性、创造性等条件,享受不了《专利法》的保护。要想实现合理高效的三维配置,需要大规模的设备投资,进行大量的研究开发工作,而三维配置被投入应用后,非常容易被模仿。

为了鼓励集成电路技术的创新,促进科学技术的发展,国务院制定了《集成电路布图设计保护条例》(简称《布图条例》)。《布图条例》将元件和线路的三维配置称为布图设计,赋予相关人员以专有权,给予法律保护。《布图条例》融合了《专利法》及《著作权法》的相关制度和条文,在登记制度的设计与强制许可的内容方面,采用与《专利法》颇为相似的规则;在权利归属的界定及权利对象的勾画方面,沿袭《著作权法》的规则。

(一)布图设计专有权人

某项布图设计的专有权人是谁,需要经过以下程序才能确定。第一,确认布图设计是否属于下列三种情形之一:①由法人或者其他组织主持,依据法人或者其他组织的意志而创作,并由法人或者其他组织承担责任的布图设计,法人或者其他组织作为创作者,享有专有权(《布图条例》9条2款);②两个以上自然人、法人或者其他组织合作创作的布图设计,专有权的归属由合作作者约定,未作约定或者约定不明的,专有权由合作者共同享有(《布图条例》10条);③受委托创作的布图设计,专有权的归属由委托人和受托人双方约定,未作约定或者约定不明的,专有权由受托人享有(《布图条例》11条)。第二,不属于上述任何一种情形的布图设计,专有权由创作者享有(《布图条例》9条1款)。可以看出,《布图条例》对权利归属的勾画,在一定程度上沿袭《著作权法》的手法,尤其是法人作品、合作作品以及委托作品的相关规定。

创作者是指中国公民,对于外国人创作的布图设计,《布图条例》有下列规定:①首先在中国境内投入商业利用的,依照《布图条例》享有专有权;②创作者所属国同中国签订有关布图设计保护协议或者与中国共同参加有关布图设计保护国际条约的，依照《布图条例》享有专有权(《布图条例》3 条)。

(二) 登记

布图设计专有权经国家知识产权局登记产生，未经登记的布图设计不能享受《布图条例》的保护(《布图条例》8 条)。登记需要履行一定手续，对于布图设计的创作者而言，有一定负担。但是，如果不登记，布图设计就得不到保护。因此，登记与否，对于创作者而言，是一个需要仔细斟酌的问题。创作者无须在布图设计推向市场之前就该问题做出决断，《布图条例》给予布图设计的创作者两年时间去考虑此事。创作者在布图设计在世界任何地方首次商业利用之日起两年内，均可提出登记申请(《布图条例》17 条)。在这段时间内，创作者可以权衡登记的负担以及不登记的后果，最后做出决断。超过两年没有提出登记申请的，布图设计不受《布图条例》保护。商业利用是指为商业目的进口、销售或者以其他方式提供受保护的布图设计、含有该布图设计的集成电路或者含有该集成电路的物品的行为(《布图条例》2 条 5 项)。

布图设计登记申请经初步审查，未发现驳回理由的，国家知识产权局将予以登记，发给登记证明文件，并予以公告(《布图条例》18 条)。布图设计专有权的保护期为 10 年，自布图设计登记申请之日或者在世界任何地方首次投入商业利用之日起计算，以较前日期为准。无论是否登记或者投入商业利用，布图设计自创作完成之日起 15 年后，不再受《布图条例》保护(《布图条例》12 条)。

(三) 权利的对象

《布图条例》第 4 条规定，受保护的布图设计应当具有独创性，是创作者自己的智力劳动成果，并且在其创作时，布图设计在布图设计创作者和集成电路制造者中不是公认的常规设计。由常规设计组成的布图设计，其组合作为整体具有独创性的，可以受《布图条例》保护。

《布图条例》第 5 条规定，“本条例对布图设计的保护，不延及思想、处理过程、操作方法或者数学概念等”。该条款与以著作权的方式给予计算机软件保护的《计算机软件保护条例》第 6 条颇为相似。

(四) 权利的效力

1. 权利的内容

布图设计专有权人享有下列两种权利：①禁止他人复制布图设计的全部或者其中任何具有独创性的部分；②禁止他人将布图设计、含有该布图设计的集成电路或者含有该集成电路的物品投入商业利用(《布图条例》7 条)。复制是指重复制作布图设计或者含有该布图设计的集成电路的行为(《布图条例》2 条 4 项)。

2. 不视为侵权的行为

对于专有权人享有的上述权利,《布图条例》施加一定限制。下列行为可以不经专有权人许可,并不向其支付报酬:①为个人目的或者单纯为评价、分析、研究、教学等目的而复制布图设计的行为;②在依据前项评价、分析的基础上,创作出具有独创性的布图设计的行为;③对自己独立创作的与他人相同的布图设计进行复制或者将其投入商业利用的行为;④布图设计、含有该布图设计的集成电路或者含有该集成电路的物品,由布图设计专有权人或者经其许可投放市场后,他人再次进行商业利用的行为(《布图条例》23 条、24 条)。

3. 强制许可

《布图条例》第 25 条至第 29 条规定,下列三种情况下,国家知识产权局可以给予自然人、法人或者其他组织以强制许可:①国家出现紧急状态或非常情况时;②为了公共利益的目的;③经法院、不正当竞争行为监督检查部门依法认定布图设计权利人有不正当竞争行为而需要给予补救时。获得强制许可的人,应当向专有权人支付合理的报酬,但是不享有独占的使用权,并且无权允许他人使用。这些方面和专利权颇为相似。《专利法》第 56 条及第 57 条规定,取得实施强制许可的单位或者个人应当付给专利权人合理的使用费,但是不享有独占的实施权,并且无权允许他人实施。

(五) 民事责任

布图设计专有权人可以获得停止侵害、赔偿损失的民事救济,赔偿数额为侵权人所获利益或者专有权人所受损失,包括专有权人为制止侵权行为支付的合理开支(《布图条例》30 条)。如果满足一定要件,专有权人还可以在起诉前向法院申请采取责令停止侵害行为和财产保全的措施(《布图条例》32 条)。

在获得含有布图设计的集成电路或者含有该集成电路的物品时,不知道也没有合理理由应当知道其中含有非法复制的布图设计,而将其投入商业利用的,不视为侵权。但是,行为人得到其中含有非法复制的布图设计的明确通知后,应当向布图设计权利人支付合理的报酬(《布图条例》33 条)。

(六) 共有

布图设计是两个以上单位或者个人合作创作的,创作者应当共同申请布图设计登记,有合同约定的,从其约定。对于共有的专有权,每个权利人在没有征得其他权利人同意的情况下,都不得将其持有的那一部分权利进行转让、出质或者与他人订立独占许可合同或者排他许可合同(《布图细则》10 条)。

【相关案例】

只要原告提供的证据以及所做的说明可以证明其主张保护的布图设计不属于常规设计的,则应当认为已经完成初步的举证责任。在此情况下,被告只要能够提供一份相同或者实质性相似的常规布图设计,即足以推翻原告的主张。

布图设计独创性的标准与芯片实现的功能并没有直接关系,完全可能存在由常规设计组成的布图设计实现一个崭新的芯片功能情况,也可能存在通过自主设计出非常规设计的布图来实现与其他芯片完全相同功能的情形。因此,被告芯片的布图设计主要性能和使用功能上的优越并不能成为被告不侵权的抗辩理由。

受保护的布图设计中任何具有独创性的部分均受法律保护,而不论其在整个布图设计中的大小或者所起的作用。本案所涉两个布图存在常规的布图设计,被告完全可以使用这些常规设计或者自行研发创作出具有独创性的不同的布图设计。但是,被告没有采取上述做法,而是直接复制原告具有独创性的布图设计用于制造涉案芯片并进行销售,其行为已经构成侵权。

实现相同或相似功能的芯片必然在电路原理上存在相似性,而电路原理不属于《布图条例》规定的可赋予专有权的部分,因此法律并不禁止对他人芯片的逐层摄片分析研究其中的电路原理,然后进行重新设计或替换设计。这个过程中的分析和设计是要投入较多的时间和成本的。而在发展迅速的集成电路行业,竞争对手这些时间和成本的投入能够保证被模仿的企业可以在一定的时间内仍然保有自己的竞争优势,这也是法律允许反向工程的原因所在。但是,法律并不允许在反向工程的基础上直接复制他人的布图设计,因为这将大幅度减少竞争对手在时间和成本上的投入,从而极大地削弱被模仿企业的竞争优势,最终将降低整个集成电路行业创新的积极性。

对于被告拒绝提供相关财务资料的行为,原审法院已经将原告主张的被告在其网站页面显示的 1 000 万片的销售数量作为本案赔偿数额的计算依据,即被告已经依法承担举证不能的不利后果。根据原审法院保全到的部分增值税发票,涉案芯片的销售价格为 4.20 ~ 4.80 元,对于销售利润双方均未提交证据证明。为免失当,原审法院未将原告主张的被控侵权产品的销售价格、销售利润作为本案赔偿数额的计算依据。紫图鉴定中心的鉴定报告明确原告主张的其余独创性部分双方并不相同或实质性相似,故原告以其余模块双方也存在相同部分为由要求被告以全部获利进行赔偿的主张,显然缺乏依据。涉案两项布图设计在被控侵权芯片中所起的作用确非核心和主要作用且所占的布图面积确实较小,原审法院将其作为被告的侵权情节在确定赔偿数额时予以考虑,亦无不妥。通过直接复制涉案两项布图设计,被告节约了自行研发的投入,缩短了芯片研发时间,并据此获得了市场竞争优势,因此也不能完全按照该两项布图在芯片中所占的比例来确定赔偿数额。综上,原审法院根据本案实际情况判决被告赔偿原告包括合理支出在内的经济损失人民币320万元,并无不当。①

二、商业秘密

解决某个技术问题的技术方案形成后,人们可以请求国家知识产权局将技术方案公开,申请获得发明专利权,禁止他人实施技术方案;也可以采取措施将技术方案保密,作为商业秘密的权利人,禁止直接或者间接获得技术方案的人使用、披露。如何在这两种保护机制中做出选择,首先要具体考虑产品的特性。如果随着产品的上市,其使用的技术方案很容易被竞争对手知晓,选择专利制度的保护无疑是明智的。如果竞争对手很难从公开销售的产品中得知技术方案,则通过保密措施保护也许更为有利。

法律给予商业秘密的保护过高,是否会诱导人们选择将技术方案保密,而放弃将技术方案公开?专利制度的根基是否会因此而受到动摇?这些是理论界一直探讨的问题。在对这些问题进行深入研究之前,首先要了解我国对商业秘密是如何进行保护的。

(一)构成要件

某项信息是否属于受《反不正当竞争法》保护的商业秘密,取决于信息是否满足下列四个要件:①权利人是否采取保密措施;②是否具有实用性;③是否不为公众所知悉;④是否属于技术信息或者经营信息(《反不正当竞争法》10条3款)。

1. 保密措施

保密措施是指权利人为防止信息泄露所采取的与其商业价值等具体情况相

---

① 上海市高级人民法院民事判决书(2014)沪高民三(知)终字第12号。

适应的合理保护措施。权利人是否采取保密措施,法院将根据所涉及的信息载体的特性、权利人保密的意愿、保密措施的可识别程度、他人通过正当方式获得的难易程度等因素,进行认定。

如果权利人采取下列措施,且这些措施在正常情况下足以防止涉密信息泄露的,法院将认定权利人采取保密措施:①限定涉密信息的知悉范围,只对必须知悉的相关人员告知其内容;②对于涉密信息载体采取加锁等防范措施;③在涉密信息的载体上标有保密标志;④对于涉密信息采用密码或者代码等;⑤签订保密协议;⑥对于涉密的机器、厂房、车间等场所限制来访者或者提出保密要求;⑦确保信息秘密的其他合理措施(《最高法不正当竞争解释》11 条)。

2. 实用性

实用性是指涉案信息具有现实的或者潜在的商业价值,能为权利人带来竞争优势(《最高法不正当竞争解释》10 条)。

3. 不为公众所知悉

不为公众所知悉是指涉案信息不为其所属领域的相关人员普遍知悉和容易获得。如果涉案信息具有下列情形之一的,则很可能已经被知悉:①该信息是其所属技术或者经济领域的人的一般常识或者行业惯例;②该信息仅涉及产品的尺寸、结构、材料、部件的简单组合等内容,进入市场后相关公众通过观察产品即可直接获得;③该信息已经在公开出版物或者其他媒体上公开披露;④该信息已通过公开的报告会、展览等方式公开;⑤该信息从其他公开渠道可以获得;⑥该信息无须付出一定的代价而容易获得(《最高法不正当竞争解释》9 条)。

4. 经营信息

《反不正当竞争法》保护的经营信息包括客户名单,即客户的名称、地址、联系方式以及交易习惯、意向、内容等构成的区别于相关公知信息的特殊客户信息,包括汇集众多客户的客户名册以及保持长期稳定交易关系的特定客户(《最高法不正当解释》13 条 1 款)。

(二) 不正当竞争行为的类型

1. 直接获得者的不正当竞争行为

直接从权利人处获取商业秘密的行为概括起来有两种。一是以不正当手段获取商业秘密的行为。这一类行为的行为人,不仅其获取行为(盗窃、利诱、胁迫等行为)本身构成不正当竞争行为,其披露、使用或者允许他人使用涉案商业秘密的行为也属于不正当竞争行为。二是以正当手段获取商业秘密的行为。例如,劳动者出于业务需要从用人单位知悉商业秘密。这一类行为的行为人,其获取行为是合法的。但是,如果劳动者违反约定或者违反权利人有关保守商业秘密的要求,披露、使用或者允许他人使用其所掌握的商业秘密,则构成不正当竞争行为。

争论较多的是上述第二种行为。在实践中,劳动者离职后,客户也随着该劳动者离开的现象时有发生。劳动者带走的不仅是客户,还有客户名单等经营信息。如果客户名单符合商业秘密的构成要件,劳动者的行为是否构成对商业秘密的侵害？司法解释认为,如果客户基于对职工个人的信赖而与职工所在单位进行市场交易,该职工离职后,能够证明客户自愿选择与其或者其新单位进行市场交易的,法院应当认定职工没有采取不正当手段,但职工与原单位另有约定的除外(《最高法不正当竞争解释》13 条)。

2. 间接获得者的不正当竞争行为

间接获得者是指从直接获得者处获取商业秘密的人,间接获得者明知或者应知直接获得者的不正当竞争行为,获取、使用或者披露涉案商业秘密的,视为侵犯商业秘密(《反不正当竞争法》10 条 2 款)。

(三) 诉讼主体及举证责任

法院应当受理商业秘密的下列主体提起的诉讼:①独占使用许可合同的被许可人;②排他使用许可合同的被许可人和权利人共同提起的诉讼;③排他使用许可合同的被许可人在权利人不起诉的情况下,自行提起的诉讼;④普通使用许可合同的被许可人和权利人共同提起的诉讼;⑤普通使用许可合同的被许可人经权利人书面授权,单独提起的诉讼(《最高法不正当竞争解释》15 条)。

在诉讼中,原告应当证明下列事项:①原告拥有的商业秘密符合法定条件。所需证据包括商业秘密的载体、具体内容、商业价值和对该项商业秘密所采取的具体保密措施;②对方当事人的信息与原告的商业秘密相同或者实质相同;③对方当事人采取了不正当手段(《最高法不正当竞争解释》14 条)。

作为被告,可以针对原告的上述证明进行反驳。例如,被告可以举证证明自己所使用的信息是通过自行开发研制或者反向工程获得的,没有采取不正当手段。反向工程是指通过技术手段对从公开渠道取得的产品进行拆卸、测绘、分析等而获得该产品的有关信息(《最高法不正当竞争解释》12 条)。

(四) 民事责任

侵犯商业秘密的主要民事责任有停止侵害与损害赔偿。法院给予停止侵害的救济时,停止侵害的时间一般持续到该项商业秘密已为公众知悉时为止。如果这样的判决明显不合理,法院可以在保护权利人依据其商业秘密应当获得竞争优势的情况下,判决侵权人在一定期限或者范围内停止使用涉案商业秘密(《最高法不正当竞争解释》16 条)。

至于侵犯商业秘密的损害赔偿,法院可以参照确定侵犯专利权的损害赔偿额的方法计算赔偿金额。如果侵权行为导致商业秘密已经为公众所知悉,法院将根据涉案商业秘密的商业价值确定赔偿金额。商业价值是根据商业秘密研究开发的成本、实施的收益、可得的利益、可保持竞争优势的时间等因素确定(《最高法不正当竞争解释》17 条)。

【相关案例】

网站运营过程中形成的注册用户信息,在何种条件下构成商业秘密?一起来看 2012 年 2 月 24 日上海高级人民法院判决的一个案子。

首先,虽然单个用户的注册用户名、注册时间等可能易于获取,但是涉案网站数据库中 50 多万个注册用户名、注册密码和注册时间等一一对应的信息组成的综合海量用户信息并不易被相关领域的人员普遍获悉和容易获得。其次,网站的广告收入等经济利益与网站的访问量密切相关,上述海量的用户信息证明涉案网站作为游戏网站具有较大的用户群和访问量,因此上述用户信息能为万联公司带来经济利益,具有实用性。最后,万联公司为涉案网站数据库设置了密码,该密码只有主要技术人员周慧民和万联公司的法定代表人邱奇知晓,且在万联公司与周慧民签订的《聘用合同书》中约定了保密条款,因此可以认定万联公司对上述用户信息采取了保密措施。综上所述,涉案网站数据库中的用户信息包括客户名单数据表中的注册用户名字段、注册密码字段和注册时间字段等,构成商业秘密。

上诉人周慧民在未经万联公司许可的情况下,利用自己掌握的数据库密码擅自从万联公司的涉案网站复制、使用包含上述商业秘密的数据库,该行为侵犯了被上诉人万联公司的商业秘密。本案是商业秘密侵权纠纷,数据库程序的著作权归属问题与本案并无直接关联。且本案系争的注册用户名、注册密码和注册时间等信息是万联公司在运营涉案网站过程中形成的,而非周慧民创作完成。

本案中被上诉人万联公司的实际损失以及上诉人周慧民和 4 名原审被告的侵权获利均无确切的证据证明,原审法院综合考虑涉案网站的知名度、本案商业秘密的开发成本、实施该项商业秘密的收益、可得利益、可保持竞争优势的时间以及上诉人和4名原审被告侵权的范围、主观过错程度、侵权行为的持续时间等因素,参照确定侵犯专利权的损害赔偿额的方法,酌情确定包括合理费用在内的人民币100万元的赔偿数额,并无不妥。[①]

(五) 刑事责任

有下列侵犯商业秘密行为之一,给商业秘密的权利人造成重大损失的,处3年以下有期徒刑或者拘役,并处或者单处罚金;造成特别严重后果的,处3年以上7年以下有期徒刑,并处罚金:①以盗窃、利诱、胁迫或者其他不正当手段获取权利人商业秘密的;②披露、使用或者允许他人使用以前项手段获取权利人商业秘密的;③违反约定或者违反权利人关于有关保守商业秘密的要求,披露、使用或者允许他人使用其所掌握商业秘密的。明知或者应知以上所列行为,获取、使用或者披露他人商业秘密的,以侵犯商业秘密论。权利人是指商业秘密的所有人和经商业秘密所有人许可的商业秘密使用人(《刑法》219条)。"重大损失"是指损失数额在50万元以上;"特别严重后果"是指损失数额在250万元以上(《最高法最高检知识产权刑事解释》7条)。

三、植物新品种

植物新品种是指经过人工培育的或者对发现的野生植物加以开发,具备新颖性、特异性、一致性和稳定性并有适当命名的植物品种。某个植物品种是否符合这些条件,需要申请人提出申请,并由行政机关进行审查后才能得知。审批通过后,申请人被授予品种权,植物新品种才得以保护。

国务院制定了《植物新品种保护条例》(简称《品种条例》),《品种条例》对植物新品种保护的相关事项进行了较为详细的规定。《品种条例》规定,农业部及林业局分工负责品种权申请的受理和审查并对符合规定的植物新品种授予品种权(《品种条例》3条)。品种权经行政审批而产生,这一点与发明专利权颇为相似。

(一) 权利的归属

某个植物品种被培育出来后,到底谁有权就该品种申请品种权,要看该品种是否属于职务育种。职务育种是指执行本单位的任务或者主要是利用本单位的物质条件所完成的植物品种。有权就职务育种申请品种权的,是单位而不是实

---

① 上海市高级人民法院民事判决书(2011)沪高民三(知)终字第100号。

际完成育种的个人。完成育种的个人只有权就非职务育种申请品种权(《品种条例》7 条)。《品种条例》的这些规定与《专利法》职务发明的规定类似。

(二) 获得品种权的条件

植物新品种的定义体现了获得品种权的 5 项条件,即新颖性、特异性、一致性、稳定性以及适当命名。

新颖性是指植物新品种在申请日前该品种繁殖材料未被销售,或者经育种者许可在中国境内销售该品种繁殖材料未超过 1 年;在中国境外销售藤本植物、林木、果树和观赏树木品种繁殖材料未超过 6 年,销售其他植物品种繁殖材料未超过 4 年(《品种条例》14 条)。特异性是指植物新品种应当明显区别于在递交申请以前已知的植物品种(《品种条例》15 条)。一致性是指植物新品种经过繁殖,除可以预见的变异外,其相关的特征或者特性一致(《品种条例》16 条)。稳定性是指植物新品种经过反复繁殖后或者在特定繁殖周期结束时,其相关的特征或者特性保持不变(《品种条例》17 条)。植物新品种应当具备适当的名称,并与相同或者相近的植物属或者种中已知品种的名称相区别,名称经注册登记后即为该植物新品种的通用名称。下列名称不得用于品种命名:①仅以数字组成的名称;②违反社会公德的名称;③对植物新品种的特征、特性或者育种者的身份等容易引起误解的名称(《品种条例》18 条)。

某个植物品种是否符合上述条件,需要经过农业部或者林业局的审查后方能知晓,审查分为初步审查和实质审查。新颖性及命名是否适当属于初步审查的对象,其他条件是否得到满足将在实质审查中得到明了(《品种条例》27 条、29 条)。对审查通过的申请,审批机构将做出授予品种权的决定,颁发品种权证书,并予以登记和公告(《品种条例》31 条)。品种权的保护期限自授权之日起,藤本植物、林木、果树和观赏树木为 20 年,其他植物为 15 年(《品种条例》34 条)。

(三) 权利的效力

品种权人可以禁止他人的下列行为:①为商业目的生产或者销售植物新品种的繁殖材料;②为商业目的将植物新品种的繁殖材料重复使用于生产另一品种的繁殖材料(《品种条例》6 条)。繁殖材料是指整株植物(包括苗木)、种子(包括根、茎、叶、花、果实等)以及构成植物体的任何部分(包括组织和细胞)(《植物新品种保护条例实施细则(林业部分)》4 条)。

品种权人能够禁止他人行为的范围限定于苗木、种子等繁殖材料,对于苗木结出的果实、种子结出的谷物等收获物,品种权人无权禁止这些收获物的生产厂家、流通企业、销售企业、进口企业所进行的生产行为、销售行为以及进口行为。同样,对于收获物的加工品,例如,由新型杂交水稻品种结出的谷物加工而来的米,品种权人也无权主张其权利。

《品种条例》赋予下列两种行为以法定许可:①利用植物新品种进行育种及其他科研活动;②农民自繁自用植物新品种的繁殖材料。这两种行为的行为人可以不经品种权人许可,不向其支付使用费(《品种条例》10 条)。

(四) 诉讼主体及民事责任

对于侵害品种权的行为,品种权人可以提起诉讼。从品种权人处获得许可的被许可人,在下列情况下,也可提起诉讼:①独占实施许可的被许可人可以单独向法院提起诉讼;②排他实施许可的被许可人可以和品种权人共同起诉,也可以在品种权人不起诉时,自行起诉;③普通实施许可的被许可人经品种权人明确授权,可以起诉(《最高人民法院关于审理侵犯植物新品种权纠纷案件具体应用法律问题的若干规定》1 条)。

被侵权人可以获得的民事救济包括停止侵害和损害赔偿。法院可以根据被侵权人的请求,按照被侵权人因侵权所受损失或者侵权人因侵权所得利益确定赔偿数额。被侵权人请求按照植物新品种实施许可费确定赔偿数额的,法院可以根据植物新品种实施许可的种类、时间、范围等因素,参照该植物新品种实施许可费合理确定赔偿数额。如果按照以上方法还是难以确定赔偿数额的,法院可以综合考虑侵权的性质、期间、后果,植物新品种实施许可费的数额,实施许可的种类、时间、范围及被侵权人调查、制止侵权所支付的合理费用等因素,在 50 万元以下确定赔偿数额(《最高人民法院关于审理侵犯植物新品种权纠纷案件具体应用法律问题的若干规定》6 条)。

【相关案例】

吉林省九台市园林绿化管理处(简称九台园林处)系事业单位法人,具有建设城市园林绿地的职能,但是判断其行为是否具有商业目的不能仅以主体性质来判断,而应当结合主体的行为进行综合判断。涉案植物新品种美人榆具有无性繁殖的特性,本身即为繁殖材料,所以,九台园林处的种植行为属于生产授权品种的繁殖材料的行为。九台园林处没有从品种权人处购买美人榆,而擅自进行种植使用,不但损害品种权人的利益,其自繁自用的行为也暗含商业利益,应当认定为具有商业目的。九台园林处生产授权品种的繁殖材料的行为系用以街道绿化，其行为既不是利用授权品种进行科研活动，更不是农民自繁自用，不符合《品种条例》第 10 条规定的可以不经品种权人许可，不向其支付使用费的情况。九台园林处生产授权品种的繁殖材料的行为不但美化城市环境，而且客观上起到提升城市形象、优化招商引资环境的作用，从促进地方经济发展的角度来看也具有商业目的。综合上述事实，本院认为能够认定九台园林处生产授权品种的繁殖材料的行为侵害了涉案植物新品种权。至于品种使用费的数额，考虑到涉案品种的价值、涉案品种使用费数额、九台园林处种植的范围以及九台园林处的种植行为具有一定公益性质等因素，确定九台园林处支付品种权人使用费 20 万元。①

【思考题】

1. 试论布图设计专有权的归属、获得条件及效力。
2. 试论品种权的归属、获得条件及效力。
3. 试论商业秘密侵害诉讼中原告的举证责任及被告的抗辩理由。

---

① 山东省高级人民法院民事判决书(2014)鲁民再字第 13 号。

第五章　主要国际条约

第一节　总　　论

引言

国际条约对缔约国具有约束力，有利于在世界范围内构建知识产权保护的共识。世界知识产权组织（WIPO）管理的《巴黎公约》和《伯尔尼公约》、世界贸易组织（WTO）管理的《TRIPS》，是有关知识产权的重要国际条约。

关键词

巴黎公约　伯尔尼公约　WIPO　WTO　TRIPS　国际条约的效力

一、国际条约的概要

随着全球经济一体化趋势的加强以及跨国公司产业转移的日益活跃，一国《知识产权法》保护的信息想要在另一国享受一定保护的诉求日渐高涨。为保护知识产权而缔结国际条约，从而在全球范围内就如何保护知识产权逐渐形成共识，成为《知识产权法》发展进程中的一个特色。国际条约是学习和研究《知识产权法》时不可或缺的一部分内容。

中国顺应自身经济发展的需要，立足开拓世界市场的战略，加入许多有关知识产权的国际条约。中国根据国际条约的要求，对国内的《知识产权法》进行修改，为在全球范围内逐步构建知识产权保护的共识做出了重要贡献。中国在实现国内《知识产权法》与国际条约接轨时，基本上是在贯彻国际条约精神的基础上，综合考虑自身的国情以及与其他法律的衔接，最后做出相应安排。国际条约的条文往往比较抽象，总是在确立基本原则的基础上，允许各国在国内立法中做出具体安排。

知识产权国际条约的历史可以追溯到1878年在巴黎召开的世界博览会，巴黎世博会揭开了各国就缔结专利权、商标权等工业所有权及著作权方面的国际条约进行磋商的帷幕。先后于1883年诞生了《保护工业产权巴黎公约》（简称《巴黎公约》），1886年诞生了《保护文学艺术作品伯尔尼公约》（简称《伯尔尼公约》）。这两个条约经过多次修改、充实后，成为今天知识产权国际条约的重要组成部分。

随着历史的变迁，管辖这些条约的国际机构由“保护知识产权联合国际局”（BIRPI）变更为“世界知识产权组织”（WIPO）。该组织作为联合国的专门机构之一，为在全球范围内构建知识产权保护的共识发挥着重要作用，先后主持制定了《专利合作条约》《世界知识产权组织版权条约》等重要国际条约。

提到有关知识产权的国际条约，不可不提《与贸易有关的知识产权协定》（简称《TRIPS》）。该条约的名称本身体现了知识产权在国际贸易中所占据的重要地位。国际贸易的交易对象中，蕴含着大量的发明、实用新型、外观设计、商标、字号、知名商品的包装、商业秘密等亟须知识产权保护的信息。这些信息对于参与国际贸易的企业而言，其价值在作为贸易对象的商品或者服务中，往往占据较高比重。作为提供商品或服务的企业，往往期待输入国具备完整的、达到一定保护水平的《知识产权法》体系。

知识产权与国际贸易因此而密不可分。如何保护知识产权，成为国际社会磋商国际贸易新体制时讨论的一个焦点。经过一系列的谈判，成立世界贸易组织（WTO）的文件于1994年在摩洛哥的马拉喀什签署，并于1995年1月1日生效。作为该文件的一部分，《TRIPS》也随即生效。由于《TRIPS》是所有加入WTO的国家所必须签署文件的一部分，随着我国于2001年加入WTO，该协定成为我国必须遵守的国际条约之一。

相对于某一类知识产权保护的《巴黎公约》及《伯尔尼公约》而言，《TRIPS》的特点在于：①覆盖了几乎所有类型的知识产权；②为这些知识产权的保护设定了各成员必须达到的最低保护标准；③创设了各成员之间的知识产权争议解决机制。

当然，WTO的成立给知识产权国际条约带来的影响不止于《TRIPS》。在WTO建立的多边贸易框架下，各成员可以缔结双边自由贸易条约。各成员可以在这些条约中商定高于《TRIPS》要求的保护水平，也可以商定一些具体措施，保障《TRIPS》在国内法层面得到更有效的贯彻实施。

在WTO的多边贸易框架下，作为加盟WTO所必须签署的文件之一，

《TRIPS》被广为瞩目,激发了各国讨论知识产权问题的热情。各国议论的问题集中在以下 5 个方面:①发展中国家可以通过何种方式获得受专利保护的药品;②应当如何保护传统知识和民间文学艺术作品;③《TRIPS》与生物多样性公约的关系;④原产地标志保护范围的扩大;⑤葡萄酒及白酒的原产地标志多边通报与注册制度。

二、国际条约的效力

《伯尔尼公约》《世界知识产权组织版权条约》《与贸易有关的知识产权协定》,其中的"公约""条约""协定"分别译自英语的"Convention""Treaty""Agreement"。关于三者在法律上的关系,《世界知识产权组织版权条约》第 1 条第 1 款规定,"This Treaty is a special agreement within the meaning of Article 20 of Berne Convention for the Protection of Literary and Artistic Works"(译文:本条约是《伯尔尼公约》第 20 条所规定的特别协定)。该条款给我们的印象是,条约和协定是对等关系,位阶在公约之下。但是,无论是《伯尔尼公约》《世界知识产权组织版权条约》还是《与贸易有关的知识产权协定》,中国作为成员国必须履行自己的义务,因此而受到的约束都是同样的。本书将公约、条约及协定统称为国际条约。

中国缔结或者参加的国际条约同中国的民事法律有不同规定的,适用国际条约的规定,但中国声明保留的条款除外(《民法通则》142 条 2 款)。《知识产权法》在很大程度上可以归入民事法律的范畴。当《TRIPS》《巴黎公约》或《伯尔尼公约》和《著作权法》《专利法》《商标法》等有不同规定的,法院是不是可以直接适用该国际条约的规定呢?

中国《知识产权法》的许多规定源自国际条约。特别是在加入 WTO 后,《知识产权法》的许多规定都依照《TRIPS》的内容进行了修改,最大程度上避免了国内法和国际条约"撞车"的现象。即便如此,万一国际条约和国内法之间出现不协调的地方,法院是不是可以直接适用国际条约的规定呢?这就要看国际条约及其相关规定是不是具备在国内直接适用的可能性。有的条约条文是任意条款而非强制条款,缔约方可以选择不执行。只有国际条约及其相关规定均具备国内适用可能性,才可以直接作为国内审判的依据。

【思考题】

1. 试论国际条约的概要。
2. 试论国际条约的效力。

第二节 与贸易有关的知识产权协定

引言

《TRIPS》的主要原则包括国民待遇原则、最惠国待遇原则以及公开透明原则。这些原则与WTO创设的争端解决机制一起,为在全球范围内构建知识产权保护的共识发挥着一定作用。《TRIPS》并不完美,在权利用尽问题上的回避态度、在著作人身权及邻接权问题上的保留态度,折射出其内在的局限性。

关键词

国民待遇原则 最惠国待遇原则 公开透明原则 争端解决机制 权利用尽 著作人身权 著作邻接权

《TRIPS》在要求成员基本遵循《巴黎公约》《伯尔尼公约》等既有条约的基础上,就著作权、著作邻接权、专利、商标等知识产权的保护作了详细规定。《TRIPS》共7章73条,可从以下3个部分把握。

一、总则和其他规定

这一部分包括《TRIPS》第1章以及第4章后的4章。其中,第1章是“总则和基本原则”,由第1条至第8条构成;第4章是“知识产权的取得、维持以及有关当事人之间的程序”,仅由第62条构成;第5章是“争端的防止及解决”,由第63条及第64条构成;第6章是“过渡安排”,由第65条至第67条构成;第7章是“机构安排及最后条款”,由第68条至第73条构成。以下是这一部分的主要内容。

(一) 基本原则

国民待遇和最惠国待遇是《TRIPS》确立的重要原则。国民待遇是指任何成员都应当给予其他成员的国民以不低于本国国民享受的待遇。最惠国待遇是指任何成员给予其他成员国民的优待政策,应当自动地惠及其他成员的国民。这两项原则的确立使WTO成员的国民可以不分国别,在任何一个成员境内都可以享受等同于成员国民的待遇。

(二) 权利用尽

国民待遇和最惠国待遇是所有成员均应遵循的基本原则,各成员在依据本国《知识产权法》处理具体问题时,均应遵循这两个原则,包括在判定某项知识产权是否用尽时。专利权、著作权、商标权等知识产权在何种情况下属于权利用尽、权利人在何种情况下不能再主张权利,这些问题在《TRIPS》缔结时还未形成共识。因此,《TRIPS》特别规定,除了国民待遇和最惠国待遇条款,《TRIPS》的其他任何条款均不能被用于支持或否定权利用尽是否成立。

(三) 争端解决机制

围绕《TRIPS》发生的成员国之间的争端,应依据《关于争议解决程序及规则的谅解备忘录》(简称《谅解备忘录》)的规定予以解决。《谅解备忘录》是 WTO 成立时签署的马拉喀什文件的附属文件之一。《谅解备忘录》第 22 条是关于贸易报复措施的规定。依据该规定,在争端解决机制中被判定为违反《TRIPS》而未在合理期限内得到纠正的,有可能面临胜诉方在知识产权之外的领域采取贸易制裁措施的危险。

(四) 公开透明原则

各成员所实施的,与《TRIPS》的内容有关的法律、行政法规以及普遍适用的终审司法判决和终局行政裁决,均应以该国文字予以颁布。如果在实践中无法颁布,则应以该国文字使公众能够获得,以使各成员政府及权利持有人知悉。一方成员的政府或政府代理机构与任何他方政府或政府代理机构之间签署生效的与《TRIPS》内容有关的协议,也应予以颁布。如果某一成员有理由相信知识产权领域的某一特殊司法判决或行政裁决或双边协议影响其依照《TRIPS》所享有的权利,可以书面请求获得或者请求对方通知该特殊司法判决、行政裁决或双边协议的足够详细的内容。

(五) 过渡安排

《TRIPS》的内容对于发展中国家及最不发达国家而言,是一个新事物,需要时间来消化和吸收。因此,《TRIPS》允许这些国家在 1995 年 1 月 1 日《TRIPS》生效后的一段时期内,可以不采取措施将其知识产权的保护水平提高至《TRIPS》所要求的标准。具体来说,发展中国家、正从中央计划经济向市场自由企业经济转型的国家、正进行知识产权制度的体制改革并面临《知识产权法》的准备及实施的特殊问题的国家,过渡时间截止于 2000 年 1 月 1 日,最不发达国家的过渡时间截止于 2006 年 1 月 1 日,该期限后被延长至 2013 年 7 月,后又被延长至 2021 年 7 月。

二、实体方面的规定

这一部分由《TRIPS》第2章构成，共8节32条。第2章依次对著作权及著作邻接权、商标、原产地标志、外观设计、发明专利、集成电路布图设计、未披露过的信息的保护、妨碍竞争的知识产权许可条款作了详细规定。与《巴黎公约》《伯尔尼公约》等传统的知识产权条约不同，《TRIPS》全面地、系统地勾画了各种类型的知识产权，从权利的对象、权利的效力、权利的限制、保护期等角度，分别做了实质性的规定，以下是这一部分的主要内容。

（一）著作权及著作邻接权

在著作权保护的对象方面，《伯尔尼公约》没有就计算机软件与数据库的保护以及出租权做出规定，《TRIPS》就此进行了补充。

在条文的措辞方面，《TRIPS》顾及了美国的立场，主要体现在以下两点：①《TRIPS》成员有义务遵守伯尔尼公约中的除著作人身权之外的部分。之所以要将著作人身权除外，是因为对于著作人身权的保护，美国联邦的《著作权法》中没有具体条文，而仅由各州通过州法给予保护。州法层面的保护，未必能保证美国履行《伯尔尼公约》上的义务。出于对美国法律状况的考虑，《TRIPS》才做出上述安排。②《TRIPS》在界定著作邻接权人（表演者、录音、录像制作者及广播组织）享受的保护时，没有要求成员在其国内法中植入《罗马公约》规定的著作邻接权制度，而是具体规定了著作邻接权人受保护的内容，这也是出于对美国立场的照顾。美国没有统一的著作邻接权制度，担心该制度的移入会对其实务界带来过多冲击，因此反对《TRIPS》援引《罗马公约》上的著作邻接权制度。

（二）专利权及未披露过的信息

在专利权方面，《TRIPS》界定的权利对象非常广泛，药品也包括在内。对于强制许可，《TRIPS》采取了十分谨慎的态度，对提出强制许可申请的条件、实施的范围及期限、司法审查等做了详细规定。

在未披露过的信息的保护方面，成员不仅应当对商业秘密进行保护，还应当保护向药品、农用化工产品的行政审批机构提交的实验数据。

（三）知识产权许可

《TRIPS》允许成员通过国内立法就妨碍竞争的知识产权许可条款做出界定，并采取适当措施防止这样的现象发生。《TRIPS》特别列举了下列三种条款：①独占性回授条款；②禁止对有关知识产权的有效性提出异议的条款；③强迫性一揽子许可条款。

(四) 原产地标志

如果商标中包含有原产地标志,而商品并非来源于标志所标示的地域,误导公众的,成员可以在国内立法中将此类商标纳入驳回或撤销的对象。如果涉及的商品是葡萄酒或者白酒,则不论是否会误导公众,成员可以在国内立法中将此类商标纳入驳回或撤销的对象。

(五) 集成电路布图设计

成员应在遵循集成电路知识产权条约相关条文的基础上,将出于商业目的进口、销售或以其他方式发行布图设计、含有布图设计的集成电路以及使用持续含有非法复制布图设计的集成电路的物品行为视为非法。

三、程序方面的规定

这一部分由《TRIPS》第 3 章构成,共 5 节 21 条,依次规定了总义务、民事与行政程序及救济、临时措施、有关边境措施的专门要求、刑事程序,以下是主要内容。各成员应当在程序上保障权利人能够有效行使知识产权,并且能够就终局行政裁决向法院提起上诉。在诉讼程序中,各成员的程序应当保证秘密信息得到识别并受到适当保护。在诉讼中,如果一方当事人已经提供足够支持其主张的证据,同时指出由另一方当事人控制的证明其权利主张的证据,则法院应有权在适当场合,在确保秘密信息受保护的前提下,责令另一方当事人提供证据。知识产权侵权的救济措施除了停止侵害及损害赔偿外,还包括下列两种:①将正处于侵权状态的商品排除出商业渠道,例如,责令销毁;②将主要用于制作侵权商品的原料与工具排除出商业渠道,对于假冒商标的商品,除了个别场合,仅将附着在商品上的商标去掉,不意味这些商品就可以被合法地投放市场。为了制止侵权行为的发生或者为了保全证据,法院应有权采取及时有效的临时措施。海关应有权中止放行被合理怀疑侵权的商品进入自由流通,并且在保证当事人双方有权通过司法程序解决争端的前提下,应有权销毁或处置侵权商品,对于假冒商标的商品,除个别场合外,海关不得允许该商品以原封不动的状态重新出口。对于恶意以商业规模侵犯商标权或著作权的行为人,成员应采取监禁、罚金等刑事措施加以制止。

【思考题】

1. 试论《TRIPS》保护知识产权的类型。
2. 试论《TRIPS》关于著作人身权及著作邻接权的规定。

第三节 世界知识产权组织管理下的主要国际条约

引言

WIPO 管理下的国际条约主要有关于专利权、商标权、不正当竞争等的《巴黎公约》和《专利合作条约》，关于著作权、著作邻接权的《伯尔尼公约》《罗马公约》和《因特网条约》以及关于商标权的《马德里协定及其议定书》。

关键词

巴黎公约 专利合作条约 伯尔尼公约 WIPO 版权条约 罗马公约 WIPO 表演和录音制品条约 因特网条约 关于商标国际注册马德里协定的议定书

一、《巴黎公约》

签订于 1883 年的《巴黎公约》是第一个保护专利权、商标权等工业所有权的国际条约，该公约历经多次修改，最后一次是在 1967 年。本书所说的《巴黎公约》指的是 1967 年版本。随着《TRIPS》的生效，《巴黎公约》的主要内容被植入《TRIPS》之中，在 WTO 多边贸易体制下，《巴黎公约》确立的主要规则具有更强约束力。突出表现在，透过《TRIPS》，围绕《巴黎公约》的主要规则发生的各国间的争端，成为 WTO 争端解决机制受理的对象。《巴黎公约》中没有类似的争端解决机制。虽然《巴黎公约》第 28 条第 1 款规定，成员国之间对公约的解释或适用存在争议不能协商解决时，任何一方均可向国际法院起诉，但是迄今为止诉诸国际法院的没有一例。该条的第 2 款允许任何国家在加入《巴黎公约》时，声明自己不受第 1 款约束，提出声明的国家与其他成员间的争议不适用《巴黎公约》第 28 条第 1 款。中国在加入《巴黎公约》时，按照第 28 条第 2 款提出了声明。《巴黎公约》的主要内容可以从以下几个方面进行把握。

（一）具有普遍性意义的内容

主要包括：①国民待遇；②发明专利、实用新型专利、工业品外观设计、商标申请的国际优先权;③对在成员国举办的官方的或经官方认可的国际展览会展出的商品给予临时保护。

(二) 关于专利的内容

1. 专利独立原则

成员国的国民向各成员国申请的专利与其在其他成员国或非成员国就同一发明所获得的专利权无关。

2. 对驳回申请和撤销的限制

成员国不得以本国法律禁止或限制出售某项专利产品或以某项专利方法制造的产品为理由,拒绝授予专利或使专利权失效。专利权人将在任何成员国制造的物品输入授予专利权的国家不得导致该项专利权的撤销。成员国有权采取立法措施建立强制许可制度,以防止专利权行使可能带来的负面影响,例如不实施。除了给予强制许可还不能防止前述负面影响,不得撤销专利权。在第一次强制许可后的两年之内,不得提起取消或者撤销专利的诉讼。

3. 对强制许可的限制

自专利权申请日起 4 年届满之前,或自专利授权日起 3 年届满之前(以其中期限靠后者为准),不得以没有实施或没有充分实施为理由申请强制许可。例如,专利权人的不作为有正当理由,应不颁发强制许可。除了与依据该许可实施专利的生产部门一起转让外,强制许可的获得者不得将其获得的许可转让他人,即使以分许可的形式许可他人实施该专利也是不允许的。强制许可的性质应当是非独占性许可。

4. 其他内容

成员国的船只、飞机或车辆暂时或偶然进入另一成员国的,即使这些运输工具所必需的部件构成对专利的实施,也不认为侵权。某一成员国的方法专利权人对使用其方法制造并且进口到该成员国的产品所能主张的权利,应等同于该专利权人对在该成员国制造的产品所能主张的权利。发明人有权在专利证书上署名,表明自己是发明人。

(三) 关于商标的内容

1. 商标独立原则

商标的申请标准及审批标准由各成员国的国内法决定。成员国的国民向任一成员国申请商标注册的,该成员国不得以下列理由驳回申请或者撤销已注册的商标:①申请人未向其所属国提出申请;②申请人向其所属国提出的申请未被批准;③申请人未续展或者续展请求未被批准。在任一成员国注册的商标都应被视为独立于在其他成员国(包括申请人的所属国)注册的商标。所属国是指申请人拥有营业所、住所或者国籍的《巴黎公约》成员国。

2. 获得商标权的条件

在申请人的所属国依法注册的商标,符合下列条件的,其他成员国应当受理申请人提出的申请并给予保护:①没有侵犯该成员国其他人的在先权利;②具备显著特征,不属于叙述性标识;③没有损害公共利益。什么是公共利益,《巴黎公约》没有特别界定,但规定国旗、国徽、官方标识、检验印记等不得注册为商标。如果申请人向某一成员国申请注册的商标不同于申请人在其所属国注册的商标,但两者的差异部分并没有改变该商标的显著特征,也没有影响该商标的识别力,则该成员国不得仅因为两者不同而驳回商标申请。申请人向某一成员国申请注册的商标只有在其所属国已注册,申请人才能享受上述权益。

3. 驰名商标的保护

如果某一商标的注册国或使用国认为该商标构成对该国所认定的驰名商标的复制、模仿或者翻译,且容易引起混淆的,那么该国依据职权或者应利益相关人的申请,应当采取下列措施:①驳回商标申请;②撤销已注册商标;③禁止使用商标;④就撤销而言,将受理申请的截止日期设定在商标注册日之后的至少5年;⑤就禁止使用而言,可以自由设定受理申请的截止日期;⑥对于有恶意注册及恶意使用情节的商标,对撤销及禁止使用申请的提出,不应设定任何截止日期。

4. 集体商标

对于一些组织申请集体商标的问题,《巴黎公约》规定如下。

(1) 只要该组织的存在不违反其所属国法律,即使其在申请国不拥有营业所,申请国也应受理商标申请并给予保护。

(2) 申请国有权决定给予集体商标保护的条件,并有权对违背公共利益的集体商标不予保护。

(3) 申请国无权以下列理由拒绝对依所属国法律成立的组织所拥有的集体商标给予保护:①该组织在申请国没有成立;②该组织没有依据申请国法律成立。

5. 其他内容

商标所有人的代理人或者代表人未经同意将商标注册为己有的,商标所有人应有权提起异议或申请撤销该商标。成员国也可以制定法律,将已注册的商标转让给商标所有权人。核定使用的商品的性质不应成为商标被核准注册的障碍。对于连同营业一起将商标权转让他人的行为,如果商标权的受让人使用商标的方式不会引起公众对商品的产地、质量等产生误认,成员国应当承认转让有效。

(四)《巴黎公约》的其他内容

工业品外观设计应受到保护,但《巴黎公约》没有规定具体的保护原则和规则。服务商标应受到保护,但《巴黎公约》没有要求成员国必须为此建立注册制度。企业名称不论是否构成商标的一部分均应受到保护,对企业名称的保护不应以申请或注册为前提。工业或商业领域内的,任何违背诚实信用原则的竞争行为均属于不正当竞争,成员国应制止不正当竞争行为。《巴黎公约》特别列举了下列三种不正当竞争行为:①造成与竞争者的营业所、商品、工商业活动混淆的行为;②在商业活动中进行虚假宣传,诋毁竞争者的营业所、商品、工商业活动的行为;③商业活动中使用的标识或进行的宣传容易使公众对商品的性质、制造方法、特点、性能或数量产生误认的行为。

二、《专利合作条约》

《专利合作条约》(简称《PCT》)的存在,使得申请人只要将国际统一的专利申请文本向一个机构提交后,便可达到向多个国家提出专利申请的效果。该条约不仅极大节省了申请人及各国专利审批机构的时间及精力,同时有力促进了技术信息的传播与交流,生效于 1978 年的《PCT》拥有包括中国在内的众多成员国,以下是 PCT 的主要内容。

(一)国际申请

依据《PCT》的规定提出的专利申请为国际申请,《PCT》成员国的公民或居民均有权提交国际申请。国际申请文件应包括请求书、说明书、权利要求书、附图及摘要。在请求书中,申请人可以指定其希望获得专利保护的国家,经申请人指定的国家被称为指定国。申请人应将国际申请文件提交给有权受理的机构,在中国有权受理国际申请的是国家知识产权局。

收到申请的机构首先会审查该国际申请是否符合基本的形式,审查合格的国际申请,其国际申请日为受理机构受理该申请之日。确定国际申请日对于申请人来说有着非常重要的意义。因为国际申请日被视为申请人向各指定国提出专利申请的申请日,自该日起,国际申请的地位等同于在各指定国分别提出的专利申请所享有的地位。

（二）国际检索

所有的国际申请均将接受国际检索以发现相关的现有技术。有权开展国际检索的机构由《PCT》成员大会决定，中国、美国、日本等国的专利局均有权进行检索。国际检索机构会将其检索结果制作成检索报告，报送国际局和申请人。《PCT》对申请人修改国际申请有下列严格限制：①申请人在收到国际检索报告后，仅有一次机会对其申请做出修改；②申请人必须在国际检索机构向国际局和申请人报送检索报告之日起两个月内，或者自其申请的优先权日起 16 个月内（以其中期限靠后者为准），进行修改。

（三）国际公布

国际申请由国际局予以公布，公布的日期原则上是在国际申请的优先权日起 18 个月后，当然申请人可以请求国际局早日公布。国际公布的效果等同于在指定国提出的国内申请依该指定国的国内法被强制公开后所具有的效果。

（四）国内审批

申请人提出的国际申请可以为申请人确保较为靠前的申请日，但国际申请本身并不能带给申请人专利权。国际申请只有在顺利通过指定国的专利行政机构审批后，申请人才能获得专利权。指定国的专利行政机构是否启动其国内的审批程序，取决于申请人的请求。申请人在递交国际申请后，可以留一段时间对其申请再次做出评价，决定是否请求指定国启动审批程序。这段时间为国际申请的优先权日起 30 个月内。申请人在提出请求时，应向指定国递交国际申请的复印件及翻译件。指定国应依据其本国的《专利法》，像对待国内申请一样，展开审批程序。

三、《伯尔尼公约》

《伯尔尼公约》于 1887 年生效，拥有包括中国、美国、日本在内的多个成员国，是国际著作权保护中不可或缺的部分。《伯尔尼公约》生效后经过多次修改，最后一次是在 1979 年。

（一）国民待遇原则及例外

能够享受国民待遇的人有两类：①任一成员国的公民；②在任一成员国首先出版作品的作者。这两类人的作品符合《伯尔尼公约》保护要件的，在任一成员国都应享有下列权利：①该国赋予其本国国民的权利；②《伯尔尼公约》赋予的权利。国民待遇原则的存在使外国人能在伯尔尼成员国享受等同于该国国民的权利以及《伯尔尼公约》赋予的权利。

国民待遇原则不是绝对的。《伯尔尼公约》第7条第8款规定,著作权的保护期由作品寻求保护的国家的法律决定,但是保护期不应超过作品的起源国规定的期间,除非该国法律另有规定。例如,作为作品的起源国,A国的《著作权法》规定作品的保护期截止于作者死后50年,作品在B国(保护期截止于作者死后70年)寻求保护时,其所能享受的保护期应是作者死后50年而非70年。

起源国是指下列国家:①首先出版作品的成员国;②作品在多个成员国同时出版的,法定保护期最短的国家;③作品同时在非成员国及成员国出版的,成员国为起源国;④未发表的作品以及首先在非成员国出版的作品,除特殊情况外,起源国为作者的国籍所在的成员国。

(二) 自动保护原则及著作权独立原则

《伯尔尼公约》第5条第2款规定,权利人享有或者行使著作权,不需要履行任何手续,也不论作品的起源国是否存在有关保护规定。因此保护的范围以及作者所能够得到的救济,由本公约以及应请求提供保护的成员国的国内法决定。

(三) 受保护的作品

受保护的作品包括文字作品、音乐作品、电影作品、绘画作品、摄影作品、实用美术品等。成员国有权在国内法中将“固定于有形物体”作为所有作品或某类作品享受保护的条件。对于改编作品,应在不损害原作品著作权的情况下,给予与原作品同等保护。对于立法文件、行政或司法文件及其翻译件如何保护,成员国有权自行决定。百科全书、文集等汇编既有文学艺术作品而形成的作品,其内容的选择或编排具有独创性的,为汇编作品,对于汇编作品,应在不损害原作品著作权的前提下给予保护。前述作品应在所有成员国享受保护,该保护惠及作者及其继承人。对于实用艺术品、工业品外观设计,各成员国有权自行决定保护的条件及保护的程度。但是实用艺术品享受的保护期不应短于其诞生起的25年。

(四) 不视为侵犯著作权的情形

《伯尔尼公约》第9条第2款、第10条第1款及第2款规定了不视为侵害著作权的情形:①特殊情况下的复制行为;②引用及出于教学目的的使用行为;③公共传媒复制时事性文章的行为。

(五) 最低保护标准

《伯尔尼公约》第19条规定,成员国的国内法赋予作者高于《伯尔尼公约》规定的保护标准的，《伯尔尼公约》的存在不会阻碍作者寻求更高保护。由此看来，《伯尔尼公约》要求成员国达到的是保护著作权的最低标准而非最高标准。以下从著作财产权的内容、保护期以及著作人身权三个方面，一起来看《伯尔尼公约》规定的最低标准。

1. 著作财产权的内容

《伯尔尼公约》第 8 条至第 14 条列举了成员国至少应赋予作者权利的类型及内容，主要包括翻译权、复制权、表演权、朗诵权、广播权、改编权、制片权。《伯尔尼公约》没有对作者的概念下定义，而只是规定作者应享有禁止权（Exclusive Right of Authorizing），即禁止他人翻译、复制、表演、朗诵、广播、改编、制片的权利。作者有权禁止他人以任何形式复制作品，包括以数字形式复制。这一点在接下来介绍的《WIPO 版权条约》注释 1 中得到了进一步确认："以数字形式将作品存储于电子媒介的行为构成《伯尔尼公约》第 9 条所说的复制。"

《伯尔尼公约》第 11 条第 2 款允许成员国以明文规定的形式限制广播权的行使，但无论如何不得损害著作人身权及作者获得报酬的权利。从该条款可以得到的暗示是，广播权可以从禁止权（Exclusive Right）弱化为获得报酬权（Rights of Remuneration）。

2. 保护期

《伯尔尼公约》第 7 条规定，一般作品的保护期截止于作者死亡后的 50 年；电影作品的保护期截止于作品经作者同意首次发表后的 50 年，未发表的，保护期截止于作品完成后的 50 年。

3. 著作人身权

《伯尔尼公约》第 6 条第 2 款规定，著作人身权独立于著作财产权存在，著作财产权被转让后，著作人身权依然属于作者。著作人身权包括署名权及保护作品完整权。署名权是指就作品表明作者身份的权利。保护作品完整权是指作者有权反对任何歪曲修改作品，并有损名誉或社会评价的行为。著作人身权在作者死后仍应存续至少到著作财产权截止之日，由成员国法律所规定的主体行使。如成员国在加入《伯尔尼公约》之时，其国内法在作者死后不保护上述任何著作人身权，则可规定其中的一部分权利随着作者的死亡而消失。

四、《WIPO 版权条约》

20 世纪 70 年代，随着众多发展中国家加入《伯尔尼公约》，成员国之间的利益对立凸显，许多问题难以达成共识，《伯尔尼公约》的修改工作因此而搁置。然而,计算机技术、数字化技术、互联网技术的迅猛发展,对著作权保护提出了下列新问题:①应当如何保护计算机软件及数据库;②应当如何控制出租数字化作品的行为;③应当如何控制利用互联网传播作品的行为;④应当如何控制破坏著作权人为保护著作权而采取的技术措施的行为。技术的发展及世界经济一体化进程的加速,迫使人们不得不在全球范围应对这些挑战。然而《伯尔尼公约》的修改迟迟难以实现,经过多年的努力,国际社会达成了有限共识,决定以单行条约的形式应对上述问题,《WIPO版权条约》因此而诞生。

(一)与《伯尔尼公约》的关系

《伯尔尼公约》第20条允许成员国之间缔结特别协定,赋予作者更多保护或者约定不违反《伯尔尼公约》的事项。对于《伯尔尼公约》的成员国来说,《WIPO版权条约》就是《伯尔尼公约》第20条所说的成员国之间缔结的特别协定,这是《WIPO版权条约》第1条第1款对其与《伯尔尼公约》间关系的界定。

与《伯尔尼公约》关系密切的《WIPO版权条约》援引了《伯尔尼公约》的许多条文,例如第1条第4款规定,各缔约方应遵守《伯尔尼公约》第1条至第21条和附件的规定。《伯尔尼公约》的这些条文规定了著作权保护的对象、著作财产权及人身权的内容、权利的限制等重要事项。

《WIPO版权条约》在援引《伯尔尼公约》条文的基础上,对其中一些内容进行了修改。《伯尔尼公约》第7条第4款允许各成员国自行决定摄影作品的保护期,只要该保护期截止于作品完成之日起25年之后即可,但是《WIPO版权条约》第9条要求缔约国不得适用《伯尔尼公约》的前述条款,对于摄影作品,《WIPO版权条约》缔约国应按照该条约第1条第4款的规定适用《伯尔尼公约》第7条第1款,即摄影作品的保护期截止于作者死后50年。

(二)与《TRIPS》的关系

《WIPO版权条约》制定于1996年,晚于1994年制定的《TRIPS》,对于《TRIPS》规定的下列三个事项,《WIPO版权条约》都予以承继:①计算机软件及数据库应由《著作权法》给予保护;②作者应有权禁止他人有偿出租计算机软件及电影作品;③著作权保护的范围限于表达,不延及思想、处理过程、操作方法或者数学概念等。但是与《TRIPS》不同的是,《WIPO版权条约》没有类似于WTO的争端解决机制来保障各缔约国遵守条约的规定。

(三)发行权

《WIPO版权条约》第6条对发行权进行如下界定:作者应享有禁止他人以销

售或其他转让所有权的方式,将作品的原件或复制件置于公众可以欣赏的状态(Making Available to the Public);对于经作者授权,以销售或其他转让所有权的方式处理后作品的原件或复制件,发行权在何种条件下用尽,缔约方有权自行决定。该条款的注释同时声明,所谓的原件或复制件对于发行权及出租权而言,仅指能以有形物体的状态进入流通领域的被固定的作品。

(四) 公众传输权

作品是富有独创性的表达,其本身是无形的,严格意义上,人们不可能获得而只能欣赏。将作品置于公众可以欣赏的状态(Making Available to the Public)的行为主要有两类:①将固定作品的有形物体(纸张、CD、DVD 等)置于公众可以欣赏的状态;②将作品本身置于公众可以欣赏的状态,例如,电视台播出京剧、收音机直播现场演唱会或诗朗诵、电视台播放电视连续剧等。

发行权与出租权控制的是上述第一类行为,禁止他人以销售、赠与或出租方式,将固定作品的有形物体置于公众可以欣赏的状态。有线及无线传输技术的出现,使将作品本身置于公众可以欣赏的状态成为可能。实际上,对于有线及无线传输行为,《伯尔尼公约》已经作相应规定。《伯尔尼公约》规定作者应享有表演权、广播权、朗诵权、摄制权。这些权利的射程范围均延及了面向公众的传输行为(Communication to the Public),作者凭借这些权利,基本上能控制上述第二类行为,达到禁止他人将作品本身置于公众可以欣赏的状态的目的。

在不影响《伯尔尼公约》上述规定的前提下,《WIPO 版权条约》第 8 条针对面向公众的传输行为,以单独条文的方式做出规定:"作者有权禁止他人进行任何面向公众传输(Any Communication to the Public)其作品的行为,无论是有线方式还是无线方式。包括有权禁止他人以下列方式(in Such a Way)将其作品置于公众可以欣赏的状态(Making Available to the Public):不特定的人可以在其个人选定的地点和时间接触(Access)到作品"。

《WIPO 版权条约》第 8 条所规定的权利被称为公众传输权,控制的典型行为是在互联网上传歌曲、电影等作品的行为。上传人为使他人可以在其选定的地点和时间收听或下载,需要借助一定的有形设备,包括使传输成为可能的设备和进行传输的设备。《WIPO 版权条约》注释 8 认为,提供有形设备的行为本身既不构成《WIPO 版权条约》上的传输行为,也不构成《伯尔尼公约》上的传输行为。

《WIPO 版权条约》注释 8 进一步认为,该条约第 8 条不影响缔约方对《伯尔尼公约》第 11 条第 2 款的适用。《伯尔尼公约》的该条款允许成员国以明文规定的形式限制广播权的行使。因此,缔约方在适用《伯尔尼公约》对广播权进行限制时,不用担心会和《WIPO 版权条约》所规定的公众传播权相冲突。

(五) 技术保护措施

技术革新使著作权人面临前所未有的挑战,复制技术的发展,使电子复制品和原件之间基本没有差别;信息通信技术的发展使电子化的作品能在瞬间漂洋过海。为防止作品被非法复制与传播,技术保护措施被使用在越来越多的作品上。技术保护措施的类型主要有两种:①在电子化作品上附加识别码,只允许具备识别功能的机器读取电子化作品;②对电子化作品本身加密。然而,这些技术保护措施均有破解之法。为保障著作权人的合法利益,《WIPO 版权条约》第 11 条规定,缔约方应针对避开下列有效的技术保护措施的行为,给予充分的法律保护和救济:①作者为行使《WIPO 版权条约》及《伯尔尼公约》赋予的权利而采取的技术保护措施;②为限制未经许可的行为而采取的技术保护措施。

(六) 权利管理电子信息

越来越多的电子化作品在互联网上成为交易的对象,其中哪些是正版,哪些是盗版往往难以辨认。为净化正版作品的交易环境,降低盗版作品的识别难度,越来越多的作品中植入权利管理电子信息。《WIPO 版权条约》第 12 条第 2 款规定,如果下列任何信息被附加于作品或在面向公众的传输中被显示,均属于权利管理电子信息:①指明作品、作者、著作权人的信息;②指明作品的使用条件的信息;③任何代表前述信息的数字或号码。

《WIPO 版权条约》第 12 条第 1 款要求缔约方采取有力措施,制止任何人明知或者应知下列行为将引诱、促使、助长、隐匿某种侵犯著作权行为的发生,而故意进行下列行为:①未经许可删除或改变任何权利管理电子信息的行为;②明知权利管理电子信息未经许可已被删除或改变,仍然未经许可发行、为发行而进口、广播或面向公众传播作品。前述的侵犯"著作权"的行为,《WIPO 版权条约》注释 10 认为,是指侵犯《WIPO 版权条约》及《伯尔尼公约》赋予的权利,不仅包括禁止权(Exclusive Right),还包括获得报酬权(Rights of Remuneration)。

五、《罗马公约》

《伯尔尼公约》和《WIPO 版权条约》调整的对象是著作权,包括著作财产权及人身权,著作邻接权不是这两个条约的调整对象。关于著作邻接权的国际条约主要有两个,即《保护表演者、录音制品制作者与广播组织罗马公约》(简称《罗马公约》)和《世界知识产权组织表演和录音制品条约》(简称《WIPO 表演和录音制品条约》)。《WIPO 表演和录音制品条约》生效于 2002 年,其诞生背景和《WIPO 版权条约》颇为相似。我们前面讲过,数字化技术、互联网技术对《伯尔尼公约》的挑战,是推动《WIPO 版权条约》诞生的主要动因。同样,数字化技术、互联网技术对《罗马公约》(生效于 1964 年)的挑战,是《WIPO 表演者和录音制品条约》诞生的主要动因。让我们从《罗马公约》的主要内容入手,了解著作邻接权的国际规则。

(一) 与著作权的关系

《罗马公约》第 1 条规定,本公约赋予的保护不影响著作权对作品的保护,对本条约的任何条文的解释不得损害对著作权的保护。

(二) 国民待遇

对于满足一定条件的表演者、录音制作者及广播组织,缔约方应给予其等同于其国民的待遇。

(三) 最低保护标准

表演者应享有现场表演公开权、录音录像权、复制权,录音制作者应享有复制权,广播组织应享有转播权、复制权。《罗马公约》第 12 条规定,商用录音制品或商用录音制品的复制品被直接或间接用于广播或其他任何面向公众的传播的,使用者应向表演者或录音制作者,或者同时向两者支付一次性报酬。该报酬应如何分配,当事人无约定的,缔约方可制定规则做出规定。

(四) 保护期

著作邻接权的保护期至少为 20 年,分别以固定、现场表演、广播的发生为起算点,截至该起算点后第 20 年的年底。“固定”是针对录音制品及包含其内的表演而言。“现场表演”是针对未被固定于录音制品的表演而言。

六、《WIPO 表演和录音制品条约》

(一) 录音制品的定义

录音制品是指对表演的声音或其他声音的录制品,包括将声音数字化后将其固定的文件,但不包括电影、录像制品等图像制品。

(二) 与《WIPO 版权条约》的关系

《WIPO 版权条约》针对的是著作权,《WIPO 表演和录音制品条约》针对的是著作邻接权。虽然两者言及的权利类型不同,但都是 WIPO 为应对数字环境、互联网环境而制定的。两者都规定了下列事项,由于存在这些共性,这两个条约有时被统称为《因特网条约》。一是复制包括以数字形式将作品存储于电子媒介的行为。二是发行权及出租权所控制的标的,仅指能以有形物体的状态进入流通领域的被固定的原件或复制件。三是权利人有权禁止信息网络传播行为。《WIPO 表演和录音制品条约》第 10 条和第 14 条分别规定,表演者有权禁止其表演、录音制品制作者有权禁止其录音制品,以下列方式(in Such a Way)置于公众可以欣赏的状态(无论以有线方式还是以无线方式):不特定的人可以在其个人选定的地点和时间接触到。四是缔约方应采取措施制止下列两类行为:①避开技术保护措施的行为;②删除或改变权利管理电子信息的行为;③明知权利管理电子信息未经许可已被删除或改变,仍然未经许可发行、为发行而进口、广播或面向公众传播的行为。五是"权利管理电子信息"所指的权利,不仅包括禁止权(Exclusive Right),还包括获得报酬权(Rights of Remuneration)。

(三) 与其他国际条约的关系

《WIPO 表演和录音制品条约》第 1 条对该条约和其他国际条约的关系做了以下规定:①本条约和其他任何国际条约均无关,不影响其他任何国际条约所产生的权利义务关系;②本条约不影响《罗马公约》缔约方相互间的权利义务关系;③本条约赋予表演者及录音制作者的保护,不会对著作权产生任何影响。对本条约的任何条文解释不得损害对著作权的保护。

(四) 最低保护标准

表演者应享有的著作财产权包括现场表演公开权、录音录像权、复制权、发行权、出租权、信息网络传输权。表演者还应享有独立于著作财产权之外的表演者人身权,即表明身份的权利,以及保护表演形象不受歪曲的权利。录音制作者应享有复制权、发行权、出租权、信息网络传播权。《WIPO 表演和录音制品条约》第 15 条第 1 款规定,商用录音制品被直接或间接用于广播或其他任何面向公众传播的,表演者及录音制作者应享有一次性获得报酬权。当然,第 15 条第 3 款规定,缔约方可以向 WIPO 总干事声明其不适用第 15 条的规定。

(五) 国民待遇

缔约方应将基于本条约赋予其国民的禁止权和获得报酬权,同样赋予其他缔约方的国民。

(六) 保护期

表演者权利的保护期自该表演被固定的年份的年底起算,至少应持续到 50 年后的年底。录音制品制作者的权利保护期,自该录音制品被公开的年份的年底起算,至少应持续到 50 年后的年底。

七、关于《商标国际注册马德里协定》的议定书

此议定书缔结于 1989 年，生效于 1995 年，是对缔结于 1891 年的《商标国际注册马德里协定》的完善和补充。两者的目的都在于构建商标国际注册制度，使人们在从多个国家获得注册商标时，手续更为简单、快捷。

《马德里协定》构建的商标国际注册制度，大致内容和流程是：①申请人应已获得《马德里协定》某一缔约方（简称原属国）核准注册的商标。②申请人应以该注册商标为基础，通过原属国的注册当局提出国际申请。③申请人应在其提出的国际申请中，指定其要求获得注册的国家的名称（简称指定国家）。④原属国注册当局对国际申请是否符合形式进行检查并确定国际申请日后，将国际申请转交国际局。⑤对于符合条件的国际申请，国际局核准其注册为商标。国际注册日原则上为国际申请日。但是，如果国际局没有在国际申请日后的两个月内收到国际申请，则国际注册日为国际局实际收到国际申请之日。⑥国际局向指定国家的注册当局发布注册通知。⑦指定国家的注册当局在接到注册通知后 12 个月内，有权拒绝并发布拒绝通知。⑧指定国家的注册当局未在 12 个月内发布拒绝通知的，该国际注册商标的效力，自国际注册日起，等同于指定国家注册当局核准注册的商标。⑨国际注册商标的有效期为 20 年，可以续展。所有手续使用的语言必须是法语。⑩自国际注册日开始 5 年内，如该商标在原属国已全部或部分不受保护，则国际注册所得到的保护也全部或部分不复存在。5 年期满，国际注册商标完全独立于原属国商标，即使原属国商标不再受保护，国际注册商标的效力也不受任何影响。

议定书构建的商标国际注册制度的流程基本上和《马德里协定》相同，仅有下列不同点：①提出国际申请时，申请人不仅能够以原属国核准注册的商标为基础，还能够以向原属国提出的商标申请为基础；②指定国家有权拒绝并发布拒绝通知的期限更长，为接到注册通知后 18 个月内；③国际注册商标的有效期为 10 年；④所有手续使用的语言更多，为法语、英语、西班牙语；⑤原属国核准注册的商标被宣告无效，致使国际注册被撤销的，原国际注册商标权利人可以向原国际注册生效的国家直接申请注册。该直接申请的申请日为原国际注册日。

【思考题】

1. 试论公共传输权与信息网络传播权。
2. 试论《伯尔尼公约》及《因特网条约》中的获得报酬权。

参 考 文 献

[1] 北京市第一中级人民法院知识产权庭. 知识产权名案评析. 北京：知识产权出版社，2008.

[2] 北京市高级人民法院知识产权庭. 知识产权经典判例 2. 北京：知识产权出版社，2008.

[3] 北京市高级人民法院知识产权庭. 知识产权经典判例 3. 北京：知识产权出版社，2008.

[4] 北京市高级人民法院知识产权庭. 知识产权经典判例 4. 北京：知识产权出版社，2009.

[5] 北京市高级人民法院知识产权庭. 知识产权经典判例 5. 北京：知识产权出版社，2009.

[6] 国家知识产权局条法司. 新专利法详解. 北京：知识产权出版社，2001.

[7] 国家知识产权局条法司. 专利法第三次修改导读. 北京：知识产权出版社，2009.

[8] 全国人大常委会法制工作委员会. 中华人民共和国专利法释义. 北京：法律出版社，2009.

[9] 全国人大常委会法制工作委员会民法室. 中华人民共和国侵权责任法解读[M]. 北京：中国法制出版社，2010.